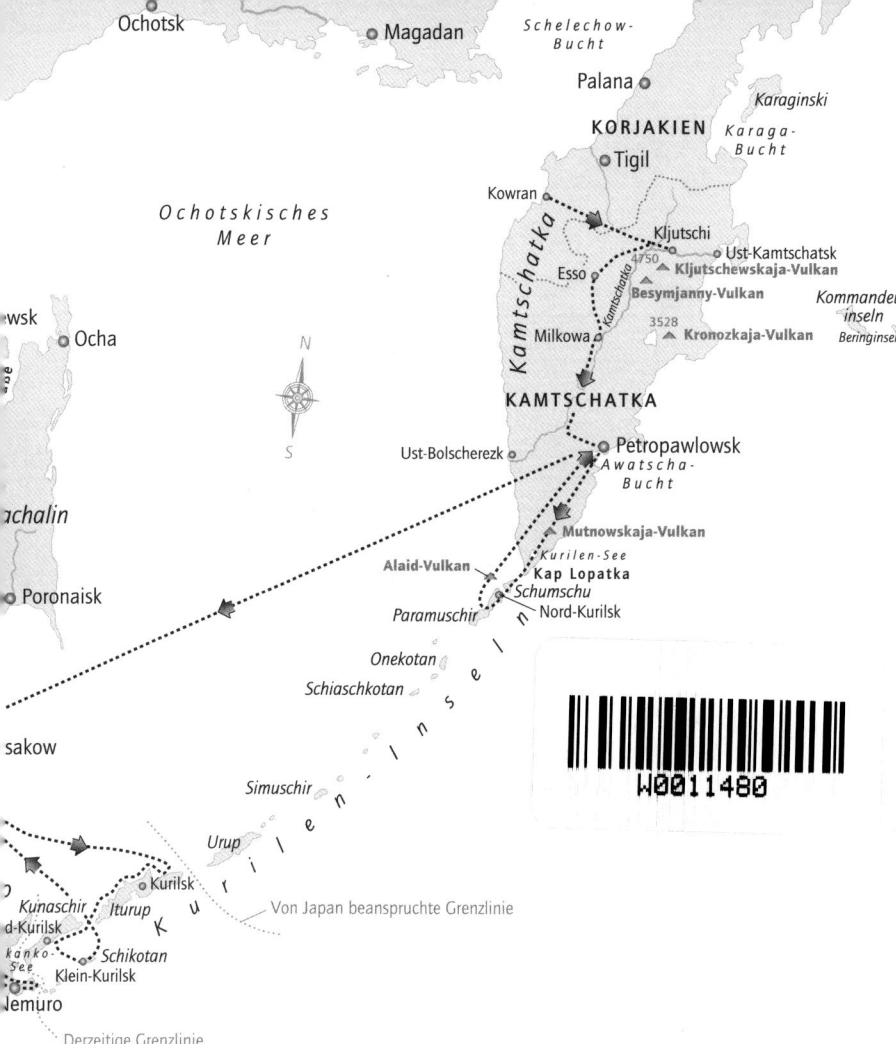

Ochotsk

Magadan

Schelechow-Bucht

Palana

Karaginski

KORJAKIEN *Karaga-Bucht*

Tigil

Ochotskisches Meer

Kowran

Kljutschi

Ust-Kamtschatsk

4750 **Kljutschewskaja-Vulkan**

Esso

Besymjanny-Vulkan

Kommandeur-inseln

Ocha

Milkowa

3528 ▲ **Kronozkaja-Vulkan**

Beringinsel

Kamtschatka

N

KAMTSCHATKA

wsk

achalin

Ust-Bolscherezk

Petropawlowsk

Awatscha-Bucht

S

Poronaisk

▲ **Mutnowskaja-Vulkan**

Kurilen-See

Alaid-Vulkan

Kap Lopatka

Paramuschir

Schumschu

Nord-Kurilsk

Onekotan

Schiaschkotan

sakow

W0011480

Simuschir

Urup

Kurilsk

Von Japan beanspruchte Grenzlinie

Kunaschir

Iturup

d-Kurilsk

kanko-See

Schikotan

Klein-Kurilsk

lemuro

Derzeitige Grenzlinie

Pazifischer Ozean

Klaus Scherer

Von Sibirien nach Japan

Reise durch ein vergessenes Paradies

Rowohlt · Berlin

Für Luise und Willi Scherer

1. Auflage März 2007
Copyright © 2007 by Rowohlt · Berlin
Verlag GmbH, Berlin
Alle Rechte vorbehalten
Lizenziert durch Studio Hamburg
Distribution & Marketing GmbH
Sämtliche Fotos im Innenteil:
W. Schick und K. Scherer
Lektorat Jens Dehning
Satz aus der Plantin PostScript, InDesign,
bei hanseatenSatz-bremen, Bremen
Druck und Bindung Clausen & Bosse, Leck
Printed in Germany
ISBN 978 3 87134 580 7

Inhalt

III. Hokkaido
Vom Ostkap nach Hakodate

I. Kamtschatka
Von der Nordküste nach Petropawlowsk

Abrahamow

Kowran, Kamtschatka. Erster Drehtag, Nebel. Durch meinen Kopf schießen Gedankenblitze, wie falsche Einzelbilder, die kaum merklich eine fertige Filmszene stören. Kindheitserinnerungen. Mein erstes Religionsbuch in der Volksschule hieß «Schild des Glaubens». Ich wunderte mich anfangs, was Bibelkunde wohl mit Verkehrsschildern zu tun habe, aber ich mochte die kleinen Zeichnungen zu den Geschichten darin. Eine zeigte den gramfaltigen Abraham draußen vor seinem Opferaltar. Bereit, Gott seinen Sohn zu geben. Genau so steht der alte Nikita jetzt da. Stumm beugt er sich über den mit Wiesengras behäuften klotzigen Holztisch. Das Schlachtmesser fest umgriffen, den Blick angespannt. Dann sticht er langsam zu, führt die Klinge korrekt und sicher bis zum Ende des Schnitts und richtet sich auf. Er ist zufrieden. Der Tag hat ihm einen stattlichen Lachs beschert. Einen Meter dürfte er messen, gerade so wie die Schlachtbank, an der Nikita sein Leben lang den Fang zerlegt hat. Hier am Dorfrand von Kowran.

Als die Organe entnommen sind und der Alte die erste Fischhälfte vom Grätengeripppe gelöst hat, wirft er den noch immer schweren Tierleib herum, sodass er auf die andere Seite klatscht. Wieder legt er erst die Filets frei, die er dann längsseits zerteilt und mit einem Faden verknotet, um sie so später zum Trocknen aufzuhängen. Mit dem Gewicht seines Körpers drückt er das Messer nun durch den knochigen Fischkopf, der krachend in Stücke zerfällt, als würde er tatsächlich nach alter Sitte geopfert. Erst der Unterkiefer, dann ein Rundschnitt unter die Kiemendeckel, dann der restliche Schädel. So hat es der Fischer von seinem Vater gelernt und dieser von seinem. So fischen die Itelmenen.

Sogar der biblische Dornbusch ist da, blitzt mir erneut ein Fehlbild dazwischen, als mein Blick kurz die Umgebung mustert. Dann lugt Nikitas treueste Zuschauerin am oberen Tischende über die Grashalmspitzen.

«Ich mag es, wenn Großvater Fische schlachtet», sagt die kleine Sascha mit scheuen, tiefschwarzen Augen unter dem Fransenhaar. Gut möglich, dass sie im Dorf bald die hübscheste Tänzerin sein wird. «Und ich esse gern seine Fischsuppe.»

Hinter ihr legt sich die dunstige Nacht auf die Hütte des Alten. Durch das gekreuzte Fenster fällt Licht auf uns.

«Was davon magst du am liebsten?», frage ich.

Da überlegt sie ein wenig, ob sie uns ihrer beider Geheimnis tatsächlich verraten soll. Dann öffnet sie langsam die kleine Faust, die etwas Rosafarbenes verborgen hält.

«Das Herz.»

Drinnen in seiner Küche bleibt dem Alten nicht mehr viel Platz. Wassereimer und Einmachgläser, Töpfe, eine Axt und die mit Sand gefüllte Blechschüssel für die Notdurft der Katze bedecken die Bodenbretter. Von der Decke her neigen sich Wäscheleinen mit Socken und Unterzeug über den Tisch, an dem wir nun sitzen. Nikita nimmt seine Wollmütze vom Kopf. Darunter kommt schlohweißes Haar zum Vorschein. Bald schon wird er achtzig Jahre alt sein. Er beugt sich über eine Schale Suppe, die er aufgekocht hat und nun vom tropfenden Löffel schlürft. Was hin und wieder an seinem Kinn herunterrinnt, pflückt er mit der freien Hand weg, als streiche er einen Spitzbart. Dann wischt er sie am Hemd ab. Im fahlen Licht umschwirren uns Stechmücken.

«Das Dorf scheint bessere Tage gesehen zu haben», sage ich. «Was ist passiert?»

«Früher gab es hier eine Kolchose. Die hieß ‹Roter Oktober›. Die Sowjets hatten uns da hineingesteckt. Aber wir konnten immerhin davon leben. Dann hat man sie zugemacht», sagt er. «Das mit den Reformen ging alles zu schnell. Und zum Fischen erteilen sie uns keine richtigen Lizenzen. Früher, in unseren Dörfern, da ging es uns besser.»

Von seinem Sohn Oleg weiß ich, dass die Alten hier nicht gern über die Vergangenheit reden. Es gebe so viel zu beklagen, und sie hätten es ja auch lange getan, sagte er. Aber es habe nie etwas genutzt.

«Stammen die Leute alle von hier?», frage ich.

«Ich bin der Einzige aus meiner Generation, der hier geboren ist. Die anderen wurden zwangsumgesiedelt wie die meisten im Ort. Das fällt ja keinem leicht. Wem fällt es schon leicht, sein Dorf aufzugeben?»

Nikita Zaporodskij ist der erste Bewohner des sibirischen Ostens, bei dem wir auf unserer Reise zu Gast sind. Von seinem Dorf Kowran aus führt sie uns über die naturwilde, von Vulkanen bewachte Halbinsel Kamtschatka und die sturmumtosten Kurilen bis auf Japans Nordinsel Hokkaido. Auf dem Weg nehmen wir japanische Spuren in Russland auf und verfolgen russische bis zu den Gräbern des Exilfriedhofs von Hakodate, einer der schönstgelegenen Hafenstädte Nordjapans, an dessen Küste vor Jahren noch mein Berichtsgebiet als ARD-Fernostkorrespondent endete.

Wir, das ist ein Hamburger Fernsehteam auf Drehreise für eine zweiteilige TV-Reportage; zunächst mehrere Wochen im Sommer, dann weitere im Oktober, wenn in Kamtschatka der Schnee schon die Täler erreicht und auch in Japans Norden die Nächte kalt werden. Mit Kameramann Johannes Anders war ich zuletzt in Ländern unterwegs, die 2004 vom Tsunami verwüstet wurden. Kameraassistent Wolfgang Schick begleitete mich zuvor durch Südsee und Arktis. Die Tonleute Conrad Zelck und Andreas Zahrndt, die je einen Reiseteil übernehmen, und die deutsch-russische Producerin Polina Davidenko sind neu in der Crew; ebenso die Japanerin Mami Takahashi, die uns beim Dreh auf Hokkaido begleitet.

Dazu ich als Reporter mit Asien-Erfahrung, wenngleich mir Japans Grenzkontrolleure auf meinen Korrespondentenreisen schon den Zutritt auf die südlichen Kurileninseln verwehrten. Dabei reklamieren sie diese bis heute als ihre ureigenen «nördlichen Territorien» und ignorieren die nun schon sechzig Jahre währende russische Annexion. Nicht einmal Kunaschir, das in Sichtweite liegt, durfte ich von den Nordhäfen aus besuchen. Als Journalist nicht und als Ausländer schon gar nicht.

Mein Wunsch, diese weltabgewandte, weithin vergessene Gegend einmal bis nach Sibirien hinauf zu bereisen, entstand zu jener Zeit. Hin und wieder malte ich mir aus, welche Welt wohl hinter diesen wolkenverhangenen Konturen verborgen lag. Allein die Fahrtrichtung hat sich nun geändert – und folgt damit der Tradition früher Forscher, die mehr als ein Jahrhundert zuvor, meist im Auftrag der russischen Krone, aufbrachen, jene Welt zu erkunden, in der sich der weitläufige Osten des Zarenreichs damals verlor.

Selbst zu Pferd macht sich der junge Entdecker Notizen. Über sanftwellige Moosfelder sei er dem Meere zu geritten, schreibt er sich auf. Nun blicke er auf spitzkuppige Haufengebirge, die klar und schön aus der Ebene wüchsen. Mit seinem Gefolge ist er seit dem Morgen an Kamtschatkas Nordwestküste unterwegs, unweit der späteren Siedlung Kowran. Zuvor hat er einen ganzen Tag lang Sturm, Regen und «arge kurilische Winde» erlitten.

Nach drei Stunden Ritt südwärts weisen seine Begleiter auf eine schwarze Masse, die sich, von der Ebbe freigegeben, weit vor ihnen aus dem Strand wölbt und über der Vögel schwärmen. Als die Reiter sich nähern, erkennen sie den gestrandeten Wal. Er war seinen Jägern auf See zwar entkommen, aber die Harpunenwunden hatten ihn zu sehr geschwächt.

«Das Thier ist todt, jedoch noch nicht in Verwesung übergegangen», hält der Forscher fest und beginnt damit, es zu vermessen, vom «platt liegenden Schwanz» bis zu den «pinselhaften Enden der Maulbarten», die ihm – noch – den Blick ins Innere versperren. Knapp gebietet er seinen Begleitern, ein Beil zu holen, um es im Dienste der Wissenschaft beherzt ins Fischbein zu treiben. «Durch einige Hiebe war bald eine Lücke in die Bartenwand geschaffen», notiert er später. «Dahinter eröffnete sich eine dunkle, stinkende Höhlung, deren Decke aus zahllosen herabhängenden Barten bestand, während darunter eine riesige, schlüpfrige Zunge lag, in die ich beim Hineinsteigen etwas einsank.»

Im Schlund der Nasenöffnung wie im Dickicht der Barten entdeckt er noch allerlei Seegetier, das er fachkundig bestimmt.

«Meine Kamtschadalen waren hoch erfreut über diesen Fund»,
beschließt er den Tag. Sogleich hätten sie sich daran gemacht,
das Tier zu zerteilen und nach Hause zu tragen. «Hier gab es
nun für längere Zeit ein schönes Hundefutter.»

Der deutsche Forscher Karl von Ditmar, eigentlich als «Beamter für besondere Aufträge im Bergfach» nach Russland
entsandt, hat seine neue Stelle beim Gouverneur von Kamtschatka, dem Flottenkapitän Sawoiko, am 16. September des
Jahres 1851 angetreten. Monatelang ist er zuvor durch die Wei-
ten Sibiriens angereist, dessen östliches Ende entlang des Pazifiks damals noch als weithin unbekannt gilt. Einflussreiche
adelige Lehrherren haben den jungen Mann eigens der Akademie der Wissenschaften zu St. Petersburg empfohlen, um die
fremde Region in geografischer und geologischer Hinsicht zu
erforschen. Auf nachdrücklichen Wunsch der russischen Ver-
antwortlichen soll er dabei besondere Aufmerksamkeit auf das
Vorkommen von Metallen, Steinkohle «und anderen schätzens-
werthen Produkten des Mineralreiches» legen. Doch statt für
den Zaren Bodenschätze zu orten, wird Ditmar vor allem zum
Menschenentdecker – einem der ersten und eifrigsten, die das
Leben in Kamtschatkas armseligen Dörfern beschreiben.
  Vier Jahre lang durchquert er die Halbinsel. Schon deren
Name – zu deutsch: «Land aus Feuer und Eis» – fasziniert ihn.
Zwar verfasst er zunächst noch Artikel über «ostsibirische Mul-
den» und ähnliches. Doch bald schon zieht er völkerkundliche
Vergleiche der «Korjaken und die ihnen sehr nahe verwandten
Tschuktschen» vor. So wie den gestrandeten Wal erkundet er
nun, von Pioniergeist und Neugier getrieben, das Vulkanland
samt seinen Bewohnern.
  Er steigt in den Schwefeldunst zwischen Geysiren und Gletschern, rühmt den Reichtum der Natur, die hier die Flüsse
mit Lachsen wahrhaft überfüllt, und lässt sich von den Dorf-

ältesten die bluttriefende Geschichte von Unterwerfung, Aufständen und neuerlichen Unterwerfungen erzählen, von brandschatzenden Kosakenhorden bis zu den Zwangsumsiedlungen, die es auch damals schon gab, nur da noch auf kaiserlichen Befehl. Er misst Flusslängen und Seenbreiten, studiert Klima, Pflanzenwuchs und die Chancen auf Feldbau, skizziert Rundblicke und erste geologische und ethnografische Karten, zählt in jedem Ort, den er bereist, Häuser und Vieh, Männer und Weiber, das Wild, das sie jagen, und die Fische, die sie fangen.

Bisweilen lobt er seine «Kamtschadalen» als dienstfertig und freundlich. Dann wieder bricht er selbstgerecht über ihnen den Stab, nennt sie unbrauchbar und glaubt gar an ein Phlegma, das ihnen eigen sei. «Es ist durchgehend bei allen hiesigen Völkern», resümiert er einmal, «dass ihnen das Herumnomadisieren, das Fischen und Jagen lieber ist als das Begründen einer angenehmen und behaglichen Häuslichkeit.»

Auf unserer Reise, die dort beginnt, wo Ditmar das Walmaul erforscht hat wie eine Tropfsteinhöhle, werden uns der Zeitzeuge von einst ein stiller Begleiter und seine Schilderungen ein Maßstab sein. Denn weit über seine Zeit hinaus gelten sie als der umfassendste Blick auf die Region. Und so wie einen die üppige Natur heute noch staunen macht, hat sich auch der Alltag der Bewohner oft wenig verändert. Noch immer kann man hier Landschaften begegnen, die wirken, als habe die Schöpfung sie eben erst erschaffen. Hunderte Vulkane, nach großzügiger Zählart sogar mehrere tausend, davon etwa dreißig aktiv, prägen die Halbinsel, zahlreicher und dichter als irgendwo sonst auf der Welt.

Sie von See her an den Küsten entlang rauchen zu sehen, fesselte schon die ersten Neuankömmlinge. Nicht nur, dass jene Schlote immer wieder in Flammen ausbrächen, erzählten ihnen damals die Bewohner. Manchmal gerieten sie durch das in der Luft laufende Feuer sogar nacheinander in Brand. Auch die Menge an Bären, die manche Ureinwohner noch immer gottgleich verehren, ist einzigartig. Demgegenüber verschwinden die Menschen fast. Rechnerisch verfügt ein jeder Bewohner über mehr als einen Quadratkilometer Land – auf einer Fläche, die etwa so groß ist wie Frankreich. Nur eine einzige Schotterstraße führt von der Hauptstadt Petropawlowsk 400 Kilometer weit in den Norden. Dann endet sie wie alle anderen im Nichts.

Auch wir begegnen noch den kleinwüchsigen Nomaden, die einst auf ihren Rentieren reitend aus der Tundra ankamen. Wir hören von Alten wie Jungen, wie Ditmar damals schon, viel über Unrecht und Leid. Zwei weitere schmerzvolle Zäsuren hatten die Bewohner zuletzt zu ertragen: Erst die Zwangskollektivierung durch die Sowjets. Und dann den Fall in die Marktwirtschaft, der in der künstlich hochgepäppelten Peripherie des Riesenreichs nicht im Wohlstand endete, sondern im dumpfen, alles zerstörenden Aufprall. Wir erfahren vom Alltag der Matrosen, deren Dienstort noch immer am Ende der Welt liegt – und noch immer Todesgefahr birgt. Wie Ditmar raufen wir uns bisweilen die Haare über eine Art Starre, die das Land lähmt, nicht sicher allerdings, wie viel davon dem Phlegma, der Armut oder dem Wodka geschuldet ist. Und über das Fortleben der Militärbürokratie, jetzt noch gekrönt von herrschsüchtigen Geheimdiensten, die allein schon zum eigenen Nutzen den Kalten Krieg zelebrieren. Einen Krieg, der kurz nach unserer Ankunft das erste Todesopfer seit Jahrzehnten fordert – einen japanischen Krabbenfischer, den Russlands Küstenwache vor den Kurilen erschießt.

Schon Ditmar kritisiert die aus der Ferne entsandten Befehlshaber und Verwalter, obwohl sie – neben der Akademie – seine Auftraggeber und Vorgesetzten sind. «Selbst unreif zum

Administriren», beschimpft er Militärs wie Beamte, «wollen sie ganz fremde Reiser auf total anders geartete Bäume aufpfropfen.» Auch jeder künftige Befehlshaber werde hier «wahrscheinlicherweise alles Gewesene wieder auf den Kopf stellen». Schon deshalb gebe es hier keine Fortentwicklung. Zwar sei die Natur so reichhaltig wie nirgendwo sonst. Doch «leere Hirne und kalte Herzen» verstünden es, diese Schätze zu ruinieren wie eine Pest.

Im März des Jahres 1855, als im Laufe des Krimkrieges um das Erbe des zerfallenden Osmanenreichs, der selbst hier noch eine Front finden sollte, der Angriff der Feinde auf Kamtschatka mit Bravour abgewehrt und in den Kirchen die eigene Kriegserklärung an sie verlesen ist, enden Ditmars Studienreisen. Dann raffen die so oft Vertriebenen einmal mehr ihr spärliches Hab und Gut zusammen, schlachten ihre Kühe und lassen die Zughunde frei, um den angeordneten Rückzug ins sibirische Hinterland anzutreten. Mit seinem Vorgesetzten Sawoiko, inzwischen zum Admiral aufgestiegen, verlässt so auch Ditmar die Bucht von Petropawlowsk, das da noch Peterpaulshafen heißt, verfolgt von den gegnerischen Fregatten. Nach ebenso tragischer wie glücklicher Flucht überlebt er, ausgerechnet dank jenes kurilischen Wetters, das er am Morgen des Walfundes noch verflucht hat. Nur ist es dieses Mal nicht der Sturmwind, sondern der Nebel – der sie unsichtbar macht.

Erst dreißig Jahre später, nach wohlmeinenden Mahnungen von Freunden, bringt der eigenwillige Forscher seine Notizen in geordneter Form zu Papier, um sie am 1. November 1888 der Akademie vorzulegen. Da hat das Zarenreich längst Nikolajewsk an der Amur-Mündung und Wladiwostok zu seinen Haupthäfen im Osten erhoben und die Überseekolonien an Amerika verkauft. «Bis dahin hatten namentlich die russischen Seefahrer auf ihren Reisen um die Welt auch Kamtschatka und den Peterpaulshafen angelaufen», schreibt Ditmar jetzt in seinem Vorwort. «Danach aber hörten auch diese gelegentlichen Besuche Kamtschatkas auf.» Selbst die nach ihm entsandten Forschungsreisenden hätten nun eher die zentralasiatischen Landstriche ins Blickfeld gerückt.

«Kamtschatka fiel einer fast gänzlichen Vergessenheit anheim», klagt er abschließend. Als habe nicht auch er gerade – mit den losen Notizen im Schrank – über Jahrzehnte dazu beigetragen.

Der Halbinsel erging es öfter so. Bis heute fühlen sich die Bewohner Kamtschatkas vom Kontinent abgeschnitten. Selbst Petropawlowsk dümpelt in seiner eigenen, einsamen Welt. Von den Kurilen, die ohnehin meist der Himmel verschluckt, nicht zu reden. Siedlungen, die uns von Landkarten dort vorgegaukelt wurden, fanden wir nur noch als verlassene Gemäuer. So manche Straßen und Wege, auf denen wir zu reisen geplant hatten, gibt es längst nicht mehr. Wenn es sie denn jemals gab.

Und auch die Ureinwohner Nordjapans, die Ainus, wurden von den Regierungen in Tokio beharrlich verleugnet, weil sie deren Reinrassigkeitsmythos störten. Eine Minderheitenpolitik erübrige sich in Japan, hieß es dort stets ebenso ignorant wie arrogant, denn im Lande gebe es nun mal keine Minderheiten.

Für das Naturparadies, das dieser Weltwinkel immer geblieben ist, war das heilsam. Für seine Bewohner nicht unbedingt.

«Wir fliegen!»

Es war schon Nachmittag, als Polina ihr Mobiltelefon abgelegt und uns die Nachricht freudig zugerufen hatte. Seit dem Morgen hatten wir irgendwo im Landesinnern auf unseren fünfhundert Kilo Equipment gesessen und den Himmel beobachtet. Erst war er neblig und tief, dann grau und verhangen. Nie schien er sich lichten zu wollen. Erst am Nachmittag taten sich zaghaft ein paar hellblaue Löcher auf.

«Die Strecke nach Kowran sei jetzt okay, meint der Wetterdienst. Wir könnten nahe am Boden fliegen», jubelt Polina.

Für das Dorf, das zwei Flugstunden weiter nördlich liegt, nehmen wir Brot mit. Seit langem, heißt es an der Hubschrauberstation, habe es keinen Versorgungsflug mehr gegeben. Mit an Bord sind Mitglieder einer Tanzgruppe, die von einem Fest weiter südlich zurückkehren. Bald liegen sie, noch müde vom Auftritt und vom Feiern danach, auf der Klappbank längs der Bordwand übereinander. Als der Erste in der Reihe zur Seite kippte, fielen die anderen wie Mehlsäcke hinterher.

Über Felsen, die sich wie umgedrehte Schiffsrümpfe aus sattgrünen Wäldern wölben, donnern wir nordwärts. Baumlos und leer wird die Landschaft jetzt, als habe ein riesiger Gletscher sie geschleift. Dann folgen Grassteppe und Tundra. Im Tiefflug unter den Wolken erreichen wir das Grenzgebiet zwischen Itelmenen- und Korjakenstämmen, die Kamtschatka einst als Erste bewohnten. Den Norden der Halbinsel ertrotzten sich die Korjaken später als Autonomiegebiet. In Kowran leben noch beide Gruppen zusammen. Nieselregen setzt ein, sodass die Piloten die Wischer einschalten und sich näher zur Scheibe vorbeugen. Dann setzen sie neben dem Ort in den Mooskissen auf. Die prallen Reifen versinken fast völlig darin.

Schon vor der Landung hat es der wiedererwachte Tanzgruppen-Chef vor Heimweh kaum noch ausgehalten. «Kowran, Kowran», rief er unaufhörlich und reckte die Faust, obwohl er nur ein paar Tage weg gewesen war. «Schon ein einziger Tag zerreißt mir das Herz», sagte er unter Tränen. Jetzt, da ihre Eltern und Kinder sie abholen kommen, fallen sie sich in die Arme. Dann schultern sie ihre Stofftaschen und gehen durch den dichten Regen davon.

Dabei habe ich selten einen so trostlosen Ort gesehen. Die Menschen scheinen ebenso grau wie ihre mit Dachpappe vernagelten Hütten. Gebeugt stiefeln sie durch den Morast. Aus hohlen Fenstern wehen Fetzen aus Sackstoff und Folie. Nur ein paar dutzend Familien leben hier. Ein düsterer Quader mit Wohnungen steht als verfallende Gabe aus Moskau am Dorfrand – und abseits davon, wie ein Mahnmal, die Ruine einer Fabrik. Ein Mann in löchriger Pumphose, der nach Fisch riecht, schlurft herüber, um mit den Piloten zu plaudern. Als sie kurz darauf abfliegen, wirft ihn der Luftdruck fast um. Dann freut er sich über so viel unbändige Kraft. Später bekommt er mit, dass wir Deutsche sind. Er habe als Schuljunge noch unsere Wörter gelernt, weint nun auch er und zählt zögernd seine Finger von «eins» bis «zehn» ab. Unter Stalin sei man selbst dafür bestraft worden. «Die Deutschen haben es raus», endet er verbittert. «Die produzieren etwas. Wir machen hier gar nichts mehr. Wir leben im Schlamm.»

Wir folgen Oleg, der hier die Ureinwohner-Gemeinde anführt. Ein stiller, in sich ruhender Mann wie sein Vater, der mit ihm, seiner Schwester und deren Kindern in Nachbarschaft lebt und sich ebenfalls als Fischer durchschlägt. Die Unterkunft, die man uns im Ort zugewiesen hat, ist eine geräumte Wohnung in dem maroden Block. Zuletzt hat hier eine Frau aus dem Ensemble gewohnt, nun lebt sie in Chabarowsk. Eine der wenigen, die es geschafft haben. Die Verbliebenen sind arm und verbittert. Als wir uns die Dreckklumpen von den Schuhen klopfen und sie ausziehen wollen, mahnt uns Oleg, sie nicht vor der Tür abzustellen. «Sonst sind sie spätestens morgen früh weg», sagt er abgeklärt.

Drinnen riecht es nach Abflussrohr und nach süßlichem Muff. Bald wird mir klar, wie segensreich die Erfindung des Siphons war. Als Wärmequelle dient eine verbeulte Elektro-Kochplatte, die mitten im Raum steht, mit zwei blanken Drähten angeschlossen an eine aus der Wand gerissene Steckdose. Wasser gibt es nur aus dem Ortsbrunnen. Am Weg dorthin steht windschief die Dorflatrine.

Der Wohnblock hatte die Hüttensiedlung einmal als Zeichen des Fortschritts geschmückt. Nun schafft die Regierung es nicht einmal mehr, ihn instandzuhalten, geschweige denn zu beheizen. Durch das trübe Fensterglas, dessen Sprünge jemand mit Isolierband beklebt hat, sehe ich, dass die Fabrik wohl ein Stall war. Ein Hund durchwühlt offene Mülltröge. Brüchige Lattenzäune spießen Wäsche auf, bis sie trocken ist oder vergessen. Dann gehe ich in den Nebenraum, der als Küche dient. Außer dem stinkenden Spülbecken hält er einen Kartuschen-Gaskocher bereit. Die Importmarke ist gerade noch lesbar: «Dream Land».

«Na ja, wir haben auch erst 1983 fließendes Wasser bekommen», verblüfft uns Tonmann Conrad, der in der DDR aufwuchs. «Landleben halt, nur im Osten.»

Damit wir in Kowran drehen dürfen, musste Oleg uns einladen. Wenn es in diesem Dorf eine Familie gibt, die noch wirtschaften kann, dann ist es seine. Ihre drei Hütten sind klein, aber intakt, die Wände tragen sogar Farbe. Im Garten weht Wäsche. Seine Schwester lädt uns zu einer Willkommensmahlzeit ein: Fischsuppe nach Nikitas Art, Lachs und Kartoffeln. Danach sind wir auf unseren Proviant angewiesen.

«Der Milchbetrieb hat vor Jahren noch fünftausend Liter pro Jahr und Kuh abgeliefert, mehr als jeder andere in Kamtschatka», sagt Oleg. «Außerdem produzierten wir Kartoffeln. Jetzt ist der Ort leider so gut wie tot.» Die meisten Jungen, die ihr Glück unten in Petropawlowsk versuchten, kehrten wieder zurück, weil sie dort nicht mithalten könnten. In Kowrans Schule gebe es weder Physik noch Chemie. Damit könne man heute nicht einmal mehr in der Fischindustrie anfangen. «Hier gibt es keinerlei Zukunft», sagt er. «Und in den anderen Dörfern hier oben sieht es genauso aus. Überall das gleiche Elend.»

Olegs Worte sind niederschmetternd. Dennoch wundern sie uns. Nach allem, was wir hörten, gilt die Gegend als äußerst fischreich. Und die Häuser sind fast alle von Gärten umgeben, die nur überwuchert sind. Wenn die Kühe in der Kolchose viel Milch gaben, warum sollten sie es in anderen Ställen nicht auch tun? Zudem ist da das Tanz-Ensemble, das sogar schon in Europa und Amerika gastierte, um den Namen des Dorfes mit Stolz in die Welt zu tragen. Und zugleich vor Heimweh nach diesem Nest fast vergeht. Wie passt das alles zusammen?

Dann führt uns Oleg zu einer der Dorfältesten, die stumm vor ihrem Haus sitzt. «Ihre Familiengeschichte», sagt er, «ist auch die Geschichte von Kowran.»

Mutter, was fehlt dir?

Als die Uniformierten kommen, um ihren Vater mitzunehmen, verstehen die sechs Töchter nicht, was geschieht. Die älteren fünf haben in ihrem Leben nur Rentiere gesehen, denen die Familie stets hinterhergezogen war. Raissa, die

Jüngste, ist noch ein Baby. Der Vater kommt ins Arbeitslager, wie viele der Rentierhalter. Es ist das übelste Jahr der Stalin-Zeit: 1938. Die Tiere gehören jetzt dem Staat. Die Arbeit der Nomaden wird fortan von anderen mitverrichtet, zwangsangesiedelt in neuen Kolchosen, den Luftschlössern der Landwirtschaftsplaner. Erst als Raissa sechzehn ist, sieht sie den Vater wieder. Mit Mutter und Schwestern ist sie weitab von ihrer Heimat gelandet, zunächst in einem kleineren Milchbetrieb. Dann errechnen die Planer in Moskau, dass größere Einheiten auch bessere seien, lassen an der Nordwestküste einen riesigen Stall bauen und ziehen dort Arbeiter und Vieh aus anderen Kolchosen zusammen. Hier sei von jetzt an ihr Platz, wird Raissa erklärt, tagsüber als Melkerin und abends als Wache. Im Laufe der Jahre sterben Mutter, Vater und Schwestern. Nun ist sie fast siebzig und hockt auf einem umgedrehten alten Kochtopf vor ihrem Hauseingang.

«Weil mir meine Beine kaum noch gehorchen, versuche ich, nur einmal am Tag herunterzukommen», sagt sie. Auf der Stiege könne sie hinfallen. Und wenn sie Beeren suche in der Tundra, bleibe sie auch dort einfach auf ihrem Topf sitzen und pflücke alle um sie herum. Denn wenn sie Beeren im Haus habe, freuten sich ihre Enkel und kämen öfter vorbei.

«Die essen sie lieber als Süßigkeiten», lacht Raissa, die trotz all der Falten noch immer selbst ein Kindergesicht hat. «Aber pflücken wollen sie sie nicht.» Unter der Steppjacke, die einmal gelb war, ragen dürre Knie in Wollstrumpfhosen hervor. Die Füßchen stecken in lappigen Fellstiefeln. «Süßigkeiten könnte ich den Kleinen ohnehin nicht kaufen. Dafür reicht meine Rente nicht.»

Jeden Monat bekommt sie knapp elfhundert Rubel. Das sind etwa fünfunddreißig Euro – dafür, dass sie ihr Leben lang hart gearbeitet hat, für den Staat, der ihrer Familie Vater, Heimat und Rentiere nahm. «Was aus dem Dorf wurde, weiß ich nicht», seufzt sie. «Wir durften ja nicht mehr dorthin. Keiner durfte in die Dörfer zurück. Aber von überall brachte man Leute hierher. Nur einmal hörte ich, dass daheim schon alles verfallen sei. Aber hier sieht es ja auch nicht mehr anders aus.»

«Wie kam es, dass auch die Kolchose so endete?», frage ich.

«Das hat uns ja keiner erklärt. Die wussten ja selbst nicht, warum», winkt sie ab. «Irgendwann waren die Schweine weg. Dann auch die Kühe. Mehr habe ich gar nicht mitbekommen, obwohl ich selbst mittendrin war.»

Bevor wir sie zurücklassen, frage ich sie nach dem Ensemble. Ob denn die Dorfbewohner wenigstens darauf stolz seien.

«O ja. Mein Sohn ist ja auch dabei. Sie waren sogar schon im Ausland. Und sie bringen mir immer etwas mit», lebt sie auf. Das letzte Mal sei es eine amerikanische Tasche mit Rädern gewesen. Die habe sie hier aber nicht durch die Pfützen ziehen wollen. «Wenn sie wegfahren, fragen sie immer, ‹Mutter, brauchst du etwas?› Aber ich mache mir nur noch Sorgen. Sie können dann ja die ganze Zeit keine Fische fangen.»

Zwischen Lachs und Mafia

Mit Oleg, dem alten Nikita und anderen Männern sind wir zum Fischen an der Flussmündung verabredet. Als wir Kamera und Kisten auf ihren alten Militärlaster packen, schreit uns eine Nachbarin Flüche entgegen. «Ihr wollt hier Bilder machen, und bei uns geht nicht mal der Fernseher», lallt sie. Ihr Mann uriniert derweil gegen die Hauswand. Dann krault sie einen der streunenden Hunde und fängt leise zu singen an. Hinter drei Kühen schlurft wortlos ein Alter mit Gerte vorbei.

24

Auch aus dem Tanzensemble fahren Fischer mit. Nahe der Steilküste steigen wir hinab zu den Holzbooten. In der letzten langgezogenen Flussbiegung wollen die Männer vom Meer her eindringende Lachse abfangen. Zuerst spannen sie ihr Netz von Boot zu Boot über den Fluss. Danach ziehen sie langsam stromabwärts. In Ufernähe schlagen sie mit Holzstangen ins Wasser, um die Lachse vom Fluchtweg abzuschrecken. Dann schließt sich die Bojenleine vor einem Flachufer zum Halbkreis, den die Fischer langsam verengen. Das Wasser darin wird unruhiger, die plätschernden Fischkörper kommen zum Vorschein. Am Ende ist es ein wilder Kampf silbrigroter, auf dem Trockenen hüpfender Leiber. Fischmäuler schnappen vergeblich, bis jede Bewegung ermattet. Zeit, die Beute zu schätzen.

Weil der Fang bescheidener ausgefallen ist als erwartet, verbleibt er ganz bei den Fischern im Dorf. «Wenn wir mehr haben, geben wir einen Teil der Filets in einer Kühlfabrik weiter südlich ab. Dort friert man sie ein, bis sie von Verarbeitern abgeholt werden, und zahlt uns fünfzig Prozent ihres Wertes», sagt Oleg. «Für ganze Fische bekommen wir einen höheren Anteil, weil etliche davon Kaviar enthalten.»

Nikita sammelt noch immer die kleineren Plattfische auf, die das Netz mitgeschleppt hat, und wirft sie in die Freiheit zurück. Die anderen rauchen erst einmal. Dann geht auch der Alte zum grünen Uferhang. Er holt wieder frisches Gras für ein Schlachtbett, das er den Fischen auch hier zurechtlegt. Was er ihnen so zurückgibt, ist das, was er selbst ausstrahlt, als Einziger: Nikita hat sich Würde bewahrt.

Ob ein Lachs Kaviar in sich trage, erkenne man von außen nicht, sagt Oleg und unterscheidet anhand der Kopfgrößen Männchen und Weibchen. Ein Fischer schneidet vor uns einem Lachs von der Stirn an einen knochigen Streifen aus

Kopf und Rücken, den er hochhält. Den blutigen Rest schiebt er beiseite. «Delikatess», schwärmt er und beißt sich nun Stück um Stück weiter voran. «Itelmenischer Brauch», sagt er kauend. Mir fällt wieder ein, dass auch Nikita mir am Vorabend etwas Ähnliches in seiner Küche erklärt hatte. Da deutete ich es noch so, dass die Itelmenen den Fischen die Köpfe abbeißen würden, und notierte es ungläubig mit einem Fragezeichen. Danach hatte er abgewunken. Seine Zähne seien dafür schon lange zu schlecht.

«Schade, dass ihr nicht früher gekommen seid», seufzt der Fischer kopfschüttelnd. «Zuletzt haben wir hier nicht einmal Netze in den Fluss werfen müssen. Wir stellen dann einfach Zäune auf, die leiten den Fisch in Säcke, die sich ganz von alleine füllen. Am Ende muss man sie nur noch auf den Lastwagen laden.» Als dieser ans Flussbett gefahren kommt, werfen die Männer die glitschigen Fischkörper hinauf. Unversehrte und kopflose, ausgenommene und halb filetierte, manche noch mit herausschlingernden Fäden. In einem fleckigen Blechtopf sammelt ein anderer derweil die orangefarbenen Eierklötze, die sie aus manchen schon freigelegt hatten – den Kaviar.

Oleg ist der Vertragspartner der Kühlfabrik. Das Jahreslimit von hundert Tonnen, das die Regierung ihm und seiner Mannschaft für diese Lachssorte setzt, überschreiten sie gelegentlich. Auch er hält dies für vertretbar. Denn sie alle wissen von noch weit schlimmeren Gesetzesverstößen.

«Die größeren Fischmengen werden hier illegal gefangen und weggeworfen, sobald die Eier entnommen sind», sagt Oleg freimütig. Weil ganze Fische zu schwer seien und vergleichsweise wenig einbrächten, schnitten die Fischer dann auftragsgemäß nur den Kaviar heraus. Die Zwischenhändler zahlten in Rubel oder in Wodka. Nicht einmal seine eigenen Leute könne er davon abhalten, für die Syndikate zu arbeiten. Und auch die

Regierung unterbinde es nicht. «Die wenigsten Leute hier haben Arbeit. Die offiziellen Erwerbslosenzahlen der Regierung muss man mal zwei oder drei nehmen. Die Arbeitslosigkeit liegt hier weit über fünfzig Prozent.» Entweder die Regierung wolle daran nichts ändern oder sie könne es nicht. «Vielleicht pfeift sie auch einfach auf uns. Oder sie steckt sogar selbst hinter der Mafia», sagt er. «Auch das ist nicht ausgeschlossen. Und es ist traurig.»

Ob es nicht riskant sei für ihn, uns solche Dinge zu erzählen, frage ich.

«Es sind ja offene Geheimnisse», erwidert er. «Schon die Kinder hier schwänzen die Schule, weil sie mit den Familien heimlich zum Fischen fahren. Und uns kann es passieren, dass wir nur Fangquoten für Lachssorten kriegen, die es die ganze Saison über nicht gibt. Wenn das noch drei Jahre so weitergeht, ist es mit dem Fischefangen hier sowieso erst mal vorbei.» Trotzdem spricht er von Plänen, an der Flussmündung ein eigenes Kühlhaus zu bauen. Das würde den legalen Fischern die Einnahmen verdoppeln. «Und fünfzehn neue Beschäftigte kämen vielleicht weg von den illegalen Geschäften.»

Wahrscheinlicher ist, dass sie weiterhin beides tun würden. Selbst uns gegenüber geben die Ensembletänzer zu, dass sie die Kaviarabnehmer beliefern. Die Schuld sehen auch sie bei den Fangquoten, die jedem Dorf von der Moskauer Fischereikommission zugeteilt werden – ein System, das Korruption, Unterschlagung und Schattenwirtschaft begünstigt. Auch auf See wird so ein Gutteil des Fischs von einem Boot zum nächsten geschmuggelt, bis nach Japan und Korea.

«Was sollen wir machen?», rechtfertigen sich die Fischer. «Die Fabrik zahlt uns im August erst den Lohn für den Mai und den Juni. Irgendwann will man ja seinen Kindern auch mal etwas zum Anziehen kaufen.»

Auch die Frauen der Fischer sind inzwischen zum Fluss gekommen, und mit ihnen Sascha, der ihr Großvater wieder ein Lachsherz zugesteckt hat, und ihre Kusine. Auf einer Wiese über dem Hochufer packen sie das Akkordeon aus und hängen sich Federkopfschmuck und Fellkutten mit bunten Borten um. Die beiden Mädchen schlüpfen in perlenbesetzte Pelzkleidchen. Dann wackeln sie mit Köpfen und Schultern zu fröhlich beschwingter Musik, die dunklen Pupillen immer auf uns gerichtet. Die Flachtrommel schlagend kniet einer der Tänzer zu ihnen herunter und lacht. Die Mädchenhände zeichnen Flusswellen in die Luft. Die Frauen stoßen dazu spitze Schreie aus, verbiegen die Körper und drehen sich im Kreise. Alle Augenpaare funkeln jetzt wie jene der Kinder. Die Gesichter könnten glücklicher nicht aussehen. Vergessen scheinen alle Klagen von eben.

Ein Schwarm Wildgänse überfliegt uns in Formation. Das Paradies lebt. Als Grasland, das sich hinter den Tanzenden wellt bis zum Himmel. Als Küstenlandschaft über dem dahintreibenden Strom. In den Blicken, die den Kowran'schen Widerspruch jetzt einfach auflösen. Einfach weglachen und forttanzen.

Ich schließe die Augen und bin bald verblüfft, wie sehr die Gesänge der Frauen den Schreien der Möwen gleichen.

Auf der Unterseite ihrer Trommel haben sie Orte notiert, an denen sie waren. München ist dabei und Los Angeles, kanadische Städte und norwegische und natürlich die russischen. Wie es für sie sei, nach solchen Reisen hier wieder anzukommen, frage ich.

«Manchmal würden wir schon gerne tauschen, wenigstens für eine Weile. Aber dann würde uns all das hier fehlen», antworten die Frauen. «Die Leute im Dorf hängen an uns wie wir an ihnen. Noch immer fragen wir hier die Alten, wie sie früher tanzten, damit sie es weitergeben. Und sie sind auch die

Ersten, denen wir neue Tänze vorführen. Nur wenn sie ihnen gefallen, kommen sie in unser Programm.»

«Wie erfindet man einen neuen Tanz?»

«Viele Gesänge sind die der Vögel. Und manche Bewegungen schauen wir uns sogar von den Fischen ab. Wahrscheinlich könnten wir bald gar nicht mehr tanzen, wenn wir das Fischen aufgäben.»

Nach zwei Tagen sollte uns der Pilot vor Einbruch der Dunkelheit am Ortsrand abholen, um Richtung Osten nach Kljutschi zu fliegen. Die Sicht scheint passabel, die Wolkendecke ausreichend hoch. Doch dann bekommt Polina wieder Nachricht von der Fliegerstation, diesmal eine schlechte. Der Bergrücken zwischen dem Abflugort und hier sei nicht wolkenfrei. Die nächste Vorhersage komme morgen um neun. «Wir fliegen nicht», sagt sie kleinlaut.

Später sitzen wir in unserer Küche und reden über Armut und Schuld. Zunächst scheint alles klar auf der Hand zu liegen: Die Stalinisten haben den Ureinwohnern ihre Traditionen und Fähigkeiten geraubt, die sie hier hatten überleben lassen. Jetzt fehlen sie einer ganzen Generation. Die Alten hatte man auf den Melkschemel gezerrt. Die Jungen begreifen sich nicht mehr als Selbstversorger, sondern als Arbeitslose, was sie für die übrige Gesellschaft nun auch sind. Und zu Hause waren sie hier nie. Das Heimatgefühl gilt den Bewohnern, aber nicht dem Dorf selbst. Aus Korjaken- und Itelmenenkindern hatte man Russen machen wollen. Jetzt sind sie weder das eine noch das andere. Stalins Reißbrettplaner haben unterschätzt, was es heißt, Menschen die Wurzeln zu kappen.

Der Milchbetrieb habe nur funktioniert, weil die Arbeiten kontrolliert wurden, hatte auch Oleg gesagt. Als die Sowjets weg waren, sei alles zusammengebrochen. Die Kolchosendirektoren hätten die Tiere verscherbelt und sich verdrückt, wohl wissend, dass die gestützten Märkte nun fehlten. Den Bewohnern seien nur ihre Hütten geblieben. Und beim Tanzen ein paar Erinnerungen an die alte Kultur.

Aber bei Olegs Verwandten sehe es doch auch besser aus, kommen uns Einwände. Häuser und Gärten seien gepflegt, die Eltern nicht betrunken und die Kinder gewaschen. Außerdem stimme es nicht, dass den Bewohnern keine Alternativen blieben. Offensichtlich betrieben sie mit großer Energie den Kaviarschmuggel. Und verschwendeten dabei ihre eigene Ressource, den Fisch. Gärten und Gewächshäuser ließen sie derweil vergammeln. Den Rest ihres Schicksals besiegele der Wodka.

Als ich später wach in meinem Schlafsack liege, frage auch ich mich, was die Dörfler eigentlich daran hindert, mit ihrem Armeelaster statt der Fische ein paar Ladungen Kies vom Fluss herzubringen und damit die verschlammten Wege zu befestigen. Damit wäre der größte Dreck schon gebannt, auch aus den Häusern. Dass der Verweis auf eigene Armut auch eine Entschuldigung sein kann, kenne ich aus anderen Ländern – den Philippinen etwa oder etlichen Inselstaaten der Südsee. Opfermentalität nannten das die Sozialarbeiter, zumindest die, die es leid waren, ständig alle von ihrer Verantwortung für sich selbst zu entlasten. Zuweilen brachte ihnen das zwar auch den Applaus derer ein, die Armenhilfe grundsätzlich für Steuerverschwendung halten. Aber Erfolge gaben ihnen recht. Manchmal gingen die Dinge auch von alleine voran. Dann hielten die Menschen ihre Häuser und Gärten sauber und erkannten, dass die Mühe sich lohnte. Die Krankheiten gingen zurück, und es sprach sich herum. Das schlechte Image kehrte sich um, die Bewohner hatten ihren Stolz wieder und glaubten an die eigenen Kräfte.

Trotzdem, nach Kowran führt nicht einmal eine Straße und im ganzen Dorf gibt es nur ein Telefon, drehe ich mich dann selber im Kreis. Die Leute sind abhängig von jedem korrupten Verwaltungsbeamten, der Tausende von Kilometern entfernt vor seinem leeren Tisch sitzt. Billige Trüffelschweine der Kaviar-Mafia. Dann schlafe ich ein.

Am nächsten Morgen lässt mich erneutes Geschrei ans Fenster eilen. Vor den Nachbareingängen streiten Frauen, bis eine heulend davonrennt. Offenbar mit ihren Brüdern kommt sie danach wieder. Einer geht schweigend in das Haus. Als er schwerfüßig heraustritt, baumelt ihm ein querliegender Mann von den Schultern. Ich rede mir ein, dass er nur vom Wodka bewusstlos ist. Selbst die alte Raissa war ja völlig berauscht, als Polina sie nach dem Interview noch nach einem Detail fragen sollte. In den Lattenzäunen verfängt sich wieder der Nebel.

Später laufe ich zur Ruine hinüber. Bestimmt über hundertfünfzig Meter ziehen sich ihre Außenmauern. Durch das frühere Haupttor an der Stirnseite sehe ich hinein. Dahinter öffnet sich Stallraum um Stallraum, tief wie die endlosen Hinterhöfe in den Arbeiterbezirken Berlins. Zweihundert Milchkühe und zweihundert Schweine hielt die Kolchose «Roter Oktober». Dazu ein paar Pferde. In ihren Rekordzeiten nannte man sie die Millionärskolchose. Hier also saßen Raissa und ihre Schwestern und leerten Euter um Euter für eine gerechtere Welt. Und eine Zeitlang sah es sogar danach aus. Damals hatte Kowrans Schule zehn Jahrgangsklassen. Es gab ein Krankenhaus und ein Diesel-Heizwerk. Nun stehen hier mannshoch die Nesseln.

In den neunziger Jahren war die Wende gekommen. Perestrojka, Privatisierung, Zusammenbruch. Für die Ungelernten sei es am leichtesten gewesen, wieder als Fischer zu leben, erzählte Oleg. Am schwersten für die Frauen mit Studium. Eine, die hier als die beste Lehrerin galt, fing damals an zu trinken. So sehr, dass man ihr die eigenen Kinder wegnahm und anderswo im Dorf unterbrachte. Nur in den Ferien dürfen sie nun noch zu ihr. Es ist die Nachbarin, die uns gestern beschimpfte. Nicht die Armut selbst lastet auf Kowran, erscheint es mir nun. Arm sind Naturvölker immer. Was die Menschen zerbrochen hat, ist der Abstieg. Die Choreographie des Verfalls, die sie erfasst hat und nicht mehr loslässt. Lebten sie noch in Jurten am Fluss, um nur zu fischen und zu tanzen wie seit tausend Jahren, sie wären wohl glücklicher.

Gegen Mittag hat die Sonne den Dunst aufgelöst. Mit den Piloten ist nun vereinbart, dass sie kommen würden, sobald das Wetter es zuließe. Wieder packen wir ein und schleppen alles zum Landepunkt. Ein paar Dorfjungen begleiten uns in der Hoffnung, dass Johannes sie auch heute wieder durch den Kamerasucher schauen lässt. Als die Sonne vom Himmel brennt, lässt uns Hubschrauberlärm aufhorchen. Doch die Maschine fliegt über Kowran hinweg Richtung Küste. «Entweder unser Fisch aus dem Kühlhaus oder ein Kaviartransport», murmeln die Umstehenden. Unsere Ungeduld ist ihnen fremd. «Im Winter», sagt einer, «warten wir hier manchmal drei Monate auf einen Hubschrauber.»

Wir bauen das Satellitentelefon auf. Als Polina damit endlich jemanden erreicht, hält man uns hin. Die Vorhersage um neun sei nicht sicher gewesen. Wir sollten um eins wieder anrufen. Um halb zwei ist dann zwar das Wetter gut, aber kein Hubschrauber da. Womöglich ja nach einer weiteren Stunde. Dann aber geht niemand mehr ans Telefon. Misstrauen steigt in mir auf. Der Flug um den Berg koste drei Flugstunden mehr, hieß es. Wollen sie etwa darauf hinaus? Eine lockende Summe für jeden, der sich davon etwas abzweigen kann. Er muss nur eine geringere Kerosinmenge abrechnen, die Differenz schwarz bezahlen und eine Zweitrechnung schreiben. Eine Mitarbeiterin hatte uns schon auf der Anreise gewarnt, nur Rechnungen mit Originalbriefkopf zu bezahlen.

Stunde um Stunde verrinnt so der Tag. Johannes und Wolfgang checken am Monitor das gestrige Drehmaterial. Conrad geht spazieren und singt laut unterm Kopfhörer. Polina zetert am Telefon, das auf einem Kistenturm den Himmel anpeilt. Erst ihr Anruf in der Petropawlowsker Zentrale macht dem mauligen Außenposten offenbar Druck. Als der Abend schon dämmert, bricht der Hubschrauber zwischen den Hügeln durch.

Sascha und ihre Kusine drücken sich an Polina und wollen sie gar nicht gehen lassen, so sehr haben die Mädchen sie in ihr Herz geschlossen. Als ich Oleg, ihrem Onkel, die Hand gebe, frage ich ihn dennoch, was ihn eigentlich hier hält. Er sei nicht verheiratet, habe eine Ausbildung, Kontakte, Berufserfahrung. Wenn andere es nach Chabarowsk geschafft hätten, würde er es auch können.

«Ich will nicht pathetisch werden», sagt er. «Aber ich gebe die Hoffnung nicht auf, dass wir hier irgendwann wieder aus eigener Kraft leben. Wir können wohl Kredite bekommen für unsere geplante Kühlanlage. Zudem unterstützen uns Hilfsorganisationen aus dem Westen. Ein Fischer aus Kowran, dem wir die Ausbildung zum Verarbeitungsfachmann bezahlt haben, wird sie bald abschließen. Außerdem hält mich die Ureinwohner-Vereinigung. Es ist die erste, die sich in Russland gegründet hat. Vielleicht ist ja die itelmenische Kultur irgendwann auch ein Anlass, um hierher zu reisen.»

Es gebe im Lande die Auffassung, dass die Urbevölkerung zu nichts mehr recht tauge, sagt er und drückt meine Hand.

«Ich möchte beweisen, dass das nicht stimmt.»

Himmelhunde, denke ich später. Nicht einmal die Rotoren halten sie an. Der Mechaniker mit nacktem, schmierbauchigem Rumpf, Bartstoppeln und schweißnassem Hals hat die Bordtür geöffnet und winkt hektisch nach unseren Kisten. Keine Chance, mit den Piloten noch etwas zu verabreden. Als Reporter ärgert mich das. Den Abflug vor den Hütten von Kowran hätte ich auch als Außeneinstellung gebraucht. Im Schneideraum wird er uns bitter fehlen.

Dann steigen wir auch schon in enger Kurve auf Flughöhe. Als wir den Bergrücken queren, so bodennah als sollten wir abspringen, rankt sich um ihn schon ein dünner Wolkensaum.

Deshalb also die Eile.

Willkommen im Sperrgebiet

«Tut uns leid, aber du kannst dem Militär keine politischen Fragen stellen», meldet sich unser Journalistenkollege aus St. Petersburg, ein aufstrebender Jungproduzent, der mit Polina zusammen die Vorrecherchen durchführte, die Einladungen und Reisevisa besorgt hat und nun nacheinander die Drehgenehmigungen beantragt. «Da lehnen die uns gleich ab.»

Ich hatte auf meiner Wunschliste an die Oberen im russischen Verteidigungsministerium als mögliche Frage genannt, was sich im Arbeitsalltag eines U-Boot-Kommandanten, den wir zu treffen hofften, in den letzten zehn Jahren verändert habe. «Frag doch, was sie essen, und ob den Soldaten da draußen keine Frauen fehlen», schlägt er mir vor.

Mein Anliegen, in einen Reisefilm durch das russisch-japanische Grenzgebiet auch das Militär einzubeziehen, ist der heikelste Teil des Drehplans. Aber zu Kamtschatkas Bewohnern gehört nun mal ein stattlicher Anteil Soldaten. «Seid froh, dass ihr überhaupt da seid und drehen dürft», klagt der Kollege nun durch die brüchige Satellitenleitung. «Das war gar nicht so einfach, wie ihr vielleicht denkt.»

Tatsächlich füllen die Papiere, die wir hier griffbereit mitführen müssen, schon jetzt einen Brustbeutel. Um uns auf der Halbinsel und dem Kurilen-Archipel zu bewegen, brauchten wir die gestempelten Zusagen eines halben Dutzends Moskauer Ministerien, der Marine, des Grenzschutzes und des Inlandsgeheimdienstes FSB, der Nachfolgeorganisation des früheren KGB. Ohne Wohlwollen keine Einladung, ohne Einladung kein Visum, ohne Visum keine Tickets – nicht einmal für die Fähre von den Kurilen nach Sachalin. Zudem war schon einige Geduld nötig im Umgang mit allerlei Geheimdienstspitzeln, die uns naturgemäß nie abnahmen, dass wir tatsächlich nur einen Film drehen wollten.

«Fünfzig Prozent der ausländischen Journalisten im Land sind Spione», rechtfertigte sich einer von ihnen in einem redseligen Moment. Warum um alles in der Welt solle man uns also Zugang zum Militärhafen von Petropawlowsk gewähren, wo die geheime Atomflotte liege? «Die Quote bei den russischen Journalisten im Ausland ist übrigens weit über neunzig Prozent», grinste er dann. Das sagt nichts über die wirklichen Verhältnisse, aber viel über das Gehabe in den Geheimdiensten selbst, über ihre Denkart – nicht nur in Russland – zwischen Paranoia und Prahlerei.

Immer wieder hatte ich für ein paar harmlose Fragen Briefe und Begründungen zu schreiben, musste anmelden, manchmal binnen Stunden, wen wir wann und warum zu besuchen beabsichtigten, wo wir welcherlei Flugaufnahmen planten – obwohl jeder bestätigte, dass das zuverlässig gar nicht zu planen sei, allein schon wegen des Wetters. Und jedes Mal von neuem, wer wir eigentlich seien. Was davon nötig war und was Bürokratie oder nur verlustreiches Chaos, habe ich nie erfahren.

Dann sollten wir die Prüfung abwarten. In ein paar Wochen wisse man mehr. Rückmeldungen legten nahe, für die Dreharbeiten an Bord doch einen russischen Kameramann zu nehmen, das würde die Zusage erleichtern. Und wenn auch ich als Reporter nicht selbst dabei sein müsse, seien die Drehchancen noch höher. «Dann muss man mir aber auch nicht glauben, dass wir wirklich gesehen haben, was wir da zeigen», wandte ich ein. Es gehe auch um Dinge, die wir unterwegs entdecken könnten, hieß es dann. Ich bot an, uns so lange die Augen zu verbinden. So hatte ich es einmal in dem Beirut-Film «Die Fälschung» mit Bruno Ganz gesehen. Und ein Kollege von mir

brachte es auf diese Weise vor Jahren einmal bis ins Geheim-
quartier von Kurdenchef Abdullah Öcalan.

Hier schien der Vorschlag nicht weiterzuhelfen. Dabei gehen
in den vorgeblich so geheimen Militärzentren Russlands inzwischen amerikanische Besucherdelegationen ein und aus, ein
jeder mit schussbereiter Digitalkamera. Nur Innenaufnahmen
der Schiffe sind ihnen verboten.

Die meisten Menschen in der Region waren dann weitaus
freundlicher. Viele freuten sich einfach über Besuch. Noch
bis in die neunziger Jahre hinein war dies gar nicht möglich.
Selbst Russen war der Zugang zur Halbinsel bis dahin verboten. Kamtschatka war Sperrgebiet.

Vor allem unsere Anreise nach Kljutschi, das wir als Nächs-
tes anpeilen, wollen die Geheimen nicht unbeobachtet lassen.
Aber auch der Wunsch, am Standort von Russlands Pazifikflotte, in Weljutschinsk, zu drehen und weiter südlich auf den
Außenposten der Grenzschützer auf den Kurilen, wo Japan
schon in Sichtweite liegt, macht ihnen Sorgen.

Bereits nach unserer Landung auf Kamtschatkas Einreise-
flughafen von Petropawlowsk hatte ein schlaksiger Kerl mit
Baseballkappe über den öligen Haarsträhnen Polina beiseite
genommen und ihr zugeflüstert, dass es wohl besser sei, wenn
er uns hin und wieder begleite. Natürlich nur um zu helfen.
Wir bräuchten ihn nicht zu bezahlen, er werde schon bezahlt.
Ich bat sie, ihn herzlich dazu einzuladen und zu allen anderen
Reiseetappen auch. Dann wüssten wir immerhin, wo man uns
Grenzen ziehe, und liefen gar nicht erst Gefahr, Probleme zu
bekommen. Als wir ihn nach Name und Telefonnummer fragten, damit wir alles mit ihm verabreden könnten, lächelte er
mild.

«Yurij. Mehr ist nicht nötig. Wir wissen auch so, wo ihr gerade seid», gab er zurück. Er sei selbst Journalist, deshalb
verstehe er uns ja so gut, sagte er dann schon im Gehen. Er

arbeite aber auch für den Grenzschutz. Also für den Geheimdienst.

In Kljutschis Umgebung sei ein großflächiges Militärgelände, heißt es. Vielleicht ist es ja das, was er schützen muss. Was mich nervt, ist der immer gleiche Drang dieser Spitzel, sich zu erkennen zu geben, um so die Macht auszukosten, die im Geheimdienstalltag ansonsten erst in den Rängen über ihnen beginnt. In Nordkorea, dem verschlossensten Land meines Berichtsgebietes, standen sie an jedem Drehort dabei, schon an der schwarzen Kleidung erkennbar. Wenn man sie ansprach, sich vorstellte und nach ihrer Funktion fragte, sagten sie nur «Kulturkomitee», klappten den Kragen hoch und wandten sich ab. Und bei den «Pressebetreuern», die uns dort auf Korrespondentenreisen beäugten, konnte es passieren, dass sie die Schlangen hungriger Menschen, die am Kombinatstor für Kohlköpfe anstanden, angeblich nicht sahen – obwohl wir beharrlich darauf zeigten und den Fahrer anbrüllten, er solle verdammt noch mal anhalten.

Selbst im demokratischen Süden Koreas kuschte jeder Militärsprecher, sobald die Geheimen ankamen und breitbeinig Weisungen erteilten. Plötzlich durften wir keinen Jeep mehr im Bild zeigen, obwohl wir zuvor noch darin fahrend gefilmt hatten. Oder in Vietnam, wo ich vor Jahren einen Bericht über die Kinder von US-Soldaten drehte, verdarben sie jedes zweite Interview. Am Zielort angelangt, waren dann plötzlich alle krank oder verhindert. Und der, der die Auskunft gab, zitterte. Man wird paranoid, wenn man so arbeiten muss. Weil man bald nicht mehr weiß, was nun eigentlich Wirklichkeit und was bloß inszeniert ist.

Unsere Chancen, in einem U-Boot zu drehen, sehen wir als Erstes schwinden. Zunächst hieß es, aus Moskau fehle nur noch die letzte Unterschrift. Der Mann, der sie leisten müsse, sei leider gerade in einem Flugzeug verunglückt und nun auf Krankenstation. Dann war von einem Manöver die Rede. Danach von neu gezogenen Grenzen des Sperrgebietes. Später wurde der Ton aggressiver. Warum ich nicht angegeben hätte, in Japan Korrespondent gewesen zu sein. Dabei stand das schon im ersten Antrag. Man schien sich nicht einig zu sein. Nun werde alles noch einmal geprüft, wieder über Wochen. Ich hakte es ab.

Der zweite Gegner, der uns Blicke und Wege verwehrt, wird der landestypische Nebel bleiben. Im Norden Kamtschatkas, wo wir vorerst noch unterwegs sind, verhindert er nur tageweise, dass wir fliegen und drehen können. Unten im Süden der Halbinsel und auf den Kurilen, warnt man uns hier immer deutlicher, mache er Reisepläne oft für Wochen zunichte. Selbst den Seefahrern verderbe er seit jeher die Laune.

In alten Quellen finde ich dafür einen eindrucksvollen Beleg: «Was die Nebel auf Kamtschatka anbelanget», schrieb ein Schiffskapitän, «so kann ich nicht glauben, dass auf dem ganzen Erdboden größere und anhaltendere können an einem Orte gefunden werden.»

Für Designerpreise wurde der «MI 8» als Letztes gebaut. «Er ist wie Russland», sagt Polina, «groß und robust, alles andere war hier nicht wichtig.» Er ist der Lastesel Kamtschatkas. Wo er nicht mehr hinkommt, kommt gar keiner mehr. Breit und unelegant steht er da, mit riesigen Außentanks, als könne er damit wassern. Durch das geöffnete Hecktor blicken wir in den Innenraum wie in ein Fährschiff, während sich vorne die Zellen der Glaskuppel zusammenfügen wie zu einem übergroßen Insektenauge.

Bis in fünftausend Meter Höhe kann er hinauf. In Afghanistan, erzählt man hier gerne, sei er selbst mit durchschossenen Rotorblättern noch geflogen. Sporthubschrauber haben zwei davon, er hat fünf, die sich wie eine Palmenkrone über uns wölben. «Es ist der zuverlässigste Hubschrauber der Welt, vielseitig einsetzbar, sogar als Krankentransporter», sagt unser neuer Pilot, der freundlicher ist als der letzte, als wir am Drehkreuz wieder startbereit sind. «Wir können damit überall landen, auch auf Schnee, Eis und Berggipfeln.» Allerdings fliege man hier stets nur auf Sicht. Radar habe man nicht zur Verfügung.

«Wann mussten Sie denn zuletzt darin übernachten?», frage ich.

«Das kommt öfter vor. Zuletzt waren es sogar drei Nächte, nach einer Notlandung im Nebel. Meistens können wir aber rechtzeitig umkehren oder ein anderes Ziel anfliegen.»

Als sich Johannes samt seiner Kamera neben der Türöffnung mit Karabinerhaken sichern lässt, schwingen schon die Bordwände. Dann steigert sich die Frequenz. Selbst mit Schreien kommen wir nicht mehr gegen den Lärm an. Kerosingeruch füllt die zitternde Luft. Schwerfällig heben wir ab. Schon oft sind wir auf Drehs mit Helikoptern geflogen. Jedes Mal mochte ich die Art, wie sie einen zugleich nach vorne und nach oben wegziehen, zuerst vom Boden hoch, dann über Bergkämme, Flussläufe und Küsten. Immer weckte sie Aufbruchstimmung, wirkte dynamisch und sportlich, stimmte endgültig ein auf Abenteuerlust.

Dieser hier ist anders. Dieser ist ein Arbeiter. Schon nach den ersten Flugsekunden vibriert mein ganzer Körper im Takt der Maschine. Dann erahne ich wie eine Geheimbotschaft einen zweiten, langsameren Rhythmus dahinter. Ta-ta-rab, ta-ta-rab. Es ist der Rhythmus eines galoppierende Pferdes. Nach vorn gebeugt, um mit durch die Frontfenster zu spähen, wippen wir bald wirklich wie Reitende. Ta-ta-rab, ta-ta-rab. Nahe der Türöffnung knallt Luft gegen Luft wie Gewehrfeuer. Aus den Reitern wird eine Kavallerie. Ausdauernd preschen wir den Bergen entgegen. Den mächtigsten und gefährlichsten Russlands.

An Bord sind wir Gäste von Jaroslaw Murawjew – einem Vulkanologen, der eine Gruppe junger Wissenschaftler betreut. Sie campen nahe der letzten Ausbruchstelle des höchsten Massivs, um Gesteinsproben zu nehmen. Jaroslaw bringt ihnen neue Verpflegung und Brennholz. Im Winter versorge man so auch die Nomaden im Schnee, sagt er uns. Unten streckt sich ein wiesengrünes Tal. Ein berittener Hirte bewacht darin Kühe. In helleren Rundflächen, die wabern wie Golfplätze, liegen Heuballen gestapelt. Als wir an Höhe gewinnen, gehen Bergwälder in lichte Gestrüpphaine über. Darüber öffnen sich in graubraunen Felsen wie Bombentrichter die Krater, viele davon zur Seite geneigt, als wollten sie Satellitensignale empfangen.

Durch die offene Bordtür stürmt Kaltluft herein. Der Motorenlärm könnte jetzt auch der eines Fischkutters sein, auf voller Fahrt voraus. Derweil ziehen Tafelberge und Geröllrutschen vorbei. Am Horizont zeichnen sich die ersten schneetragenden Gipfel ab. Auf dem Bullaugenglas, durch das ich verfolge, wie sie Gestalt annehmen, erwischen meine Fingerspitzen halb eine Stechmücke. Sie trudelt erst. Dann stürzt sie ab. Als wir die Mäander des Kamtschatka-Flusses überquert haben, erhebt sich vor uns ein Bollwerk. Erst der Rücken des Ploskij-Vulkans, des Flachen, wie sie ihn hier nennen. Dann die jungen Krater des Besymjanny, von denen sich Basalthalden wie Krampfadern verästeln. Darüber die Doppelspitze des Kamen und des Kljutschewskaja-Vulkans mit seiner schneeweißen Krone – der gigantischste unter Kamtschatkas Bergen. Mit 4750 Metern ist er der höchste Vulkan in ganz Asien.

Die fünf Zelte scharen sich unterhalb der Schlackehalden, die der Besymjanny erst vor Monaten aufwarf. Kein Grashalm wächst bisher daraus. Fast wie Autobahnbaustellen wirken die Flanken und Gräben aus der Nähe, als hätten Bulldozer Böschungen in den Berghang geschoben. Bis unter die Gipfel reicht diese Abraumlandschaft. Dazwischen stülpen sich wie Maulwurfshügel unzählige Kleinkegel hervor. Nach unten hin jedoch breiten sich friedliche Almen aus, als gehörten sie einer anderen Welt an, in der es schlimmstenfalls mal ein Unwetter gibt. In Sichtweite des Camps steht sogar eine heimelige Holzhütte. «Da könnten jetzt auch Heidi und Geißenpeter herauskommen», rufen wir einander zu, als der Lastesel uns abgesetzt hat und die Rotoren auslaufen.

Vom Tal her drängen schon wieder Wolken heran und kriechen drohend zu uns herauf. Ich versuche mir vorzustellen, wie der Berg einen neuen Gipfel gebiert. Welche Urkräfte müssen hier toben, wenn er sich öffnet. Welches Getöse aus Feuer und Fels. Würden wir hier Zeugen eines solchen Ausbruchs, wir hätten nicht lange Gelegenheit, uns zu fürchten. Ein Wimpernschlag, und wir wären mit einem Zischen verbrannt. Selbst die Steinbrocken, die noch weit unter uns liegen, hätten ausgereicht, um einen Menschen zu zerschmettern. Leblos wirkt diese Landschaft über der Hütte. Und unendlich einsam. Als hätte man uns vorm Eingang zu einem fremden Planeten ausgesetzt.

«Gamuli» hatten die Ureinwohner hier einst als Hausherren vermutet. Mächtige Erdgeister sollten das sein. Sie bewohnten die Krater, erzählten die Dörfler den Kindern, und stiegen nur hervor, wenn der Hunger sie treibe. Dann stampften sie hinunter ans Meer und fingen sich ein paar Wale, um mit jedem Finger einen nach Hause zu tragen und sie im Feuerschlund ihres Höllenreiches zu braten. Damit waren zugleich Erdbeben und Rauchsäulen erklärt. Erst wenn die Gamuli satt seien und schliefen, komme auch wieder die Erde zur Ruhe.

In anderen Überlieferungen machen sich die Menschen auch mal lustig über Berggötter und Dämonen, die so ein nutzloses, unpraktisches Land geschaffen hätten, das weithin nur aus Eis, Schnee und Steinbrocken bestehe.

Zwei Klohäuschen mitten im Nichts stoppen meinen versonnenen Rundblick. «Unsere neueste Errungenschaft», lacht Jaroslaw. «Wir haben sie erst seit letztem Jahr.» Dann sind seine Studenten an unserem Landeplatz angekommen, um ihn zu begrüßen und das Holz abzuholen. Manche umarmt er. Seit zehn Tagen sind sie hier oben, zehn weitere bleiben sie. Es ist eine russisch-amerikanische Projektgruppe. «Der Besymjanny ist der gleiche Vulkantyp wie der Mount St. Helen in Amerika», erklärt er mir. «Wir nennen das Zwillingsvulkane. Das Projektteam hat dort schon Proben analysiert. Nun nehmen wir neue von hier und können weiter vergleichen.»

«Mit welchem Nutzen?», frage ich, wie es alle fragen, deren Studienzeit lange zurückliegt.

«Mit durchaus praktischem», sagt er. «Wir kündigen jetzt schon eine Woche im Voraus an, wann ein Ausbruch bevorsteht, einigermaßen zuverlässig. Die ähnlichen Beben- und

Eruptionsverläufe der Zwillinge helfen uns, die Prognosen weiter zu verbessern.»

«Mögen Sie Vulkane?»

«Ich mag die Naturgewalten. Dieser Krater ist der aktivste der Welt, obwohl er tausend Jahre lang ruhig war. Einmal schleuderte er einen Kubikkilometer Gestein in die Luft. Seitdem gab es hier immer wieder Explosionen, manchmal sogar drei in einem Jahr. Und von Mal zu Mal wächst er. Das fasziniert mich.»

Wie gefährlich solche Missionen seien, wenn die Hubschrauber schon bei Nebel nicht fliegen, will ich wissen.

«Die Ausbrüche gingen bisher fast immer zur Nordseite hin», sagt Jaroslaw. «Zudem wurden sie von Beben angekündigt. Das Risiko ist also kalkulierbar.»

Der internationalen Vulkanologengemeinde war der Berg, den Jaroslaw so bewundert, bis 1955 kaum ein Begriff. Der Besymjanny, der Berg «Namenlos», stand im Schatten der Riesen Kljutschewskaja und Kamen. Im Gegensatz zu ihnen galt er zudem als tot. Erst ein gemäßigter Ausbruch, dem gleichfalls Beben vorausgingen, ließ die Wissenschaftler seinen sperrigen Namen für eine Weile zitieren. Nichts Spektakuläres, nur ein sanfter Austritt heißen Vulkandampfs. Keine erschütternde Explosion. Doch da wussten sie noch nicht, dass der Berg nur geprobt hatte.

Das wahre Schauspiel, zu dem er fähig ist, führt er ihnen Monate später vor, am 30. März 1956. Diesmal explodiert er. Sein ganzer Gipfel fliegt mit einem Knall auseinander. Der gigantische Krater, der sich öffnet, klafft bald über einen Kilometer weit. Seine Wolke aus Asche und Sand quillt auf bis in 40 Kilometer Höhe – zur Größe und Form eines Atompilzes. Den Dörfern verdunkelt sie den Tag zur Nacht. Dazu brechen Lava- und Schlammlawinen zu Tal und bringen die Eisdecke des Kamtschatka-Flusses zum Schmelzen. Sein kochendes Wasser tritt über die Ufer, während im Krater der Lavakegel heranwächst, als neuer Gipfel des Besymjanny. Dennoch fordert der Ausbruch außer den Flussfischen keine Opfer. Die Menschen schätzen sogar die Vulkanasche, als Dünger für Felder und Gärten. Ihre Gemüseernte fällt in diesem Jahr reich aus.

Das Plateau, das Hütte und Camp trägt, liegt auf halber Höhe des Berges. Über den Zelten schiebt sich die Wolkenfront nun in die Kraterschluchten. Zeit, dass wir das Bergmassiv samt seinen Gletschern bis zum Kljutschewskaja hinauf überfliegen – dessen formvollendeten Kegel wir hier von Süden her sehen. Auf dieser Seite strahlt er nicht mehr schneeweiß, sondern steigt auf wie eine schwarz-rote Pyramide. Da auch sein Gipfel umwölkt ist, werden wir zwar nicht darauf landen können. Aber Jaroslaw verspricht uns eine aufregende Runde.

Wie Fehlzündungen knallen die Rotorblätter jetzt gegen die Luftschichten, als der Pilot uns vor dem kahlen Hang hinaufschraubt. Bald sehen wir in steile Furchen hinein, die sich in den Berg gerissen haben wie Wunden. Dann steigen wir auf der Nordseite weiter hoch bis zum Wolkenrand. Je näher wir ihm kommen, desto mehr scheint der Hang wie mit Teer besprüht. Auch die sich öffnenden Senken zu den Nachbarbergen wirken wie vollgelaufen. Jetzt erst erkenne ich die Zungenformen darin, die Rippen des Gletschers, seine Brüche und Risse. Zweifelnd sehe ich darauf hinunter wie auf das Negativ eines Fotos. Was ich nur weiß strahlend kenne, ist hier schwarz wie aus Kohle. Doch die Form ist eindeutig, der Anblick faszinierend. Nur wehrt sich in mir etwas dagegen, dieses Eismassiv auch schön zu finden. Denn es wirkt verstörend und traurig. Es erinnert an Rußschwärze. An Ölpest. An Tod.

Mit Jaroslaw lassen wir uns nahe dem Flusshafen von Kljutschi absetzen. Wir landen am alten Holzwerk und laufen zu seinem Arbeitsplatz, einer Villa mit Blick auf den Kljutschewskaja. Es ist eine Außenstelle des Vulkanologischen Institutes von Petropawlowsk. Heute arbeiten nur noch Jaroslaw und ein Kollege hier. Auch die Fotos, die dort die Wände schmücken, muten wie Negative an. Ganze Winterlandschaften, vom Ascheregen geschwärzt. Ende der Achtziger entströmt dem Krater brennende Lava. Wie ein Blitz glüht ein Riss in der Nacht. «Warum schmilzt der Gletscher nicht, wenn die Sommersonne auf seine schwarze Haut brennt?», frage ich. «Das muss sich doch stark erhitzen.»

«Weil die Ascheschicht so dick ist, dass sie den Gletscher schützt. Ab 24 Millimeter Dicke isoliert sie das Eis gegen die Wärme. Wäre sie dünner, hättest du recht», sagt er.

Um uns glänzt kristallines Gestein in Vitrinen. Bildgalerien zeigen Gründerväter des Instituts und ihre Nachfolger. Die Wissenschaftlergemeinde, die hier anfangs zu Werke ging, füllte jährlich ein Klassenfoto. In der Bibliothek finden wir deutschsprachige Bücher. Auf einem posieren zwei Männer in Kniebundhosen und Hut mit neuartigem Teleskop vor den Alpen. Der Sütterlin-Titel – «Carl Zeiss Jena: Standaussichtsfernrohre» – ist von Edelweißen umkränzt. Ein Erscheinungsjahr suche ich vergeblich.

Das Sägewerk in der Nähe liegt brach. Über den Hafenbecken, in die der Kamtschatka-Fluss lange die Baumstämme trieb, die er auf seinem Weg von den Hochufern riss, spannt sich die Verladeanlage wie ein vergessenes Zirkustrapez. Vom Hochseil glitten damals die Greifer herab, um die mächtigen Hölzer emporzuhieven und den Bandsägen zuzuführen. Der ganze Hafen war aus solchen Stämmen gebaut. Die Trasse, die hinüber an Land führte, wird noch immer von einem Dickicht aus Pfeilern und Streben getragen wie die Brücke am Kwai. Für den Alltag taugt auch sie nun nicht mehr. An beiden Enden blockiert ein Baumstamm den Fahrweg. Aus den Ritzen wachsen hellblaue Blümchen. Von der Mitte aus hält ein Mann seine Angel über das Wasser.

«Wird das ihr Abendessen?», frage ich ihn.

«Ich hoffe doch», sagt er und mustert dabei kurz unseren Pflichtbegleiter von der örtlichen Verwaltung.

«Wie lange wurde denn hier Holz aus dem Fluss geholt?», frage ich den Angler weiter.

«Bis zur Wende», sagt er. Und nach einer Pause: «Aber heute geht es wieder. Wir kriegen ja unsere Rente. Und die Eiszeit der Perestrojka ist ja vorbei. Da ging es uns sehr schlecht. Jetzt kann man hier in den Läden wieder alles kaufen. Man braucht nur Geld.» Früher hätten hier alle nur Fisch gegessen. «Und Kartoffeln und Mohrrüben aus dem Garten», lacht er. «Wir lebten ja fast von den Mohrrüben.»

Erst als der Mithörer dem Team unter die Brücke gefolgt ist, wo Johannes noch das Gebälk drehen möchte, spricht der Mann anders. Sein kleiner Sohn laufe hier jeden Tag drei Kilometer zur Schule. «Mein größter Traum ist es», klagt er jetzt, «wenigstens ihn irgendwann hier herauszubekommen.»

Die Szene verunsichert mich. Dass die Wirtschaft nach dem Kollaps des Sowjetsystems hier nicht überlebt hat, kann jeder sehen. Aber dass in dem Land noch immer die alten Ängste vor Unterdrückern, Bewachern und Spitzeln regieren, hatte ich nicht erwartet. Wenngleich die Geschichte der Halbinsel nur eine Abfolge von Unterwerfung und Aufbegehren war. Und das Flusstal um Kljutschi der wichtigste Schauplatz des gescheiterten kamtschadalischen Freiheitskampfes.

Im Sommer des Jahres 1714 hat Zar Peter I. genug von seinem unbeugsamen fernen Osten. Wieder und wieder sind seine Eroberungspläne, die aus den Bewohnern Kamtschatkas loyale und sittsame russische Steuerzahler machen sollten, gescheitert. Zum einen haben die wehrhaften Stämme der Tschuktschen und Korjaken seine Leute immer wieder aufs Grausamste überfallen. Der erhoffte Reichtum aus Pelzen und Untertanen-Zins, den sie ihm hatten liefern sollen, blieb so weiter in fremden Händen. Zum anderen erwiesen sich gerade jene Kosakenführer, die einen Teil des Landes dennoch erfolgreich in ihren Griff nahmen – mit oder ohne Auftrag der Krone –, meist selbst als raffgierige Banditen, die nur noch an ihr eigenes Wohl dachten und die Gegend erst recht nicht befriedeten.

Als Entdecker Kamtschatkas feiern russische Chroniken aus jener Zeit den Abenteurer Atlassow, der die Korjaken als Erster schlug und zum Zeichen, dass das Land nunmehr ihm gehöre, ein Kreuz errichten ließ. Als er zum Zaren zurückkehrte, überreichte er ihm 3500 Zobelfelle als Kriegsbeute. Danach trieb er freilich die Knechtung der Bewohner auf derart blutrünstige Weise voran, dass ihn am Ende seine eigenen Getreuen im Schlaf ermordeten. Die Überfälle im Norden der Halbinsel hielten derweil an, denn für die Zinstransporte gab es auch damals allein den Landweg durch Korjaken- und Tschuktschengebiet.

Per kaiserlichen Befehl lässt Peter I. nun Schiffe ausstatten, um nach einem Seeweg zu suchen – einem Seeweg zur Westküste Kamtschatkas. So will er die Zivilisierung der Halbinsel vorantreiben. Doch in Wahrheit hält das Schicksal für sie noch weit blutigere Zeiten bereit.

Als die neuen Befehlshaber an der Nordküste an Land gehen, finden sie keine Menschen, da dort bereits alle vor ihnen in die Wälder geflohen sind. Ihre Furcht ist begründet, denn der Seeweg lässt den Zustrom von Russen anschwellen. Für die Hoffnung der Kamtschadalen, das fremde Joch abzuschütteln und die alte Freiheit wiederzuerlangen, ist dies ein Rückschlag. Erst als die Unterdrücker von ihrer neuen Basis hier aus einen neuen Schlag gegen die Nordvölker planen und von der Mündung des Kamtschatka-Flusses mit ihrer Flotte auslaufen, wittern Kamtschakaten Chance.

Ihr Plan sieht vor, sobald die Kosaken von dort abgesegelt seien, alle Russen zu überfallen und zu ermorden, um danach gemeinsam mit Tschuktschen und Korjaken die feindliche Flotte zu zerstören. Neuankömmlinge im Westen wollen sie unterdessen einzeln angreifen und samt ihren Schiffen versenken.

Der Umsturz misslingt – und gerät zum wechselseitigen blindwütigen Massaker. Erst morden und brandschatzen die Aufständischen wahllos russische Familien und ihre Dörfer, erschlagen im Machtrausch Frauen und Kinder, legen das Priesterhaus der Besatzer in Asche und stürmen bei Kljutschi deren wichtigste Festung. Dann kehren die russischen Männer von den alarmierten Schiffen zurück, deren Abfahrt wider Erwarten ein Sturm aufgehalten hatte, und rächen sich im gleichen zornigen Mordwahn an den Kamtschadalen, bis deren Anführer in ihrem Blut liegen – einige erschlagen wie ihre eigenen Opfer zuvor, andere samt ihren Angehörigen in den Selbstmord getrieben. Am Ende wählen die Russen Kljutschi als Symbolort des Sieges – und dulden fortan keine Einheimischen mehr in dem Dorf. Sämtliche Kamtschadalen und Korjaken werden in südlichere Orte verbannt. Von 1740 an gilt Kljutschi als «gesäuberte», rein russische Siedlung.

Als der Zar von der Tragödie hört, schickt er einen Oberst-leutnant mit seinen Soldaten, um sowohl über die tyrannischen Kosaken als auch über die aufständischen Kamtschadalen zu richten. Doch statt der erhofften Gerechtigkeit siegt korrupte russische Kumpanei: Den festgenommenen einheimischen Rädelsführer verurteilt der Gesandte zum Tode. Den Anführer der Kosaken aber lässt er frei – weil der ihm dafür das Fell eines weißen Zobels versprochen hat.

Auf die Wunden, die der vereitelte Volksaufstand bei den Bewohnern hinterlässt, stößt ein Jahrhundert später auch der Reisende Karl von Ditmar, als er Kljutschi erstmals besucht. «Es waren grausame Jahre und die verängstigten Menschen gingen einander lange aus dem Weg», schildert ihm der Dorfälteste die Überlieferungen und spricht selbst noch, obgleich er Russe ist, vom «schrecklichen Unwesen der Kosaken». Sein Vater war aus Zentralsibirien eingewandert und hier während einer Pockenepidemie verstorben. Örtlichen Sitten gemäß lädt der Alte den Gast in sein Haus ein und bewirtet ihn.

Erst Kaiserin Elisabeth sei es gelungen, das Land zu befrieden, sagt er, als sie beim Tee sitzen. Sie habe Befehl erlassen, die Kamtschadalen zu schützen: «Alle erhielten die Freiheit und sollten als Steuern nur noch ein Tier pro Kopf erbringen.» Alte Schulden seien erlassen und für die ersten zehn Jahre danach keine Abgaben mehr erhoben worden. Die neue Kaiserin habe Schulen einrichten lassen. Viele der Ureinwohner hätten sich danach gemeldet, um getauft zu werden. «Im Lande», schließt der Alte, «trat endlich Ruhe ein.»

Ditmar hatte Kljutschi auf seine Route genommen, um die Ernteerträge von Bauern zu erkunden, deren Felder in der Nähe aktiver Vulkanschlote liegen. Wie immer, wenn er irgendwo zu Gast ist, hat er als Geschenk den Tee mitgebracht. Geld würden die Kamtschadalen nicht einmal für in Anspruch genommene Hundeschlitten- oder Bootsfahrten nehmen, geschweige denn für Schlafstätte und Essen, weiß er. «Außer auf Tee rechnen sie allenfalls auf Tabak, Nähnadeln und Schießpulver. Nie aber sind mir dabei Bettelei und Unzufriedenheit mit der Gabe oder ein unfreundliches Wesen begegnet», hält er in seinen Aufzeichnungen fest.

Am Morgen untersucht er die Felder. Die Bewohner legen ihm dar, dass auch der Beginn des Anbaus auf eine Weisung der Kaiserin zurückgehe. Durch Ukas habe sie den Kamtschadalen befohlen, Gärten und Äcker anzulegen. Auch seien nun eigens russische Bauernfamilien nebst Saatgut von der Lena her überführt worden. Dennoch sei ein einträglicher Feldbau hier immer nur möglich gewesen, wenn die Vulkane im Winter reichlich Asche ausgestreut hätten. «Nur dann», erfährt Ditmar, «wird der massenhafte Schnee von den Sonnenstrahlen so rasch verzehrt, dass der Boden früh genug zu bearbeiten ist. Die Blüthe- und Reifezeit fällt so noch vor den Eintritt starker Nachtfröste, und die Ernte kann gut geraten.» Nur das Vieh habe bisweilen darunter zu leiden, weil es das aschgraue Gras nicht mehr fressen wolle. Da aber Ausbrüche die Ausnahme seien, blieben die Erfolge stets unsicher oder fielen ganz aus.

Tatsächlich entdeckt Ditmar in der ganzen Umgebung nur «schlecht stehende Felder von Gerste, Hafer und Buchweizen, die in diesem Jahr unmöglich noch eine Ernte geben können.»

Auch in Milkowa, das er auf dem Rückweg durchreist, kommen die Bewohner auf Umsiedlungen zu sprechen. Die Häuser und Ställe des beschaulichen Ortes reihen sich sämtlich entlang einer einzigen Straße auf. Ditmar zählt darin einhundertzehn Männer und einhunderteins Weiber, einhundertfünf Rinder und zwanzig Pferde. Nach anfänglichen Schwierigkeiten habe man hier zeitweilig sogar gute Erträge erreicht. Danach seien die Weisungen der Befehlshaber aber mal für und mal gegen die Landwirtschaft ausgefallen. Segensreich habe allenfalls die Weisung gewirkt, es mit Kartoffeln und Kohl zu versuchen und das eher in Gärten nahe der Häuser und nicht auf dem Feld.

Am Ende wird er auch hier Zeuge des niederschmetternden, fast üblichen Resultats: «Als wir am Morgen des 24. August 1852 aus dem Hause kommen, um das Dorf, die Gärten und Felder zu besehen, tritt uns überall auf den noch grünen, saftigen Flächen das Bild der Verwüstung entgegen», hält er in seinem Tagebuch fest. «Wieder einmal ist alles verloren und die Arbeit und Mühe vergeudet.»

Nur selten erlebten diese Leute ein Jahr ohne frühen Frost, bilanziert er, und also ein Jahr der Ernte.

Unser Fahrer heißt Aleksander und trägt in den Plastikslip-
pern durchsichtige Damenstrümpfe. Herrensocken seien ihm
jetzt zu warm, sagt er, und ohne Nylons würden seine Zehen
so staubig. «Sie reichen aber nur bis zu den Knöcheln, keine
Angst», lacht er. Auf die Idee habe ihn seine Frau gebracht.
Sein Haar liegt kurz und grau, sein jungenhaftes Gesicht birgt
den Charme Steve McQueens, nur blinken aus Aleksanders
Lächeln zwei silberne Schneidezähne, in denen man sich dann
sogar sehen kann. Die häufigste Antwort, die er uns gibt, ist
«bez problem». Kein Problem.

Seine Finger müssen nur noch durch die Radrennhand-
schuhe schlüpfen, danach bringt er uns in seinem militärgrü-
nen Kastenwagen, Typ «Uaz», hinüber nach Esso, im Herzen
der Halbinsel. «Ich würde mir mehr Komfort wünschen, man
wird sehr schnell müde in der Kiste», sagt er über sein Gefährt.
«Aber man kommt fast überall hin damit.»

Die Blechwanne bietet tatsächlich nichts, was man luxuriös
nennen müsste. Doch der Laderaum ist üppig, obwohl der
Uaz auf derart schmalen Rädern rollt, als gehöre er eigentlich
auf Gleise. Normalerweise kutschiert Aleksander darin in der
Hauptstadt Petropawlowsk Verwaltungsbeamte hin und her.
Nun hat man ihn uns zugeteilt. In Esso ist er schon oft gewesen, zum ersten Mal vor zwölf Jahren.

«Dort ist es schön», verspricht er. «Die Luft ist sauber, und
man kann aus dem Wasserhahn trinken. Das findet ihr hier nirgendwo sonst. Und die Menschen haben alle noch ein Stück
Land, auf dem sie herumwerkeln.» Dann überlegt er kurz, ob
er weiterreden soll. «Dort wird auch nicht so oft geschossen»,

fügt er schließlich hinzu. «Es gibt nicht so viel Kriminalität wie im Rest des Landes. Man sieht es ja im Fernsehen, was alleine in Moskau passiert. Deshalb kommen Besucher gern in die Gegend, russische wie ausländische. Die Menschen sind offenbar glücklicher hier.»

«Warum lebst du dann in der Stadt?», frage ich, nur halb im Scherz.

«Dort ist es erst in den letzten Jahren bergab gegangen», sagt er, hält sich aber bedeckt. «Ich rede nicht gern über Politik. In meinem Alter verliert man schnell seinen Job, ohne noch einen neuen zu finden.»

Dass Gouverneur und Verwaltung hier nicht den besten Ruf haben, hörten wir auch von anderer Seite schon. Viele, die von den Wählern eigentlich zum Arbeiten dorthin geschickt worden seien, ließen sich nur umherfahren, hieß es da. Das komme davon, wenn man aus lauter Frust wieder die Kommunisten wähle.

Über den Slippern umweht Aleksander eine zu große Trainingshose, die er in den Fahrpausen hoch über die Hüften zieht wie ein Schuljunge die abgelegten Sachen der großen Brüder – die er tatsächlich trug. Seine Eltern kamen aus dem Kaukasus nach Kamtschatka. Zuwanderer seien unter den Russen aber nicht sehr beliebt, sagt er. Als Flüchtlinge, aus Georgien oder Tschetschenien etwa, bekämen sie Zuschüsse und stünden damit oft besser da als die Einheimischen. Zudem seien manche schnell als Geschäftsleute erfolgreich, das wecke zusätzlichen Neid. Gerade wieder habe so ein Zugereister in Petropawlowsk einen Kebab-Laden eröffnet.

Die Art, wie Aleksander in dieser Schaukelkiste den Schlaglöchern ausweicht, macht uns unterdessen fast seekrank. Die Vollbremsungen ebenso, wenn klar ist, dass eines selbst im tollkühnsten Slalom nicht mehr zu vermeiden ist. Als es dabei einmal fürchterlich kracht, vermuten wir mindestens einen Achsbruch. Doch unsere Wanne hält irgendwie immer durch. Von außen muss die Schlingerfahrt allerdings anmuten, als sitze ein Besoffener am Steuer. Wenn Aleksander redet, klingt es indessen fast immer, als würde er schimpfen. Dabei zeigt er viel Humor. Als er von seiner kaukasischen Herkunft erzählt, grinst er breit und zieht sich die Augen zu Schlitzen. Der russische Tonfall, erklärt mir später Polina, wirke auf Fremde fast immer aggressiver, als er tatsächlich sei. Dazu gebe es aber auch eine Gegenerfahrung. Als sie zum ersten Mal in Deutschland gewesen sei, habe sie sich umgekehrt über den weichen Klang der Wörter gewundert. Das Deutsch, das sie aus russischen Fernsehdokumentationen gekannt habe, sei dort immer wie das Hitler'sche Gebelle synchronisiert worden.

Vor den Autofenstern bedeckt dichter weißer Tau den ebenen Talgrund. Eine zweite Wolkenschicht deckelt das Flusstal von oben. Dazwischen blicken wir auf das Gebirge hinüber, das nun wie in ein seltsames Sandwich gepackt scheint. «Dahinter liegt Esso», sagt Aleksander. «Die Leute nennen die Gegend von hier an die kamtschadalische Schweiz.»

Die Weiterfahrt gerät zur Schlacht gegen Staub und Insekten. Jeder Laster kündigt sich auf der schnurgeraden Strecke schon von fern an. Minuten später donnert er dann vorbei und lässt uns in seiner Wolke untergehen. Sobald wir anhalten und eine Tür öffnen, attackieren uns Mückenschwärme. Im Kühlergrill stecken bunt schillernde Libellen wie eine Kamikaze-Staffel.

Dann wird der Weg schmaler und windet sich auf Passhöhe, dahinter rollen wir hinab in eine birkengrüne Senke, umrandet von braunen Vulkanhalden. Eine Fahrstunde vor Esso biegen wir ab in einen Waldweg. Wir haben von einer tragischen Geschichte um zwei ungewöhnliche Haustiere gehört, die hier in der Nähe eines Kinderheims in Gefangenschaft leben.

Von Wildnis und Waisen

Lida ist neun, hat schmale Augen und hohe Wangen – die Gesichtszüge der Korjaken des Nordens. Die dunklen Haare trägt sie zum Pferdeschwanz gebunden. Langsam lassen ihre kleinen Hände den Plüschhasen vor den Maschen des Käfigzauns hochtanzen. «Kyril, Kyril», ruft sie dabei. Und «Timofej, Timofej». Träge erheben sich auf der anderen Seite die beiden Jungbären aus dem Schlamm, um das Mädchen am Ende weit zu überragen. Aus ihren Pranken, die den Zaun auf Augenhöhe Lidas berühren, ragen schon Klauen, so groß wie Wursthaken.

«Ich habe keine Angst vor denen, sie haben sich an mich gewöhnt», sagt Lida stolz. «Aber euch würden sie fressen.»

«Und was fressen sie sonst so?», frage ich.

«Brot, Brei und Fische», sagt sie, «und alles, was bei uns vom Frühstück und vom Essen so übrig bleibt.» Aber auch die Grasbüschel, die sie nun durch den Zaun drückt, finden den Weg in die Bärenmäuler, deren Reißzähne dann noch mal heftig am Draht rütteln. Der Schlamm, in dem sie hier stehen, erinnert an durchsuhlte Wildschweingehege.

«Sie graben immer wieder Mulden unter den Zaun», warnt uns Lida. «Zweimal sind sie schon ausgebrochen.» Dann hätten sie in dem kleinen See neben dem Kinderheim gebadet und seien später wieder zurück in den Käfig getrottet, wo der Mann der Heimleiterin zwei Schalen süßer Kondensmilch hingestellt hatte.

Die Mutter von Kyril und Timofej war nicht so zutraulich gewesen, als sie sich vor einem Jahr vom Wald her dem Gehöft näherte. Oder sie hatte nicht die Gelegenheit dazu. Als sie nahe den Häusern für sich und ihre drei Jungen nach Fressbarem suchte, schossen die Bewohner sie aus Angst ab. Erst dann entdeckten sie die Bärenbabys in ihrem Gefolge. Eines von ihnen gaben sie dem Zoo in Petropawlowsk. Für die anderen beiden, die Männchen, fand sich kein Abnehmer. Nicht einmal der Zirkus wollte sie haben. So wurden sie zu Haustieren für Lida und ihre Freunde.

Als uns die Heimchefin, Frau Nujanzina, die Geschichte erzählt hat, öffnet sich an einer der Hütten die Tür, und eine Schlange von Kindern hüpft heraus, angeführt von einer Betreuerin, ein jedes mit den Händen auf den Schultern des Vorderkindes. «Eins, zwei, drei, vier, wir sind stolz, wir schaffen es, wir geben nie auf», singen sie. Das tägliche Ritual auf dem Weg zum Abendessen. «Ansonsten gibt es hier nur wenige Regeln», sagt Frau Nujanzina. «Es sind Kinder der Natur. Die meisten stammen aus Erdbebengebieten.»

Um unsere Kamera herum drängeln sich Jungen und Mädchen, manche größer und blond, andere eher dunkel, von blassen zentralrussischen oder braunhäutigen koreanischen Vätern. Dorfkinder, Nomadenkinder. Manche, die Halbwaisen zumeist, bleiben nur ein paar Monate lang. Andere bleiben für immer.

Die fällige Frage, wie lange wohl Kyril und Timofej noch werden bleiben können, beantwortet die Chefin nur zögerlich. «Als wir den Käfig bauten, dachte niemand daran, dass sie irgendwann zu groß dafür werden könnten. Wir hofften immer noch, jemand würde sie nehmen», sagt sie. In der freien Natur ausgesetzt, würden sie zugrunde gehen, weil sie bei Menschen aufwuchsen statt in der Wildnis, so versicherten ihr Jäger. Wahrscheinlich würden sie sofort wieder nach Menschen suchen, noch größer und hungriger als jetzt schon. So ist ihr Ende absehbar, vermutlich nach dem nächsten Ausbruchsversuch. Den Anfang einer neuen Kuhle haben sie mit ihren mächtigen Krallen schon geschaufelt.

Frau Nujanzina widerspricht nicht. Den Kindern werde sie
es dann gestehen, sagt sie. In der Wildnis gehöre der Tod mit
zum Leben.

Wachstum aus Rohren

Nach einer weiteren halben Stunde Fahrzeit kommen wir in
Esso an. Der Ort wirkt aufgeräumt, fast schmuckvoll. Dass er
sich zu Kamtschatkas Vorzeigegemeinde entwickeln konnte,
liegt vor allem an seinen heißen Quellen. Und an Menschen
wie Natalia Sawtschenko. Mit fünfunddreißig war sie schon
Großmutter, und auch sonst hat sie alles im Schnellgang
erledigt. Zuerst als unermüdliche Putzfrau in Petropawlowsk,
dann als junge Pensionswirtin im damals noch verschlafe-
nen Örtchen Esso, bald als Direktorin des Hubschrauber-
landeplatzes, dem sie heute noch vorsteht. Dazu ist sie Ho-tel-
managerin, Hausfrau und Köchin. Ein pagenfrisiertes Energie-
bündel in karierten Hosen; fünfundvierzig Jahre ist sie nun alt
und trägt für die Gäste quietschrosa Lippenstift auf.

In all den Jurten, Holzhütten und umgeräumten Wohnhäu-
sern, die auf Natalias Grundstück verteilt sind, gehen ständig
neue Leute ein und aus. Studentinnen aus der Stadt helfen
ihr während der Saison, decken aneinandergereihte Tische
und räumen sie wieder ab. Wenn die letzte Kleingruppe ge-
frühstückt hat, ist die erste schon wieder fürs Mittagessen ein-
geteilt. Bis der nächste hochrädrige Bus wieder eine Ladung
Outdoor-Touristen den rumpeligen Weg heranschaukelt – von
Russen und Ukrainern, die hier das Thermalbad genießen,
bis zu Extremsportlern aus Frankreich und Italien, die Vul-
kanhänge erstürmen. Fast täglich schichtet Natalia die Beleg-
schaften ihrer Zimmer um, während hinterm Schrankglas die
Geschirrtürme klirren, entweder weil im Gemeinschaftsbad ge-

rade die Schleuder läuft oder weil unten am Heliport wieder ein Hubschrauber landet.

Frühmorgens ist Natalia die Erste, die in der Küche steht, wo aus dem heißen Ofen die Quarktaschen duften, und nachts die Letzte auf Schlussrunde, um in ihrem Imperium noch das Leergut zu sammeln und die Ascher zu leeren. Was Urlaub ist, kennt sie nur von den Gästen.

«Ich bin übrigens auch noch Studentin», lacht sie, als wir das Gepäck untergebracht haben. «Fernuniversität St. Petersburg, Flugakademie. Bald habe ich den Pilotenschein.» Polina weist sie einen Matratzenplatz unterm Dach zu. Das Team und ich beziehen einen Raum mit vier Pritschen. Dann schenkt sie uns Brombeer- und Sauerkirschsaft nach. «Alles biologisch», hebt sie den Finger. «Alles von hier.»

Gut zweitausend Menschen leben in Esso. So wie Natalias verteilen sich hier alle Hütten um Bach, Holzbrücke und Hügel, die meisten im sibirischen Stil mit eingesägten Ornamenten an Zäunen und Giebeln, andere mit Lattenwänden im Fischgrätenmuster und dreifach geknicktem Satteldach, als trügen sie Hollandhäubchen. Dazwischen glänzen folienbespannte Gewächshäuser, in denen die Besitzer ganzjährig Obst und Gemüse ernten.

An vieles, was uns Natalia und ihre Helferinnen auftischen, werden wir uns in den nächsten Wochen noch wehmütig erinnern: Wie in Kindertagen fallen wir über Fisch- und Wildbraten her, feiern die Wiederentdeckung hausgemachter Pilzragouts und Kartoffelpürees, genießen herzhafte Querdurch-den-Garten-Suppen, Salatteller voll üppiger Tomaten und Gurken, überhäuft mit duftenden Kräutern, und Obstschalen mit frisch gepflückten Äpfeln, Birnen und bunten Beeren. Erst die japanische Küche wird später dafür sorgen, dass sich die Rückblicke erübrigen. Vor allem was mich betrifft.

Wir sind pünktlich zu Essos achtzigstem Geburtstag angereist. Das Festprogramm listet Tanzgruppen auf. Danach trifft sich die Jugend zur Disconacht. Ein neues Hotel öffnet seine Pforten. Und überm Thermalbad am Campingplatz zimmern Handwerker noch schnell eine Plattform. «Eine Sonnenterrasse wird das, für die Kurgäste», sagt uns einer der Männer, in dessen Gebiss sich durchweg Goldzähne drängen, «Reisende bringen Arbeit, und Arbeit ist gut. Jahrzehntelang gab es hier keine einzige Baustelle.» Dann lacht er wie ein Goldgräber, der sich den Mund voll mit Nuggets gestopft hat.

Der Aufschwung speist sich aus zehn Bohrlöchern, die wärmendes Quellwasser aus vulkanischen Tiefen fördern. Im Garten zeigt uns Natalia die Rohrsysteme, die kreuz und quer jedes Wohn- und Gewächshaus vernetzen. Als ich den Metallmantel berühre, lässt die Hitze meine Finger gleich wieder zurückweichen. Dann winkt uns ein Nachbar zu sich herüber. In dicht bewachsenen Gartenbeeten zeigt er auf prächtige Kohlköpfe, Salat und Rhabarber, dazwischen sprießen Mohrrüben und Erdbeeren, am Pfad entlang auch Margeriten, Dahlien und sogar Lilien. «Die sind für die Frauen, die Freunde und fürs Gemüt», sagt der herzliche Mann.

Ich erzähle ihm, dass ich von Wettbewerben gelesen habe, die Gouverneur Sawoiko einst ausrief, um die Itelmenen zum Gartenbau zu bewegen. Schon damals hätten sie ihm die dicksten Kohlköpfe und Kartoffeln gebracht.

«Solche Wettbewerbe gibt es hier immer noch», lacht er und betritt an Rohren vorbei seinen Folienverschlag. Drinnen arbeiten wir uns durch mannshohe Tomatenstauden, blicken am Boden auf kleine Wassermelonen. Dann greift er mit der Gärtnerschere hinauf unters Dach, um mir eine Handvoll grüner Trauben zu reichen.

«Für einen Wein taugen sie noch nicht, aber sie geben ein gu-

tes Dessert ab», sagt er und bittet uns, sie zu kosten. Sie schmecken sauer, aber immerhin erfrischend.

«Das würde ein ziemlich trockener Weißer», schlucke ich.

«Und das Beste hier ist», sprudelt er weiter, «weder drinnen
noch draußen gibt es irgendein Ungeziefer. Keine Schnecke,
kein Käfer, kein Maulwurf.» Sein einziger Feind komme ab
Ende August – der Nachtfrost. Draußen müssten er und seine
Frau dann geerntet haben. Sonst sei ganz schnell alles verdorben.

Als der Abend dämmert, führt uns Natalia zu einer heißen
Quelle im Wald. Ein Geheimtipp, sagt sie. Mit Badesachen und
untergeklemmten Handtüchern folgen wir ihr. Überm Bach-
ufer erkennen wir einen dampfenden Tümpel mit eigenem Zufluss. Kurz darauf sinken wir ins heiße Bad ein, bis weit in den
schlammigen Grund.

«Das Gesündeste hier ist das», lacht unsere Gastgeberin
und klatscht uns mit vollen Händen Schlick auf die Schultern.
«Hilft gegen Arthrose, Haut- und Rückenleiden. Nur überall
auftragen, zehn Minuten trocknen lassen und dann wieder ab-
waschen.» Schon bald schätzen auch wir ihn – als Schutzhülle
gegen die Mücken.

Auf dem Rückweg stoppt Natalia an einer Wiese. Die gehöre
ihr, sagt sie stolz. In einigen Wochen kämen Investoren aus
Moskau zu Gesprächen herauf. Die wollten hier ein Kurhaus
bauen, mit Cafés und Geschäften. Dann gehe es hier richtig
los. Mit Golfplatz und reichen Japanern und allem. Bedenken,
dass dies den Ort mehr verändern könnte als beabsichtigt, hat
sie nicht. So viel werde hier dann doch nicht gebaut.

Die Luft in unserer Kammer ist so schlecht wie im Viermann-
zelt nach Sonnenaufgang. Zudem hat Schnarcher Johannes
wieder unseren Schlaf zersägt. Als ich noch müde Notizen
und Belege sortiere, höre ich durch die Zimmerwand einen

Deutschen am Frühstückstisch prahlen. Mindestens einmal im Jahr mache er sich zur Safari nach Afrika auf. Seinen Zuhörer, der nur gebrochen Deutsch spricht und den er offenbar noch nicht lange kennt, geht er oft unwirsch an. Dann wetteifern beide, wer mehr Reiseerfahrung habe und wer die Russen am besten kenne. Kurz darauf fragt der Deutsche Johannes und Wolfgang nach Herkunft und Reisegrund aus, als führe er ein Verhör. Mit seinem Begleiter sehe ich ihn später nur noch aus der Tür verschwinden, in Tarnfarben bis hoch zur Mütze. Dabei schimpft er laut, dass er noch immer kein kamtschadalisches Bergschaf geschossen habe. Bären abknallen könne ja jeder.

Von Natalia erfahre ich, dass es sich um einen Trophäenjäger mit Dolmetscher handelt. Da ihr Mann selbst Jäger ist, kümmert er sich um diesen Teil ihrer Kundschaft, der ihnen etwa die Hälfte der Einnahmen bringt. Im Spätsommer wird er sie auch wieder zu Bären führen, je nach Abschussquote, die das Ministerium festlegt. Fell und Schädel dürfen die Schützen behalten. Das Bärenfleisch bleibt bei Natalias Familie.

«Es schmeckt dann besonders zart», erklärt mir ihr zerzauster Mann, «weil sie sich in jenen Wochen vor allem von Beeren und Nüssen ernähren.» Wortkarg und leise, ganz anders als seine quirlige Frau, verbringt er die meiste Zeit im Wald. Den Rest des Tages verschläft er gern. Einmal falle ich fast über ihn, als ich im Dachlager nach meiner getrockneten Wäsche suche. Eine der Küchenhilfen hatte mich hochgeschickt. Gerade noch rechtzeitig sehe ich seine Füße unter einer Bettdecke hervorragen. Daneben liegt die grünfleckige Jägerkluft. Es ist ihr gemeinsames Ehebett.

«Wo nehmen Sie Ihre Energie her, um wie ein Wirbelwind durch jeden Tag zu fegen?», frage ich Natalia, als sie ausnahmsweise einmal still auf der Eingangstreppe sitzt; neben mir Polina, die übersetzt, hinter uns die Kamera.

«Bewegung ist das Leben», sagt sie. «Ich mag meine Arbeit, denn ich arbeite mit Menschen, die sich hier treffen. Sie kommen aus den verschiedensten Ländern. Mit Stolz kann ich sagen, dass ich heute in aller Welt Freunde habe.»

«Ist Ihnen Ihr schweigsamer Mann denn ein gutes Pendant», frage ich augenzwinkernd.

«O ja», sagt sie. «Er ist meine gemütliche Herberge. Ich bin der Vulkan. Aber ich lehne mich oft an seine Schulter und weine mich aus.»

Wann denn zuletzt und warum, frage ich, schon zweifelnd, ob ich damit nicht zu weit gehe.

«Gestern abend», sagt sie da. «Weil ich schon wieder so müde war.»

Kirmes

Am Dorfbach wähne ich mich im falschen Film. Die Trachtenkapelle scheppert wie in Oberammergau. Menschengruppen recken Banner hoch wie beim Schlesiertreffen. Die blauweißen sind von der Putin-Jugend. Andere markieren itelmenische Gruppen oder die Feuerwehr. Dann verweist eine füllige Ansagerin auf die beginnenden Tänze, und alle ziehen am Ufer entlang bis zur Waldlichtung.

Zum Rhythmus von Akkordeon und Flachtrommeln springen nun die Folklore-Ensembles im Kreis wie die Korjaken von Kowran – mal schwermütig-nordisch, mal zu kriegerisch anmutendem Geschrei, mal zu kehligen Lauten wie auf der Jagd, die Männer in kniehohen, gemusterten Pelzstiefeln, die Frauen mit Perlenzöpfen und buntem Stirnband. Paarweise umwerben sie schließlich einander wie Kraniche, bis sich ihre Hälse berühren. Eroberung und Unterwerfung. Am Ende, als die Köpfe der Tanzenden kurz hinter den Trommeln ver-

63

schwinden, als küssten sie einander, lacht das Publikum auf. Dann steigert sich der Applaus, denn Kinder erstürmen die Lichtung. Star des Nachmittags wird ein Junge mit Dolch am Gürtel, der die Hüften schwingt wie eine Südseeschönheit. Weil ich noch unsere tanzenden Fischer vor Augen habe, irritieren mich diese Einlagen, denn sie scheinen eher zuschauerfreundliche Clownereien zu sein. Das Publikum lebt hier längst in einer anderen Welt. Es reicht von Frauen in schreienden Blusen bis zu Männern im Netzhemd mit Bierflasche und Videokamera. Dazwischen rührt die Feldküchenchefin in ihrem Fischsuppentopf, der über dem Feuer dampft wie ein Kühlturm bei Volllast.

Es ist eine Feststimmung, die ich aus Kindertagen kenne. Die Aura der Dorfkirmes, mit Sportplatz und Gesangverein «Harmonie», Verwandtenbesuch, Bratwurst und Bier.

Als der Abend aufzieht, schaue ich vom Vorraum aus in Natalias Garten. An den Fensterscheiben arbeiten sich Dutzende Fliegen ab. Ebenso viele liegen schon tot darunter, alle rücklings. Ich denke an die gelben Insektenfänger, die sich über dem Küchentisch meiner Großmutter von der Decke herabkringelten. An alte Schwarzweißfotos, die ich als Kind gern betrachtete. Vieles darauf war wie hier. Die Dorfwege der fünfziger Jahre, die Lattenzäune, die krummen, nur spärlich behängten Telegrafenmasten. Halbstarke Kerle im Unterhemd, rotnasige Kinder.

Wie haben sich diese Orte seitdem gewandelt – zu verbundsteinversiegelten Kommunen, austauschbar mit all ihren Neubauvierteln und Mehrzweckhallen. Die Dorfkirmes verstarb samt den Schankwirtschaften und ihren «Straußbuben», die den geschmückten Kneipenbaum herumtrugen und damit um Tanzgäste warben. Stattdessen kamen Wohnviertelfeste auf wie in den Kleinstädten, mit Cappuccino und Kir Royal, und «Halloween» wie in Amerika.

Ist das etwa der Wandel der Welt? Nomaden werden zu Siedlern, Dörfler werden zu Städtern oder ahmen sie nach. Und die Städte gleichen sich an. Als ich zum ersten Mal in Moskau war, sah ich am Roten Platz als Erstes das Karstadt-Kaufhaus. Dafür hätte ich nicht hierher fliegen müssen, war mein erster Gedanke.

Aus Natalias Küche dringt Kichern. Eine der Helferinnen fragt mich vergnügt, ob ich auch einen Tee möchte. Als sie zum dritten Mal kommt, folge ich ihr. Vergnügt schneiden sie Orangenschalen für Marmelade in kleine Würfel. Dabei trinken sie aus Schnapsgläschen Wodka. Prustend winken sie mich an ihren Tisch. Mit Hilfe eines Vokabelbuches und einiger Gesten verständigen wir uns langsam. Um Mitternacht habe ich gelernt, dass man beim Anstoßen hier «sasdarowje» und nicht «nasdarowje» sagt. Und dass das deutsche Wort «lecker» auf Russisch etwas Ähnliches bedeutet wie «problemlos».

Ich verdrücke mich, um Richtung Disco zu spazieren, wo die anderen sind. Eigentlich war mir nur nach etwas frischer Luft, aber dann will ich nicht umkehren. Am Thermalbad vorbei steige ich die Stufen hinab. Im Lichtschein von Taschenlampen kommen mir auch jetzt noch Paare mit Kinderwagen entgegen. Von der Holzbrücke her wummern die Bässe der Musikanlage. Eine Bühne ist aufgebaut, auf der ein DJ am Laptop die Arme hochreckt. Hinter ihm glänzt das Logo vom Ortsjubiläum. Die Tanzfläche ist voller Menschen. Dann sehe ich Polina und die anderen beisammen stehen. Nach und nach treibt es uns in die Menge, die sich mal einhakt und in Kleingruppen tanzt, dann wieder zu harten Rocksongs den Himmel anschreit. Ich entdecke den goldzahnigen Arbeiter vom Vortag, dann den Traubengärtner, Jungs im Sportdress, bauchfreie Teens, Frauen, mit tanzenden Kindern, die glücklich sind, so lange aufbleiben zu dürfen. Auf einmal sind auch

Natalia und ihre Küchenhilfen da und ihr Jäger, der sich rasiert hat.

Wild rauscht nun die Party zu Russenrock und Metallicas «Nothing Else Matters». Esso hat Geburtstag, und nichts anderes zählt. Vor den Boxen knallt wieder Luft gegen Luft, laut wie Rotorschläge. Und die Jugend umwirbt sich, ist verliebt oder verzweifelt oder beides. Hälse begegnen einander. Eroberung und Unterwerfung.

Und hinten am Zaun, wo dunkle Nacht ist, kotzen die Unglückseligen ins Gras oder raufen sich um die Dorfschönste, die sich längst einen anderen ausgesucht hat – den sie nun langsam verglühen lässt, wie die Rivalen zuvor.

And nothing else matters.

«Ja, sicher. In eurem Zelt liegt schon einer», lacht der klein-
gewachsene Rentierzüchter schallend laut auf. Ich hatte ihn
gefragt, ob denn hier oben auch Bären vorbeikämen. Nun blitzen seine Augen, und unter dem Mongolenbärtchen tut sich
eine riesige Zahnlücke auf. «Wir scherzen viel», schlägt er mir
auf den Rücken. «Ewenen haben so wenig zu lachen. Da muss
man ein fröhliches Volk sein.» Und schon hallt es wieder über
die Berge, dieses herzhafte Ewenen-Gelächter.

Ein paar Minuten zuvor hatte der kugelige Mann noch
hinter Johannes an der offenen Hubschraubertür gestanden,
sich am Rahmen gehalten und nach unten gespäht. Mit dem
freien Arm stach er dann in die Richtung, die der Pilot jeweils
nehmen sollte. Andrian kennt jedes Tal hier, jeden Bergbach
und jeden Gipfel. In den sechzig Stunden, die er gewöhnlich
braucht, wenn er mit dem Pferd ins nächste Dorf und wieder
zurück reitet, hat er Zeit genug, alles genau zu betrachten. Als
seine Fingerzeige hektischer wurden, öffnete sich vor uns ein
Hochtal zwischen schneefleckigen Gipfeln und Wiesen, durch
die Rinnsale plätschern, bevor sie sich unten mit dem Haupt-
bach vereinen. Dann erkannten wir den braunen Kreis in der
Staubwolke – die Herde, überragt von einem Wald aus Gewei-
hen. Etwas abseits davon standen die Pferde, Schlafzelte und
eine Jurte, aus der dünner Rauch aufstieg.

Nun sitzen wir davor in ihrer Runde. Viktoria, die einzige
Frau hier, bringt Tee von der Feuerstelle. Von der Herde her
dringt nur noch vereinzelt das Keuchen der Tiere. Seit der
Hubschrauber hinter dem Bergkamm verschwunden ist, haben
sie sich wieder beruhigt. Die äußeren Rentiere verlangsamten

ihren Lauf um die Restherde herum, die jüngeren ihr Getrippel. Jetzt trotten sie alle gemütlich und still.

«Natürlich gibt es hier Bären», sagt Andrian. «Acht Tiere wurden allein im letzten Monat gerissen. Im Frühjahr haben sie sogar noch leichteres Spiel mit ihnen als jetzt. Da suchen sie sich die Jungtiere, die noch nicht schnell laufen können.» Dann greift er hinter sich nach seinem Gewehr. Im Magazin stecken fünf Patronen. «Wir versuchen sie trotzdem nicht zu erschießen, sondern nur zu vertreiben. Aber wenn das nicht hilft», zieht er die Schultern hoch, «nun ja, Bärenfell gibt gute Schuhe.»

Die anderen stellen sich als Alexej und Mark vor. Mark ist Viktorias Mann. Zwei weitere Hirten sind oben bei den Tieren. «Normalerweise bleiben wir nirgendwo länger als drei Tage. Aber hier gibt es viel Futter», sagen sie, «da wird es wohl eine Woche.»

Was Rentiere fressen, frage ich.

«Alles was grün ist», lachen sie jetzt wieder auf.

Zum Tee bringt uns Viktoria Krapfen. Auch die bereitet sie im Henkeltopf über dem Feuer zu, in heißem Öl oder Fett, je nachdem, was sie hat. Die Proviantsäcke, die Andrian jetzt im Hubschrauber mitbrachte, sind voll mit Mehl, Nudeln und Reis. Aus anderen, die hier draußen herumliegen, ragen Kekse, Tomatenmarkdosen und Zigaretten.

«Manche Dinge wie Zwiebeln oder Tütensuppen brauche ich immer zu schnell auf und muss mir den letzten Rest dann wochenlang aufteilen», klagt Viktoria. Unten im Bachwasser liegt Rentierfleisch, eingepackt und mit Steinen beschwert. Darüber zerren die angeseilten Wachhunde an ihren Holzpflöcken.

Wenn Alexej lacht, legt sich sein ganzes Gesicht in gewundene Falten. Seine Augen verengen sich dann zu schrägstehenden

Schlitzen, und sein Eckzahn ragt aus dem Kiefer wie eine Matterhorn-Miniatur. Fünfundfünfzig Jahre alt sei er und heiße Adukanov mit Nachnamen, genauso wie Andrian, sagt er. Sie seien vom gleichen Stamm, in Jurten geboren und Nomaden seit ihrer Kindheit. Ob sie auch blutsverwandt seien, wüssten sie beide nicht, sagen sie. Nur der Einfachheit halber würden sie sich Brüder nennen.

Viktoria sieht nicht wie eine Ewenin aus, eher fernöstlich. Sie dürfte Anfang dreißig sein. «Ich wurde als Kind von den Nomaden aufgenommen», sagt sie. «Meine Mutter war Koreanerin, mein Vater Chinese. Sie wurden verbannt. Ich erfuhr nie wohin.»

«Wie war das für dich, als Kind im Nomadenland?»

«Gut. Alles war gut.»

«Und heute? Ist es nicht etwas seltsam als einzige Frau bei fünf Männern?»

«Anfangs empfand ich das so. Aber nun ist es normal. Aber warum fragt ihr das? Ihr seid ja auch nur Männer und eine Frau.»

Blattschuss. Erneutes Nomadengejohle.

Wir erfahren, dass die Jurte, in der Viktoria nun Feuerholz bricht, keine Jurte ist, sondern ein «Dju». Jurten ähneln der Form nach den Beduinenzelten, Djus sind halbrund wie Iglus. In die Erde getriebene Äste, mit Seilen verzurrt, bilden das Gerüst, das mit Planen und Fellen bedeckt wird. Im Zenit bleibt es offen, um Hitze und Rauch durchzulassen.

«So sitzen wir hier den ganzen Tag und trinken einen Tee nach dem anderen, nicht wahr?», scherzen die Männer um Andrian weiter.

«In alten Büchern steht, dass Ewenen auf ihren Rentieren sogar reiten. Könnt ihr das auch?», versuche ich ihren Frohsinn zu erwidern.

«Das hängt von der Menge des Wodkas ab.»

«Ich wusste nicht, dass Rentiere Wodka mögen. Ist der denn hier grün?»

Die Runde grölt. Der Punkt geht an uns.

«Wir müssen jetzt ein wenig arbeiten. So zwei, drei Stunden», seufzt Andrian schließlich und erhebt sich. In der Hand hält er ein aufgerolltes, ledriges Lasso. «Bleibt am besten auf etwas Distanz. Die Geweihe können einen böse verletzen.» Nach und nach umstellen sie die Herde wie Cowboys. Vorsichtig folgen wir ihnen. Es riecht nun nach Staub und nach Tier.

Die meisten Rentiere sind braunfellig bis zum Bast der Gehörnspitzen. Vor allem die Geweihe der Jungtiere erscheinen wie von Samt überzogen. Bei Älteren hängen Fellfetzen vom Horn. Nur die Großbullen tragen fast weißknöcherne Schaufelkronen, die aus der Herde hochragen wie flehende Hände.

Nach denen werfen die Männer ihr Lasso. Erst teilen sie die im Kreis laufende Herde in zwei Hälften, indem Andrian sich in sie hineindrängt. Dann spaltet er die entstandene Hälfte weiter und weiter, bis die verbliebenen Tiere verunsichert sind, welche Laufrichtung sie nun wählen sollen. Das ist der Moment, in dem Andrian auf sie losstürmt, das Zieltier noch kurz verfolgt und sein Seil schwingt.

Als die Lassoschlinge im Staub landet und die Männer bald darauf wieder vor der geschlossenen Rundherde stehen, rechne ich damit, dass sie fluchen. Aber auch jetzt lachen sie nur übereinander. Doch nach dem dritten Wurf spannt sich das Lasso. Andrian packt es fest, danach helfen die anderen. Füße stemmen sich gegen die Zugrichtung. Der Bulle springt seitwärts und tobt, bis sich ein zweites Seil im Geäst über seinen wilden Augen verfängt. Dann sieht er die Hände der Männer näher kommen, entlang der Seile zunächst, dann am eigenen Geweih, das sie immer fester halten und am Ende drehen wie einen Hebel, sodass er nicht anders kann als umzufallen.

Das Maul aufgerissen, die lange Zunge heraushängend und mit starrendem Blick muss er zulassen, dass sie sich auf ihn legen und seine Hufe verschnüren. Dann setzt Alexej seine Säge an und stutzt das Geweih wie einen zu groß gewachsenen Obstbaum. Ast um Ast sägt er so durch, manche bricht er am Ende auch ab, sodass es kracht wie Viktorias Brennholz. Nur die Hauptsprossen lässt er stehen. Danach zieht er sein Messer und schneidet dem Tier noch schnell eine Kerbe ins Ohr, aus der Blut tropft. Dann lösen die Männer die Fußfesseln und machen sich absprungbereit, stoßen den verwirrten Bullen Richtung Herde und machen sich selbst in die Gegenrichtung davon. Der Gestutzte, der nun ziemlich lächerlich wirkt, flieht schrägbeinig in die Herde zurück.

«Wenn die Paarungszeit anfängt, verletzen diese Prachtbullen zu viele der anderen, weil die Hornspitzen sehr scharf sind. Davon können Tiere krank werden oder sterben. Deshalb machen wir das», sagt Andrian, als sie eine Pause einlegen. Auch kranke Tiere fangen sie so heraus, um sie zu behandeln, oder jene Männchen, die sie nicht für zuchtwürdig halten, um sie zu kastrieren. Und natürlich die Schlachttiere. «Fünf Jahre werden sie hier alt. Ein Rentier kann sonst bis zu zwanzig Jahre lang leben.»

«Und wofür ist die Kerbe im Ohr?»

Da überlegt er, ob ihm nicht wieder ein Scherz einfällt. Doch er lässt es.

«Wenn uns Tiere entlaufen, ist sie unser Erkennungszeichen. Selbst in einer fremden Herde können wir sie so wiederfinden.»

Die Ewenen, die hier auf tausend Metern Höhe in den Bergen nordöstlich von Esso ihre Herde begleiten, gehören zu den letzten Nomaden Kamtschatkas. Den kurzen Sommer verbringen sie in den Tälern, den Winter auf vom Wind freigewehten Plateaus, wo die Herde unter der dünneren Schneedecke noch Kräuter und Moos findet. Wenn die Nomaden den Lagerplatz wechseln, tragen die Tiere auch heute noch die Lasten mit. Manche hielten sich die leichtgewichtigen Ewenen einst tatsächlich zum Reiten, bestätigen sie. Schon die Jungtiere gewöhnten sie an den Sattel, auf den auch sie zunächst nur die Kinder setzten, die sie nebenherlaufend stützten.

Die Herde der Männer um Andrian umfasst gut siebenhundert Rentiere. Einmal im Jahr schlachten sie die ältesten, verkaufen das Fleisch auf Bestellung im nächsten Dorf, zahlen die Steuern an die Regierung und an sich selbst ihre Löhne. Dann legen sie sich etwas Geld beiseite fürs Alter und Vorräte für den Winter. Weiter im Norden ziehen auf diese Weise auch noch Korjaken-Nomaden umher. Die Gesamtbestände der Herden reichen aber bei weitem nicht mehr an die zwölftausend Tiere heran, die die Sowjets noch vorfanden. Auch hier unten wurden sie den Nomaden einfach wegkollektiviert. Heute dürfte es hier kaum noch dreitausend Tiere geben.

«Kam damals Widerstand auf?», frage ich.

«Hier nicht. Die Mentalität der Ewenen ist so, dass man sich nicht wehrt», sagt Andrian. «Die Familien konnten zusammenbleiben, aber sie wurden alle in Kolchosen gesteckt.»

Was sich denn damit geändert habe, frage ich weiter.

«Viel», sagen sie. «Den Sowjets ging es nur noch darum, viel Fleisch zu produzieren. Die Ewenen und ihre Kultur waren ihnen egal. Unsere Kinder nahmen sie uns weg, erst kamen sie in Krippen, dann in die Schule und später zur Armee. Danach wollten die meisten nicht mehr zurück. Der Stamm der Ewenen war damit zerstört.»

Wenn es aber keine Nomaden mehr gebe, gebe es auch das Volk der Ewenen nicht mehr, nicken die Männer.

«Was uns treibt, ist Patriotismus. Wir versuchen, unsere Traditionen am Leben zu halten. Unsere Vorfahren kamen hierher, um Rentiere zu züchten, und so soll es auch bleiben. Ob das gelingt, hängt nur von den Menschen selbst ab. In den Dörfern gibt es ohnehin keine Arbeit mehr, seit die Kolchosen zusammengebrochen sind. Auch deshalb führen wir das alte Ewenen-Leben fort. Vielleicht kommen ja bald noch mehr Menschen zu dem Schluss, dass hier ohne die Traditionen nichts geht.»

Auch gegen eigene Leute richtete sich zwischenzeitlich ihr Unmut. Manche strichen Steuernachlässe ein, um günstig an Schneemobile zu kommen, die den Nomaden die Arbeit erleichtern sollten. Am Ende handelten sie mehr mit den Motorschlitten als mit den Rentieren, die für sie bald nur noch Nebensache waren.

Im Dorf, zu dem Andrian den Kontakt hält, lehrt heute eine Schule die Regeln der Rentierzucht: wie man sie artgerecht weiden lässt, welche Krankheiten sie befallen und wie man sie davor schützt, wie man sie häutet und das Fell zu Leder verarbeitet. Derzeit zählt die Nomadenschule zwanzig junge Auszubildende, die dort mehrere Wochen des Jahres verbringen. Eine von ihnen ist Viktoria.

«Wenn nur einer davon das Nomadenleben fortführt», sagt Andrian, «hat es sich schon gelohnt.»

Ein paar Mal werfen die Männer noch das Lasso. Manchmal rennen sie dabei wie Kinder im Kreis, lachen, rasten und plaudern. Nie habe ich den Eindruck, dass sie tatsächlich arbeiten. Eher, dass sie leben. Und ich frage mich, wann wir das trennten.

Alexej winkt mich aus meinen Gedanken. Seine Geste ist eindeutig. Ich dürfe helfen, am Lasso zu ziehen. Als ich näher komme, wird mir mulmig. Hatte Andrian uns nicht auf

Distanz halten wollen? Und hatten sie nicht von Verletzungen erzählt, von Knochenbrüchen und Stichwunden? Am Herdenrand lehne ich dankend ab. Der Koloss, den sie schließlich in den Staub zwingen, lässt mich meine Entscheidung nicht bedauern. Er war der widerspenstigste von allen bisher. Dann winken sie mich wieder herbei. Ich solle mich mit auf ihn setzen, um ihn am Boden zu halten. Hinter Alexej sitze ich bald auf dem pumpenden Leib. Meine Hand drückt auf die gebundenen Hufe. Die andere ruht auf dem Rücken. Ich hatte erwartet, dass der Körper sich warm anfühlte nach dem erschöpfenden Kampf. Aber als ich ihn berühre, ist er geradezu kalt.

«Die Rentiere sind erst unter dem Fell warm. Deshalb schützt es sie ja vor dem Winter», erklärt mir Alexej. «Ganz warm sind sie nur, wenn sie krank sind.»

Weil der Abend aufzieht, dürfen die Hunde vom Seil. In weitem Bogen treiben zwei der Männer mit ihnen die Herde nun zu Tal, damit die durstigen Tiere Bachwasser trinken. Hin und wieder scheren einige aus und laufen den anderen davon, bis die Hunde sie bellend abfangen. Dann laufen sie wieder der Herde zu, elegant und hüpfend wie Rotwild. Über die andere Talseite kehren sie schließlich zurück, auf ihren kahl getrampelten Stammplatz zu wie in eine Manege.

Viktoria kocht derweil Fleischstreifen mit Reis. Wieder füllt sie Tee in die Blechtassen. Bald hat jeder in der Abendrunde einen Blechnapf mit Essen vor sich. Dazu gehen Stapel gebratener Rippen herum. Das Feuer unter den russschwarzen Töpfen knistert und wärmt.

«Kam es auch schon vor, dass ihr aus dem Zelt kamt, und die Herde war weg?», frage ich.

«Ja, oft», grinst Andrian.

«Und was macht ihr dann?»

«Wir strecken die Arme in die Luft und rufen: ‹Wo ist bloß

die Herde? Wo ist bloß die Herde?› Und rennen alle los, um sie zu suchen.»

«Und wenn die Rentiere selbst schlafen, legen die sich eigentlich hin?»

«Ja. Die umarmen sich dann.»

Zu Ditmars Zeiten gibt es für die Ewenen noch vielerlei Namen. Auch Even, Tungusen oder Lamuten werden sie genannt. Die eingewanderten Russen bevorzugen letzteren, der sich in «Menschen, die neben dem Meer wohnen» übersetzen lässt. Die Ewenen nomadisieren schon damals im Hinterland nahe der Küsten. Mangels eines Dolmetschers kommt Ditmar mit ihnen nur schwer in Kontakt. Dennoch kann er die Stämme noch nach ihrer kulturellen Reinform unterscheiden. Als er einmal tief im Korjakengebiet unterwegs ist, trifft er auf einen ihrer Clans, der in der Tundra campiert.

Ihre «Tschums», wie er sie noch bezeichnet, aus Astwerk und Tierfell erscheinen ihm kleiner als die Zeltbauten der Korjaken. Während diese ihren Besitz auf Schlitten packten und von Rentieren ziehen ließen, wenn sie den Ort wechselten, ritten die kleinwüchsigeren Ewenen auch selbst auf den Tieren, schreibt er. Geschickt erleichterten sie dafür das Lastgewicht für die Rentiere, die nur begrenzte Mengen schleppen könnten, zumal bei den großen Entfernungen, die sie zurückzulegen hätten.

Den Korjaken haben erst die Russen einen gemeinsamen Namen gegeben. Sie selbst unterschieden bis dahin die nur rentierhaltenden Korjaken als «Tschawtschuwenen» von den Küstenbewohnern, die auch Robben und Kleinwale jagen und die sie «Namylanen» nennen, Dorfbewohner. Beide tauschen untereinander Rentier- gegen Robbenfleisch. Zudem ernähren sie sich von Beeren, Kräutern und Wurzeln.

Die Ewenen kommen als Zuwanderer ins Land und bringen größere Rentiere mit, als die Korjaken sie kennen. Im Tausch

bringt nun ein Ewenen-Rentier zwei der Tiere aus einer korjakischen Herde ein.

In den Gesichtern der Ewenen-Frauen erkennt Ditmar mon-
golische Züge. Sie gefallen ihm, was er als Forscher freilich
nur andeutet. «Die Augen sind groß, klug, vielleicht etwas ver-
schmitzt. Einige der jüngeren Weiber sind sogar hübsch zu nennen, besonders in ihren zierlichen Pelzröcken, und anziehend
ist ihre Reinlichkeit an Körper und Kleidung», lobt er sie. «Ihr
Reise- und Arbeitscostüm ist einfach und besteht meist aus gel-
bem Leder von demselben Schnitt.» In der kalten Jahreszeit
trügen sie wohl auch Röcke aus zottigem Bären- oder Hunds-
fell. Außerdem hängten sie sich oft allerlei Schmuck an, wie
rotgefärbte Lederzöpfchen, Metallringe, kleine Figuren und
chinesische Messingmünzen.

Ihre Verschmitztheit belegt Ditmar vor allem mit geschick-
tem Verhalten gegenüber den Missionaren. So seien die Ewenen zwar fast alle getauft und folgten in Gegenwart von Russen auch den kirchlichen Gebräuchen. Dennoch wüssten sie
nichts von der christlichen Lehre und seien, wenn sie unter
sich blieben, «reine Schamanen-Diener».

Gemeinsam mit den Korjaken folgen ihm nun auch die Ewenen bis zum Ufer des nächsten Flusses, wo er sich verabschiedet, bevor sein Tross ihn durchquert. Wie gewohnt verteilt er
zum Dank Tabak und Tee. Nie sei ein so guter Beamter bei
ihnen gewesen, versichert man ihm.

«Die braven Leute haben mir einen vollständigen Triumph-
zug bereitet», erinnert er sich später, fügt jedoch auch einen
Zwischenfall hinzu, der ihn irritiert hat. Sein getreuer Führer,
ein Korjaken-Nomade, habe gleichfalls geschwärmt, er behan-
dele ihn besser als ein Vater den Sohn. Nur eine Bitte habe er
noch, sei er dann auf ein Gläschen Branntwein zu sprechen gekommen. Nach dem zweiten habe er ihm dessen Begehren ver-

weigert, da die Wirkung des Alkohols bei dem Manne bereits erkennbar gewesen sei. Zudem habe der ihm schon seinen ganzen Besitz für ein drittes Glas angeboten.

Den Branntwein haben verwegene Händler in die Nomadenregion eingeführt, um ihnen damit leichter ihre Felle abschwatzen zu können. Es sind die Vorboten der Kaviar-Banden, die ihre Büttel bald mit Wodka betäuben und in Abhängigkeit halten. Das Verbot der Regierung, gegenüber den Nomaden mit Branntwein zu handeln, hält Ditmar damals zwar für erfolgreich. «Wie rasch wären diese armen Völker um all' ihr Hab und Gut gebracht worden und dem äußersten Elend, ja der Vernichtung anheimgefallen», sinniert er einmal. Doch von Dauer war der Bann offenbar nicht.

Nur einmal hatte der Forscher zuvor Ewenen gesehen. Seinerzeit waren vier ihrer Abgesandten direkt zum Hause des Gouverneurs Sawoiko gekommen und hatten gefragt, wo sie wohl ihre Jagdbeute verkaufen könnten. Ihre Nomadengruppe habe sich mit Kind und Kegel aus Gebieten nördlich des Ochotskischen Meers in die menschenleeren Regionen Kamtschatkas aufgemacht, um Weidestrecken, fischreiche Flüsse und Jagdgrund zu nutzen. Von fünfunddreißig Männern und siebenunddreißig Weibern war damals die Rede, die zunächst jede Nähe zu bestehenden Siedlungen vermieden hätten, um nicht als Eindringlinge aufzufallen oder gar Strafen auf sich zu ziehen. Hier und da seien sie auf itelmenische – nach Ditmars Lesart: kamtschadalische – Jäger getroffen und hätten so allmählich bemerkt, dass man sie gar nicht verfolge. Nun meldeten sie sich sogar, um fortan Abgaben zu zahlen.

Sawoiko stellte ihnen für den Handel mit den örtlichen Kaufleuten einen Beamten zur Seite. So tauschten sie ihre Füchse und Zobel gegen Perlen, Kochkessel und Werkzeuge ein und zogen zufrieden davon. Und Ditmar lernte, dass die Felle der Jungtiere zwar die schönsten seien, die wertvollsten aber die der im April und Mai Geschlachteten, die «Wyporotki» hießen. Felle vom Juli seien «Pyshiki», jene aus dem September «Nedorosli» und alle späteren «Posteli». Auch hörte er von Zuzüglern, die nicht freiwillig gekommen, sondern gewaltsam von der Westküste ins Landesinnere verschleppt worden seien. Oft sei es zudem vorgekommen, dass Befehlshaber Menschen nur deshalb sogar aus gedeihlichen Verhältnissen herausrissen und an die unwirtlichsten Orte versetzten, um ihre eigenen Reisen in bequemere Etappen einteilen zu können. Erst später erfährt er vom leidvollen Schicksal weiterer Dörfler. Der Stamm der «Olutorzen» etwa, welcher aus sesshaften, rentierlosen Korjaken bestehe, klage seit langem über eine Hungersnot. Ihre Flüsse hätten kaum Lachse geführt und die Vorräte seien verbraucht, sodass sie sich nur noch mühsam mit kleinen Meerfischchen ernähren könnten. Andere litten elendig unter Epidemien. Ganze Siedlungen seien in miserabelster Lage und müssten wohl aussterben. «In diesen unglücklichen Ortschaften», so hält er fest, «müssen häufig einer oder ein paar noch halbwegs Gesunde die ganze Arbeit für alle übernehmen, wie Fischen, Jagen und Brennholz heranschaffen. Verarmt und hülflos gehen diese Leute ihrem Verderben entgegen.»

Demgegenüber gedeiht im Peterpaulshafen in den Jahren unter Sawoiko zumindest der Binnenhandel. Von Mitte März an erscheinen nahezu täglich die Itelmenen, um ihr Jagdgut anzupreisen. Der März ist für sie der günstigste Reisemonat. Da versiegelt der Nachtfrost die Schneedecke noch mit Eis, das Hufe und Schlitten trägt, während am Tage die Sonne schon die Reisenden wärmt.

«Jetzt sind hier alle Häuser voller Einquartierung, denn jeder Kamtschadale hat hier seine Bekannten, deren Gastfreundschaft er in Anspruch nimmt», schwärmt Ditmar von dem neuartigen Flair. «Es ist etwas ganz Selbstverständliches, dass man

ohne weiteres den Gastfreund besucht und sich von ihm be-
köstigen lässt. Die Hausbesitzer pflegen förmlich mit der Zahl
ihrer Gäste zu renommiren, und beschämend ist es, gar keine
zu haben.»

Aleksander nestelt an seinem Schuhwerk. «Na, hast du eine Laufmasche?», ziehen wir ihn auf. Um das witzig zu finden, ist es ihm zu früh. Seit Tagen beklagt er sich, dass wir immer so zeitig loswollen. Die Kutschiergäste in der Hauptstadt gehen den Tag offenbar langsamer an. Heute allerdings machen wir uns wirklich früh auf. Der Weg hinunter nach Petropawlowsk ist schwierig und weit, obwohl er fast nur geradeaus führt. An der einzigen Kreuzung im Laufe von Stunden fliegen wir fast aus der Kurve, weil Aleksander schon ganz vergessen hat, wie man abbiegt. Dann folgen wir, erneut für Stunden, der Piste nach Süden. In Ditmars «beschaulichem» Milkowa, heute so trist wie eine vergessene Vorstadt, tanken wir. Hier war es, wo ein Beamter Polina während der Recherchen gestand, dass er sich insgeheim eine schnelle Annektierung durch Japan wünsche. «Das Beste für uns hier wäre, wenn ein Krieg ausbräche und wir ihn nach zwei Tagen verloren hätten», sagte er. Als wir die japanischen Schriftzeichen auf all den ältlichen Lastwagen lesen, denen wir auf der Strecke begegnen, kommt es uns vor, als sei es schon so weit. Die Überlandbusse sind dagegen meist Auslaufmodelle aus Südkorea, auf deren Stirn sich noch die Stationsnamen der Seouler Stadtlinien aufreihen.

An einer Art Raststätte legen wir eine Pause ein. Auf dem staubigen Parkplatz bieten Landfrauen selbstgebackene «Kiraschky» feil. Heiße Teigtaschen sind das, wahlweise gefüllt mit Fleisch, Gemüse, Marmelade oder Obst. Sie sind jeweils in einem Holzkasten verstaut, der auf das Räderwerk eines Kinderwagens montiert ist.

Nachdem wir einen Blick ins benachbarte Speiselokal geworfen haben – eine fensterlose, schummrige Hütte mit Rentier-
geweih, Adler und einem Bärenkopf, der auf Spielautomaten,
illuminierte Bergbachbilder und den Schnapskiosk blickt –,
entscheiden wir uns für die Teigtaschen. Die Händlerin im
rosa Rüschenleibchen, auf die wir zugehen, entfernt zunächst
den breiten Gummiring um den Kastenrand, dann nimmt sie
den Deckel ab, um sich schließlich bis zum Ellenbogen durch
mehrere Lagen Kissen und Bettdecken zu wühlen, die alle das
Backgut warm halten sollen. Wir decken uns für den Rest der
Fahrt reichlich ein.

Als die Frauen die Kamera sehen, korrigieren sie demonstra-
tiv ihre Frisuren und kichern.

«Haben Sie keinen deutschen Mann für uns?», kokettiert
eine laut.

«Gibt es denn hier keine Männer?», fragen wir zurück.

«Die arbeiten nichts, trinken zu viel und haben kein Verhältnis mehr zur Familie», sagt sie nun nicht mehr ganz so scherz-
haft. Als wir nach dem Bezahlen weiterreden, nimmt sie es
nur halb zurück. Auch hier hat vor Jahren der Agrarbetrieb
dichtgemacht. Damit hätten die meisten der Männer ihre Arbeit verloren. Nun brächten die Frauen ihre Familien halt mit
Kiraschky durch. Zum Glück sei die Straße ganzjährig gut be-
fahren.

«Manche von uns haben sogar Stammkunden, deshalb hü-
ten wir unsere jeweiligen Rezepte wie eine Geheimformel»,
sagt eine. An besseren Tagen nehme sie etwa 600 Rubel ein,
knapp 20 Euro. Das reiche für Essen, Trinken und billige
Kleider. «Vorausgesetzt natürlich, der Mann bringt nicht alles
durch», verdreht die Erste dann wieder die Augen.

«Es gibt eine Redensart hier», ruft sie uns noch hinterher:
«Wer Teigtaschen kauft, hat eine gute Fahrt bis ans Ziel.»

Später hören wir auch Gegenteiliges. Aleksander schimpft,

nach so einem Wegzehr habe er zuletzt fünfzehnmal anhalten müssen. Er weigert sich denn auch konsequent, etwas anzurühren. Wir bleiben dennoch unbeschadet. Später hält er den Frauen zugute, dass sie findig und arbeitsam seien. Deren Männer aber nennt er faul und versoffen. Das breite sich auch in der Stadt mehr und mehr aus. Entweder sie machten dann gar nichts mehr oder sie mischten im Kaviarschmuggel mit. In den Dörfern werde das zur Gefahr, weil die weggeworfenen, herumliegenden Fischleiber die Bären anlockten. «Letztes Jahr ist ein Dorfkind dabei draufgegangen», sagt er grimmig, «weil ein Bär es gleich mit aufgefressen hat.»

Regen erschwert uns die restliche Fahrt. Im aufgeweichten Schotterbett schlingert der Wagen, sodass uns zuweilen die Angst packt. Doch nach neun Stunden Gewackel haben wir Petropawlowsk endlich erreicht. Das Hotel «Awatscha», ein sozialistischer Plattenriegel, hat noch freie Zimmer. Es gibt Kaffee und einen Internetanschluss. Nur die Weinkarte im «Casino» erweist sich als Blendwerk. Als ich zum Abendessen, gleich neben der verwaisten Tanzfläche, eine Flasche zum Feiern der Ankunft bestellen will, schüttelt die Bedienung den Kopf. «An Wein», sagt sie freundlich, «gibt es leider nur Wodka und Cognac.»

Als Nächsten verblüfft sie Wolfgang, der Wasser bestellt.

«Mit Gas oder ohne?», fragt sie ihn.

«Lieber ohne», sagt er.

«Haben wir nicht.»

Nachrichten vom Kalten Krieg

Mitsuhiro Morita stirbt in den frühen Morgenstunden. Er war Matrose, fünfunddreißig Jahre alt, auf einem Krabbenkutter. Die Kugel, die ihn traf, hatte ein Schütze der russischen Küstenwache abgefeuert. «Nur nach Abgabe von zwei Warnschüssen konnte der Grenzschutz ein japanisches Schiff stoppen, das unbefugt in unsere Hoheitsgewässer eingedrungen war», meldet die russische Staatsagentur Ria-Nowosti später unter Berufung auf den Geheimdienstoffiziellen des FSB. Die Anweisung, ihr Boot zu stoppen, habe die Mannschaft ignoriert und stattdessen begonnen, den Fang über Bord zu werfen. Die Warnschüsse hätten das Boot in der Sowjetskij-Meerenge nördlich Hokkaido zum Stehen bringen sollen. Bei der Durchsuchung des Schiffes seien vier Matrosen gefunden worden. «Einer von ihnen gab kein Lebenszeichen von sich», heißt es lapidar. Schiff und Mannschaft seien in Gewahrsam genommen, dazu dreißig Kilo Krabben sichergestellt worden.

Japans Außenminister spricht von «exzessiver Gewaltanwendung». Das Boot, protestiert er, habe sich in japanischer See befunden. Vor der russischen Botschaft in Tokio ziehen rechtsradikale Demonstranten auf, um einmal mehr die Rückgabe der Südkurilen zu fordern.

Als ich die Meldung im Internet lese, denke ich an die Familie des Toten. Tödlicher Warnschuss? Ich dachte immer, zur Warnung schießt man erst einmal in die Luft. Mit Kalaschnikows auf Fischerboote – unglaublich. Ich wusste zwar, dass um diese Inseln noch der Kalte Krieg tobt. Aber ich hatte gehofft, es gebe nach der langen Zeit eine Art Burgfrieden, eine mehr oder weniger nachbarschaftliche Routine. Keine Blicke durchs Fadenkreuz. Insgeheim stellte ich mir sogar vor, dass uns die Grenzschützer beider Seiten, wären wir erst einmal da, auf ihren Schiffen Bilder drehen ließen und auch zu Fragen bereitstünden. Vielleicht hätten die Kontrahenten sogar über Funk miteinander gesprochen, sich womöglich schon bei den Vornamen gekannt, wenn sie öfter die gleiche Schicht hatten.

Stattdessen ein Toter im Kalten Krieg um drei Eimer Krabben. Was treibt die Schützen, auf harmlose Fischer, die niemanden bedrohen, wie auf Zielfiguren zu ballern? Wer erteilt solche Befehle?

Nachts ruft dann auch unser Staatsschützer bei Polina an: Wieder Yurij, der Ölige. Er wisse schon, welches Hotel wir bezogen hätten. Und im malerischen Esso, das unseren Film sicher schmücke, habe er uns selber gesehen. Kühl hält er ihr vor, wir hätten Abmachungen gebrochen. In Tigil, das nördlich von Kowran liegt, habe man uns erwartet. Dabei hatten wir abgesprochen, je nach Wetterlage die Route zu straffen, und Kowran als alleinige Option ausdrücklich mitvereinbart. Zudem hatte Polina die Administration in Tigil benachrichtigt und uns dann erst in Kowran angekündigt.

Die haben zu viele Agentenromane gelesen, denke ich, aber behalte es für mich. Hätte ich nicht den Film vor Augen, ich würde den Offiziellen samt ihren Aufpassern ihre Kamtschatka-Romantik am liebsten vor die Schnürstiefel schmeißen. Sagen darf ich das freilich nur Polina, denn Yurij, davon ist auszugehen, schreibt nun täglich über uns solche Phantasieberichte, von deren Inhalt wir – wenn überhaupt – als Letzte erfahren.

Der Rest der Nacht passt dazu. Um drei weckt mich ein Geräusch, das ich kenne. Ein Geräusch, das gar keines ist. Eher eine seltsame Form von Stille. Die Stille vor einem Erdbeben.

Dann beginnt es zu wackeln. Als stehe alles hier auf einem Pudding, das Bett und das Hotel und die ganze Stadt. Zwanzig Sekunden vielleicht. Dann klingt es ab. Die meisten Beben, das weiß ich aus Japan, sind anfangs am heftigsten, deshalb bleibe ich danach nur abwartend liegen. Ansonsten sage ich mir, was ich mir in solchen Augenblicken immer sagte: Bei keinem Beben ist dieses Gebäude zusammengebrochen. Warum also sollte es das jetzt tun.

Russenstolz

Der Lärm von Autohupen und vergeblich leiernden Anlassern dringt von der Straße herauf. Stadtgetöse, das mir plötzlich wohltut. Nach dem Frühstück lasse ich mich von ihm treiben. Rußende Lastwagen quälen sich die Hauptstraße hoch. Ein Sowjetpanzer grüßt sie vom schrägen Denkmalssockel wie damals die Transitreisenden vor Westberlin. Darüber strahlt weiß der Awatscha-Vulkan, so nah, als könnte man ihn greifen, obwohl er über zwanzig Kilometer entfernt steht.

Jenseits der Kreuzung drücken sich Marktstände in eine Baulücke. Die Schwarzgeldwechsler werben auf bunten Pappstickern mit ihrer Ware: Dollar, Euro, Yen. In beiden Händen halten sie Bündel wie Bankräuber. Den Ersten in der Reihe qualifiziert eine frisch vernähte Narbe ums Auge.

Die Buden dahinter bieten alles, vom Duschkopfschlauch bis zur Spiderman-Puppe. Die Kunden sind Frauen mit Tüten, die sich noch eben prüfend eine Strickweste vorhalten. Bäuerinnen auf Stadtfahrt mit Dutt und umklammerter Handtasche. Mädchen, die ihren Gang im Fenster des einzigen Neubaus kontrollieren. Drinnen wachen derweil Verkäuferinnen und Türsteher über Markenjeans, Lederschuhkollektionen und Haushaltsgeräte.

Ich kaufe bei einer der Marktfrauen für ein paar Rubel Himbeeren, setze mich auf eine leere Bank und betrachte die Kreuzung. Eine Bettlerin auf Krücken hält Passanten eine Blechtasse vor und bekreuzigt sich bei jeder Münze, die fällt. Viele geben etwas. Jeder Fünfte, zähle ich. Ich frage mich, ob ich Kleingeld im Portemonnaie habe. Doch sie hinkt schon die Treppe hinab und verschwindet aus meinem Blickfeld.

Dann steige ich über den Berg, der uns von der Hafenbucht trennt. Das freundliche Wetter hat Spaziergänger nach draußen gelockt. Ein anderes Publikum als die Markteinkäufer: Behütete Frauen im Ausgehstaat. Gekämmte Zwei-Kind-Familien. Männergruppen um Autos, aus deren offenen Türen Musik dröhnt. In Ufernähe schart sich eine ähnliche, biertrinkende Clique dann auch um die Kanonen, die einst die Bucht beschützten. Heute liegen nur noch die Abschussrohre als Denkmale da. «Den Soldaten der Pazifikflotte zum hundertsten Jubiläum. 1854 bis 1954», würdigt sie eine Tafel. Russland gewann hier seine einzige Seeschlacht.

Vorne am Wasser halten die Apostel Petrus und Paulus, die erst den Schiffen der Stadtgründer und dann der Stadt selbst ihren Namen gaben, ein Kreuz. «Pjotr» und «Pavel» heißen sie hier. Dahinter wirft, vom Sockel herab, Lenin seinen späten Schatten.

Als ich zurückgehe, stehen die Kanonen-Männer immer noch da und trinken Bier in der Sonne. Unten schlendert ein Liebespaar über den Kiesstrand. Die Frau, in zu knappen Shorts, sinkt bei jedem Schritt auf ihren Stöckelabsätzen hilflos nach hinten wie eine herausgeputzte Opernbesucherin in die Tramgleise. Aber barfuß will sie offenbar nicht gehen. Ich muss lachen. Überhaupt, die Stöckelschuhe. Wenn etwas die Vulkandichte Kamtschatkas noch toppt, dann ist es die hiesige Verbreitung von Höchstabsätzen.

«Russische Frauen sind stolz», ruft mir einer der Männer in brüchigem Deutsch zu. Dann fragt er, ob ich denn Deutscher sei. Ich nicke. Er sei schon da gewesen. Als Soldat. Vier Jahre Buchenwald. Habe dort gedient. Er werde es nie vergessen. Unsere Fremdsprachenkenntnisse reichen nicht aus, um zu klären, wie er das meint.

Gegen Mittag haben wir einen Ortstermin. Der Gouverneur von Kamtschatka, Bürgermeister Boris Maschkowetz, stehe für eine halbe Stunde zur Verfügung, hieß es. Im dunkel getäfelten

Riesenbüro sitzt er vor der Stirnwand, von Telefonapparaten verschiedener Epochen umringt. Über ihm ein Putin-Porträt, vor ihn eine Stalin-Büste. Insignien eines sogenannten Reformkommunisten.

Die streng blickende Sekretärin im Vorzimmer wacht über ein ähnliches Halbrund an Geräten, nur an einer kleineren Tischkombination. Auch ihr Lippenstiftmuster ist vom alten Stil – die Mundwinkel ausgespart, die Mittelzacken erhöht. In ihrem Bürogesicht wirkt es, als habe sie sich einen kirschroten Geisha-Mund aufgepappt.

Mit ihrem Chef reden wir über Orte, die wir schon besucht haben. Ja, die Dörfer im Norden, zu Sowjetzeiten hätten die alle noch über Flugpisten verfügt, schwelgt er. Dort seien dann regelmäßig Maschinen gelandet. Heute sei es kaum noch möglich, die Siedlungen einzubinden. Die Versorgung durch Transportflüge sei teuer geworden, nicht mal Lebensmittel könnten ganzjährig angeliefert werden. Außenkontakte seien meist nur über Telefon möglich.

«Nicht einmal auf einem Esel käme man noch dorthin», sagt er grimmig. «Aber wir Russen sind es gewohnt, unter solchen Schwierigkeiten und Härten zu leben. Damit kommen wir zurecht. Irgendwie überleben wir immer.»

Die amtliche Statistik bestätigt das nicht. Gut ein Drittel der Bevölkerung Kamtschatkas lebt heute unter dem Existenzminimum. In den Itelmenen- und Korjakengebieten ist die Arbeitslosigkeit, geschönt oder nicht, auf Rekordhöhe, seit die Kollektive zusammenbrachen. Armutskrankheiten wie Unterernährung und Tuberkulose nehmen zu, ebenso die Selbstmordraten. Die Lebenserwartung auf der Halbinsel liegt weit unter dem Landesdurchschnitt.

In Petropawlowsk arbeiten selbst an der Universität im Winter viele im Mantel. Stromkosten in Kamtschatka sind um ein

Vielfaches höher als in Moskau. Die gesamte Lebenshaltung ist weit teurer als im übrigen Russland. Als Gründe werden hohe Transportkosten für Konsumgüter und Brennstoff genannt. Außerdem eine zu geringe Nachfrage. Das eine bedingt das andere.

So schließt sich der Kreis. Privatinitiativen werden von Bürokraten gebremst statt gefördert, weil diese um ihre Macht bangen. Ausländern begegnet man, aus gleichen Gründen, weiter mit Skepsis. Sogar das Rote Kreuz, das im Norden zuletzt Saatgut und Fischernetze verteilte und in Petropawlowsk eine Armenküche betrieb, ist den Behörden ein Dorn im Auge.

«Wie kommt es, dass die Infrastruktur so daniederliegt», frage ich. «Im Westen konnte man den Eindruck haben, mit der Perestroika seien die Dinge auch Vorwärts gegangen.»

«Wissen Sie, die Hunde dürfen jetzt anbellen, wen immer sie wollen», lacht der Gouverneur bitter. «Man hat ihnen dafür nur das Fressen genommen.» Man müsse kein Kommunist sein, um einzugestehen, dass die wirtschaftliche Lage im Lande in den achtziger Jahren weit besser gewesen sei als heute, meint er. Dann schaut er sich auf seinem Schreibtisch um und greift nach einer Büroklammer und einem rosa Klebeblöckchen.

«Unsere Heftklammern kommen jetzt aus China», hält er sie hoch. Dann liest er etwas unbeholfen «Post-It» von den Papierstreifen vor. «Und die kommen sicher auch nicht von hier. Wie soll Russland vorankommen, wenn es selbst nichts mehr herstellt?»

Tatsächlich war die Perestrojka für den größten Teil des staatlich versorgten Riesenreichs zunächst ein verhängnisvoller Bruch – und für das fernab gelegene Kamtschatka umso mehr. Woraus hätte sich ausgerechnet hier, wo fast alles subventioniert war, ein freier Markt speisen sollen? Heute lohne sich außer den Helikopterflügen keine Inlandsverbindung, heißt es hier, und bis zu den Kurilen hinunter nicht eine einzige

Schiffslinie zu den Inseln. Zu teuer für die Betreiber, zu teuer für die Benutzer. Da verschwinden eher die Dörfer.

Als wir wieder an der Sekretärin vorbeigehen, vermeldet ihr Radiogerät gerade eine Nachricht über Kowran. Seit Wochen sei dort wieder einmal kein Brot angekommen. Der Ort verlange Mittel vom Gouverneur, um endlich eine eigene Bäckerei zu betreiben.

Das Kebab des kaukasischen Grillmeisters, den Aleksander erwähnte, geht weg wie Wodka. Na bitte, auch hier klappt es doch, wenn man nur will, denke ich halb zynisch. In Strandnähe hat er sich einfach eine Bude gezimmert, den Boden ringsum mit Planken befestigt und darauf Holztische genagelt. Seitdem brummt der Laden. Aus einem Blechverschlag steigt Grillrauch. Die Bedienung verteilt herzhaft-würzige Fleischspieße mit Blattpetersilie und Zwiebeln. Gleich mehrmals bestellen wir nach.

Dahinter verrosten die Hafenkräne. Am Kiesstrand baden Kinder. In den wenigen Grasinseln lassen sich speckige Mütter von Sonnenstrahlen anwärmen. Männer wechseln den Autoreifen.

Vor Büroschluss müssen wir noch zum Hubschrauber-Betreiber an dessen Flugplatz, um zu bereden, wie wir zu den südlichen Vulkanen und zum Kurilensee kommen. Bald wird dort die beste Zeit sein, um Bären beim Lachsfang zu beobachten. Außerdem brauchen wir Geld, weil schon die bisherigen Drehflüge unseren Etat aufgefressen haben. Die Firma berechnet pro Flugstunde 1500 Euro. Einzige Alternative wären Draufgänger, die ohne Lizenzen umherfliegen und ohne Rücksicht auf Luftraumsperren – und entsprechend oft abstürzen.

Nach der dritten Bank stellt sich heraus, dass wir auf keine unserer Kreditkarten Bargeld erhalten. «Die Computer in

Deutschland blocken die Anfrage, sobald sie erkennen, dass sie aus Russland kommt», gesteht uns irgendwann eine Angestellte. Eine Blitzanweisung aus Hamburg rettet später unseren Drehplan.

Und der Taxifahrer unseren Tag. Auf der Rückfahrt ins Hotel knarzt aus dessen Radio eine Meldung über Formel-1-Pilot «Mikhael Schumakher», die uns mit ihm ins Gespräch bringt. Auch er hält sich selbstredend für weltmeisterlich. Seit einundvierzig Jahren sitze er hinterm Steuer. Den einzigen Unfall habe ihm ein Militärlaster beschert, der ihm einmal auf Eis ins Heck gerutscht sei. Weil er in seinem japanischen Gebrauchtwagen rechts lenken muss, ohne hier auch links fahren zu dürfen wie in Japan, überholt er meistens in Kurven. Da sehe er mehr, sagt er. Den Rest mache sein Auto.

Wann er denn von russischen Wagen auf japanische umgestiegen sei, frage ich.

«Vor den letzten sechs Autos», sagt er und strahlt. Seitdem seien alle Toyotas gewesen. «Da singt die Seele. Man erholt sich beim Arbeiten.»

Eigentlich solle er mit fünfundsechzig ja zu Hause sein, aber da wolle er nicht herumsitzen, und die Rente reiche sowieso nicht dafür. Vor Jahren habe der Staat ja noch etwas draufgelegt bei allen, die in die fernen Gebiete gingen.

«Da gab es noch den Nordkoeffizienten. Achtzig Prozent Zulagen und so.» Aber jetzt kriegten das nur noch die Beamten und auch die nur gekürzt. Und die Privatwirtschaft ticke sowieso anders. Trotzdem sei er mit seinem Leben zufrieden.

«Ich habe alles richtig gemacht. Mein Sohn ist hier Ingenieur geworden und meine Tochter Ärztin in Moskau, beide mit Wohnung und Auto.» Japanischem Auto.

Auch fast alle, die uns entgegenkommen, sind Importkutschen. Sogar ein verschlissener Polizeiwagen ist darunter, der, nicht einmal umgespritzt, nun hier Streife fährt.

«Was machte Ihre Seele eigentlich damals in den russischen Wagen», frage ich, als ich bezahle.

«Da passierte gar nichts mit ihr. Da sang der Wagen selber. Wie eine Balalaika», lacht er.

«Aber Balalaikas klingen doch wohl schön», wende ich ein.

«Als Musik schon. Aber doch nicht als Auto.»

Kamtschatski Blues

In die «Straße des Sieges» in Petropawlowsks Stadtbezirk
Nr. 8 senken sich Schlaglöcher wie von Granateinschlägen.
Von den Wohnzeilen aus der Chruschtschow-Zeit mit ihren
krummen Balkonen löst sich fladengroß der Putz. Manche
der Türen sind schon vernagelt. Die jungen Männer tragen
hier das Hemd offen über der blanken Brust. Staksig stolzie-
rende Mädchen haken sich bei ihren Helden unter. Fast alle
wollen früh Model werden. Doch die meisten werden nur
früh Mutter.

«Seid ihr vom Kriminalfernsehen», ruft uns eine zu, als wir
die Kamera ausladen, «ist hier etwa schon wieder jemand ab-
gestochen worden?» In Russlands Lokalsendern ist Crime-TV,
eine hochdramatisierte Form des Polizeiberichts, allabendlich
der Renner.

Der niedrige Hauseingang zu den Wohnungen Nr. 46 bis
62 verschluckt uns in ein modriges Treppenhaus. Erst später
werde ich lernen, dass Aufgänge, die noch über alle Treppen-
stufen verfügen, in der Stadt als höherwertig gelten. Wir sind
verabredet mit Dimitri und Sergej, Wohnung Nr. 60, dritter
Stock. Kurz darauf sitzen die beiden dort in der dämmrigen
Wohnstube, die zugleich Dimitris Schlafzimmer ist, zwischen
Strom- und Computerkabeln, PC und Verstärker. Die Tapete
um sie herum ist versifft und stellenweise schon abgegriffen
bis auf die Mauer. Dimitri teilt sich die beiden Räume mit seiner Mutter, die als Serviererin arbeitet und trinkt, und einer
Katze. Vom einzigen Poster lugt ein Mann unter seiner Pelz-
mütze hervor, der zwei Eimer voll Kaviar schleppt. Darüber
steht: «Wer hat es heute noch einfach?»

«Das ist unser Studio», lächelt Sergej von der Bettkante und umgreift die E-Gitarre auf seinem Schoß. Er ist dreiundzwanzig und studiert Englisch und Japanisch. Dimitri, ein Jahr jünger und ebenso schmalbrüstig, ist Informatiker in Selbstausbildung. Seine linke Hand liegt auf der PC-Tastatur, die rechte ist bereit zum ersten Mausklick. Im Monitor flimmern virtuelle Regler, die er nacheinander aktiviert und einstellt. Zuerst als Taktgeber den Sound des Schlagzeugs, danach den Kanal für Sergejs Gitarre, zuletzt den zweiten für seine schrillen Synthesizertöne, die er mit den Buchstaben der Tastatur abruft. Dann dröhnen sie einen schmierigen, verzerrten Hard-Blues hin, irgendwas zwischen dem frühen Gary Moore, dem mittleren David Bowie und dem späten Neil Young, nur dreckiger. Kamtschatski Blues.

«Die Musik ist mehr für uns als nur ein bisschen Spaß», sagen die beiden. «Wir machen das seit zehn Jahren. So lange kennen wir uns.» Sergej komponiert die Stücke. Er hat sogar mal eines für die Wahlkampagne der Kommunisten entworfen. Mitunter singe er auch, aber hier gehe das nicht, da müsste er die Gitarre ausstöpseln. «Wir haben nur zwei Kanäle», sagt Dimitri. «Uns fehlt der Mixer, um einen davon zu splitten.»

Die Frage, ob Musik womöglich als Berufsperspektive tauge, lässt Sergej cool abtropfen. «Das wäre nichts für mich, diese ganzen Welttourneen, das Starleben und so», sagt er und pustet den Haarvorhang vor seinen Augen weg. Eher Übersetzer. Oder was mit Body Art. Die Tattoos auf ihren Unterarmen, die von stümperhaftem Knastgekrakel weit entfernt sind, stammten von ihm, zeigt er stolz. Dimitri will Programmierer werden, am liebsten in der Raumfahrt.

Dann wird es Zeit, die Wohnung zu wechseln, denn bei Sergejs Mutter, die in Petropawlowsk unsere betreuende Kommunalbeamtin ist, sind wir zum Essen angekündigt. Das

Team dreht noch die vergilbte, tickende Wanduhr über dem Bett. Am Nagel, der sie hält, hängt auch der breitflügelige Schlüssel. Ein Erbstück, sagt Informatiker Dimitri. Er ziehe sie zweimal am Tag auf.

Zwischen Autowracks und torkelnden Männern, die uns «Amerikanzy» zurufen, weil sie Ausländer hier immer zuerst für Amerikaner halten, gehen wir die Straße hinauf. Am oberen Ende wohnt Sergej mit seinem älteren Bruder und seiner Mutter. Die Wohnung ist etwas größer und in besserem Zustand. Tatjana, eine etwas mollige, gepflegte Frau um die fünfzig, steht am Herd und formt Hackfleischklöpse. Aus der Pfanne spritzt Fett. «Sonntag ist Stresstag», stöhnt sie. «Da koche ich für die Jungs immer für die ganze Woche vor.»

Das Abendessen für heute haben wir eingekauft, Zutaten für Schaschlikspieße, Salat und ein paar Flaschen Bier. Neben der Kochnische befeuert Sergej nun den Kamin und legt, als die Glut ausreicht, die Spieße darüber. «Den haben wir mauern lassen, nachdem hier zuletzt der Strom ausfiel und wir uns bei 25 Grad Kälte krank gefroren hatten», sagt Tatjana. Damals konnte das örtliche Kraftwerk die Tanker nicht mehr bezahlen, die ihm gewöhnlich Erdölrückstände als Brennstoff anliefern. Die letzte Lieferung, die im Oktober ankam, hatte nur für vierzehn Tage gereicht.

Ein Fernsehkollege hatte uns schon von jenem Winter erzählt, in dem verzweifelte Mütter mit ihren Säuglingen die Armeekasernen aufsuchten, um sich dort aufzuwärmen. Bereits an den Toren habe man sie abgewiesen. Während die Stadt Kältetote beklagte, zerhackten damals Gangster die toten Stromleitungen, um das Kupfer am Schwarzmarkt zu verkaufen.

Dann kommt Sergejs Freundin, die er uns als Valeria vorstellt. Sie ist achtzehn, blond und rundwangig und studiert Journalistik. Für Werbeprospekte habe sie auch schon als Model posiert, bemerkt Sergej beiläufig.

Was gut hier ist und was nicht, frage ich die Runde, als wir beim Essen sitzen. «Die Menschen sind netter als auf dem Festland», sagt Dimitri. «Vielleicht weil sie hier mehr zusammenhalten müssen.» Er sei sich sicher, Kamtschatka nie zu verlassen. Valeria spricht dagegen von Plänen, nach St. Petersburg zu gehen, der besseren Berufsaussichten wegen.

Ob Sergej mitgeht, weiß er noch nicht. Er war schon mal da, hat die Zeit aber in schlechter Erinnerung. Auf Drängen seiner Mutter hatte er die dortige Militärakademie besucht und bald festgestellt, dass diese Laufbahn nichts für ihn war. Nach der Rückkehr wurde er zum Wehrdienst eingezogen.

«Das war die schlimmste Zeit meines Lebens, nur Chaos», lacht er knapp, «in Russland haut schon wenig hin. Aber bei der Armee funktioniert gar nichts mehr. Nicht mal die physikalischen Gesetze. Nicht mal die Schwerkraft.»

Das Wort «Dedowschtschina» fällt. Es stehe beim Militär für ein harsches Senioritätsprinzip. Die Jungen machten alles, die Dienstälteren nichts. Dimitri erlebte das auch so. «Die totale Scheiße war das», pflichtet er Sergej bei.

Ob sie die falschen Typen seien für die Armee, frage ich.

«Nein», versichern sie, «das sehen dort alle so.»

Tatjana, die in der Verwaltung dem Bürgermeister zuarbeitet, hatte dafür sorgen können, dass Sergej wenigstens in Petropawlowsk diente, obwohl er auch hier erst nach Monaten einmal nach Hause durfte.

Gewöhnlich sind die Soldaten, auch die an den Standorten Kamtschatkas, heimatfern eingesetzt, damit sie nicht abhauen. Mir fallen Berichte von Übergriffen in Russlands Armee ein. Scheußliche Quälereien in der Truppe, bei denen immer wieder junge Rekruten zu Tode kamen. In Moskau forderte deshalb der Verband der Soldatenmütter zuletzt den Rücktritt des Verteidigungsministers, nachdem er hatte einräumen müssen, dass innerhalb eines Jahres sechzehn Soldaten von Vorgesetz-

«Mutter, brauchst du etwas?»: Raissa vor ihrem Hauseingang

Sibirische Dächer: die Kljutschewskaja-Vulkangruppe im Osten

Am falschen Ende der Reformen: Uferruinen und Wracks bei Kljutschi

Asche auf Eis: schwarzer Gletscher am Besymjanny-Vulkan

Wilde Natur wie kurz nach der Schöpfung: Kamtschatkas Vulkankette – ein Weltkulturerbe aus Felsen, Feuer und Eis

Leben als Lachsfischer: Flussmündung bei Kowran am Ochotskischen Meer

Küstenbewohner Nikita: «Wer gibt schon gerne sein Dorf auf?»

Blick aus dem «Lastesel»: Hubschrauber-Dreh über der Tundra

«Viel lernen wir von den Möwen»: korjakische Tanzgruppe

Waisenkinder: Lida und ihr Hausbär Kyril nahe Esso

Staubpiste nach Norden: die Hauptstraße der Halbinsel

Russische Raststätte: «Haben Sie einen Mann für uns?»

Wie flehende Hände: ewenische Rentier-Nomaden bei ihrer Herde

Abschied von einem «fröhlichen Volk»: letzter Blick auf Herde und Ewenen-Camp in einem Hochtal zwischen Kamtschatkas Bergen

ten zu Tode gequält worden waren. Bei dem Verband gehen jährlich fünfzigtausend Beschwerden wegen Brutalität in den Streitkräften ein. In über tausend Todesfällen ermittelten Strafverfolger. Die allermeisten aber bleiben vertuscht. Im letzten Fall, der bekannt wurde, hatten mehrere Offiziere einen Rekruten eine ganze Nacht lang derart misshandelt, dass ihm beide Beine, die Genitalien und ein Finger amputiert werden mussten. Ehemalige Soldaten schreiben offen, dass in dieser Armee, in der gefoltert und getötet werde, der Krieg auch im Frieden weitergehe – ja, dass sie längst schlimmer sei als der Krieg selbst.

«Wie kam es, dass Sie nach Kamtschatka zogen?», frage ich Tatjana, die nicht von hier stammt. Nach dem Studium habe sie darum gebeten, möglichst in Petropawlowsk eingesetzt zu werden – frisch verliebt in einen Soldaten, den sie heiraten und begleiten wollte, sagt sie. Wie sie hatten sich damals viele locken lassen, von den Lohnzuschüssen, herabgesetztem Pensionsalter und Freiflügen in den russischen Westen. Das meiste davon wurde später zusammengestrichen. Und auch ihr schmucker Soldat war bald verschwunden, neuer Dienstort, die Kinder blieben bei ihr. Sergej hat ihn seit Jahren nicht mehr gesehen.

«Trotzdem habe ich hier Wurzeln geschlagen», sagt sie, «wollte zwar immer mal weg, aber man durfte ja nicht einfach umziehen.»

Nach Beginn der Perestrojka, als man sich im Land wieder habe frei ansiedeln dürfen, sei dann ein Drittel der Bewohner aufs Festland gezogen. Sie selbst wollte nun lieber bleiben. «Wir nennen es Festland, obwohl auch Kamtschatka nur eine Halbinsel ist», erklärt sie uns. «Aber ohne Straßenverbindung ist es ja auch hier wie auf einer Insel.» Die einzige Fluglinie nutze das aus. Pünktlich zu Ferienbeginn erhöhe sie die Preise. Die Tickets kosteten dann gleich mehr als das Doppelte.

«Aber immerhin kommen wir schon mal auf der Russland-
karte vor, das war nicht immer so», lacht sie. «Wenn unsere
Jungs früher in den Ferienlagern den anderen zeigen wollten,
wo wir wohnten, glaubten die ihnen nicht. Kamtschatka gab
es in keinem russischen Atlas. Da war nur Meer. So geheim
war es.»

Yurij verteilt wieder mal Vorwürfe. Warum wir Spuren verwisch-
ten, poltert er Polina am Telefon an. Jeden Tag flögen wir wo-
anders hin. Seine neueste Erkenntnis, die er vermutlich schon
nach Moskau gemeldet hat, teilt er ihr gleich mit: Wir hätten
gar keine Fernsehausrüstung. Es sei alles Spionageequipment.
Außerdem bezahlten wir unsere Rechnungen nicht. So werde
das schon gar nichts mit einem U-Boot-Dreh. Und warum wir
unser Satellitentelefon nie einschalten würden, will er wissen.
   Das Telefon benötige Batterien, gibt Polina zurück. Die
seien bei den Nomaden schwer aufzuladen. Zudem hätten wir
mehrmals über Tage vergeblich darauf gewartet, bei gutem wie
schlechtem Wetter, dass uns der zugesicherte Hubschrauber
abhole. Das seien die einzigen Abmachungen, die gebrochen
worden seien.
   Unterwegs haben wir längst gleichlautende Klagen von anderen Gruppen gehört, hartgesottene Abenteurer zumeist, die wir
hier und da trafen. «Nein, das ist Russland», hatten sie in solchen Situationen einander erwidert. Vor allem die russischen.

Im Hafen sind wir verabredet mit Aleksander Tschistjakow,
einem früheren Steuermann der russischen U-Boot-Flotte.
Er selbst spricht noch manchmal, wie die alten Friesen, vom
«Stüürmann». Zum Interview kommt er in Uniform und
Mütze, wie wir ihn gebeten haben. Dass dazu auch zwanzig
Orden gehören, die seine komplette Brust bedecken, hatte ich
nicht bedacht. Bei jedem Schritt klimpert er nun wie ein Spiel-

mannszug. Dazu kommt der Preußenbart mit hochgezwirbelten Enden. Ich habe Sorge, er könnte im Film wirken, als sei er einem Museum entstiegen.

Vom Militär noch immer boykottiert, konnten wir nur ein kleines Lotsenschiff auftreiben, auf dem wir mit ihm an der Küste entlangfahren wollen. Dabei war Tschistjakow der erste Uniformierte, der es in Petropawlowsk auch zum Bürgermeister gebracht hat, wenn auch nur für vier Jahre. Dann ging er in Pension. Auf seinen kommunistischen Nachfolger ist auch er nicht gut zu sprechen. Die Stadt sei schmutzig geworden, die Kriminalitätsrate steige, und das Verhältnis zu Moskau sei schlecht, sagt er knapp, als wir hinausfahren. Danach reden wir über Russlands Marine.

«Ein Teil dieser Küste gehörte einmal zu meinem Bereich», sagt Tschistjakow. «Keiner der Fischtrawler, die hier liegen, geht einfach vor Anker. Jeder bekommt vom Militär seinen Liegepunkt zugewiesen. Wenn man wollte, könnte man hier alle Flotten der Welt unterbringen. Die Awatscha-Bucht ist die größte Hafenbucht, die es gibt.»

Bald kommen wir auf die Rolle, die der Fisch-, Krabben- und Kaviarschmuggel im Alltag der Aufseher spielt. Die Überwachungssysteme seien besser geworden, erklärt er. Das mache es den Illegalen schwerer als früher, als allein der Nebel sie schon geschützt habe.

«Wir beobachten sie heute aus der Luft und von See her. Wenn wir ein unregistriertes Schiff orten, nehmen wir Kontakt zu ihm auf. Zuletzt hat so eine Mannschaft ihren Kutter samt Ladung versenkt und sich retten lassen. Trotzdem haben wir sie überführt. Es waren Russen, eigene Leute.»

Ich erwähne eine andere Rettungsaktion, die hier zuletzt internationales Aufsehen erregte. Damals hatte sich ein Mini-U-Boot namens «Pris» am Meeresgrund verhakt. Erst nach Tagen ließ man britische Bergungsspezialisten einreisen, die dann die bedrohte Crew erfolgreich befreiten. Der Fall erinnerte viele an das Drama um das Atom-U-Boot «Kursk», bei dem Moskau Jahre zuvor die gesamte Besatzung dem Tod überließ, nur um Geheimnisse zu schützen.

«In der Presse war davon die Rede, dass sich das Mini-U-Boot in unterseeischen Lauschanlagen verfangen habe, die es reparieren sollte», sage ich und frage, ob das auch sein Kenntnisstand sei.

«Nach allem, was ich hörte, war es ein Ankerseil», sagt er. «Das Boot sollte den Boden nach solchen Dingen absuchen, weil sich da über die Jahre vieles angehäuft hat.»

«Achtzig Kilometer südlich des Hafens? Selbst russische Zeitungen schrieben von Lauschanlagen. Gibt es denn da draußen so etwas?»

«Es gibt überall alles, wo Länder ihre Hoheitsgewässer verteidigen.»

«Was ging in Ihnen vor, als sie diese Nachrichten verfolgten?»

«Ich dachte natürlich zuerst an die Menschen. Kein Geheimnis der Welt sollte wichtiger sein. Ein Mensch ist nicht zu ersetzen.»

«Und was dachten sie zuvor bei der ‹Kursk›?»

«Da bewunderte ich die aufrechten Matrosen, die den brennenden Reaktor noch löschten, obwohl sie wussten, dass sie sterben würden.»

Er deutet an, dass es gerade das Desaster der «Kursk» gewesen sei, das die Militärführung im Fall der «Pris» habe anders entscheiden lassen. Die Unfallrichtlinien seien damals überarbeitet worden.

Im Küstendunst liegt Weljutschinsk, die Militärstadt, für die wir noch immer keine Drehgenehmigung haben. Davor liegt weiß und silhouettenhaft das größte Kriegsschiff der Russen auf Reede, das uns Tschistjakow zeigt. Mit seiner riesigen

Lauschkugel und den hochstehenden Geschützen könnte man es für einen schwimmenden Nachbau des Taj Mahal samt Kuppel und Minaretten halten.

Ich frage, wie nah man von hier an den Militärhafen heranfahren dürfe. «Nicht näher als wir jetzt sind», sagt er und verweist auf die Bannmeilenvorschrift für Weljutschinsk.

«Welche Art Geheimnisse sind es, die hier verborgen werden?»

«Natürlich sind es auch Waffen und Orte. Aber es gibt hier nicht mehr davon als anderswo. Außerdem wird sogar hier das Militär eher abgezogen als verstärkt», sagt er. Russland habe einmal fünf Millionen Soldaten unterhalten. Heute seien es weniger als ein Viertel davon.

Erst Wochen später werde ich erfahren, dass meine Frage, wie weit man sich Weljutschinsk nähern dürfe, ein Fehler war. Yurij hatte sie offenbar mitgeteilt bekommen und weitergemeldet – als neuerlichen Beleg dafür, dass wir finstere Absichten hegten.

Zurück in der Stadt setze ich meinen Spaziergang vom Ankunftstag fort. Jenseits des Kanonen-Denkmals erreiche ich über verfallene Treppen einen Doppelhügel, von dem ich gelesen habe. Er birgt zwei Massengräber: Rechts haben die Helden von Petropawlowsk nach gewonnener Schlacht ihre gefallenen Kameraden verscharrt, links die toten Engländer und Franzosen.

Eine anständige Geste, denke ich, als ich die Grabsteine lese. Im Tod durften sie alle gleich sein. Und endlich friedliche Weltnachbarn.

Spariwatj gegen Sperrfeuer

Als Karl von Ditmar, der Reisebeamte im kaiserlichen Dienst, im September 1854 wieder einmal von einem Streifzug durch die Halbinsel zurückkehrt und am Fuße des Stadtberges jene beiden Grabwölbungen betritt, sind sie noch frisch. «Das eine für die Unseren, das andere für die Feinde», beschreibt er die Ruhestätte. Just in den Tagen, die er unterwegs war, hatte der Krimkrieg seinen Peterpaulshafen gestreift. «Eine Schlacht ist geschlagen und ein glorreicher Sieg von unserer kleinen Schar erkämpft worden», erzählt man ihm nun von allen Seiten. Den zur Verteidigung zusammengerufenen Itelmenen wird dabei besonderes Lob zuteil. «Als gute Jäger den unnützen Schuss sparend, hatten sie immer gesucht so zu schießen, dass dieselbe Kugel womöglich zwei hintereinander stehende Gegner auf einmal durchbohrte.» Sogar ein Fachwort hätten sie dafür gebraucht: «Spariwatj» – paarweise den Feind niederschießen.

Detailliert gehen ihre Heldentaten nun in die Protokolle der Kriegschronisten ein. Denn für die Alliierten, die mit Russland um Einfluss im zerbröckelnden Mittleren Osten ringen, sind sie eine nie da gewesene Schmach.

Den Berichten zufolge erreicht am 18. August jenes Jahres ein britisch-französischer Flottenverband aus drei Fregatten, zwei Korvetten und einem Dampfschiff die Awatscha-Bucht. An Bord haben sie über zweihundert Kanonen. Ihnen gegenüber steht nur eine kleine Garnison, mit ganzen siebenundsechzig Kanonen. Nach heftigem Beschuss landen zunächst sechshundert alliierte Soldaten südlich der Stadt, eine Woche darauf weitere neunhundertsiebzig. Doch obgleich sie auch da um das Dreifache überlegen sind, werden sie beide Male zurückgeschlagen. Der verantwortliche Admiral David Price, verbreiten die Engländer später, habe sich später aus Scham darüber selbst mit einer Gewehrkugel niedergestreckt.

Ditmar schildern die Zeitzeugen eine abweichende Version. Am Vortag der Schlacht sei der Raddampfer noch unter amerikanischer Flagge in die Bucht gefahren und sogleich umgekehrt, als ihm ein russisches Boot entgegenkam, beginnen sie ihre eigene Chronik. Nachmittags darauf sei er dann mit fünf Seglern unter englischen und französischen Flaggen wieder gekommen. Um anzuzeigen, dass man nicht die Absicht hege zu kapitulieren, habe man selbst gleich das Feuer eröffnet. Der Feind habe sodann den Beschuss erwidert, ohne jedoch großen Schaden anzurichten. Dabei sei ein höherer Offizier aufgefallen, der vom Radkasten des Dampfers aus mit lebhaften Bewegungen seine Befehle erteilt habe. Dank eines wohlplatzierten Kartätschenschusses habe die eigene 4. Batterie ihn kurz darauf von seiner exponierten Stellung gefegt. Damit habe der erste Kampftag sein Ende gefunden und der Feind sich vom Ufer zurückgezogen.

Der 19. August sei weitgehend still geblieben. Nur von Zeit zu Zeit seien Bomben in der Stadt niedergegangen, auch dies ohne nennenswerte Folgen. Allein eine Barkasse mit unbewaffneten, ahnungslosen Holzfällern sei vom Feinde genommen worden. Tags darauf aber habe er schon morgens das Feuer eröffnet. Zwei eigene Batterien waren den Zeugen zufolge recht rasch geschlagen, und der Feind marschierte am Ufer auf die Stadt zu, bis er aus einem Gebüsch von fünfundzwanzig Matrosen, unterstützt von zwanzig Kamtschadalen, so nachhaltig empfangen wurde, dass er auf seine Schiffe zurückkehrte.

Am 21. dann habe sich der Flottenverband in eine Nachbarbucht zurückgezogen, um den gefallenen Admiral zu bestatten. Unter einer hohen Birke sei er begraben worden, während die Kanonen Salutschüsse gefeuert hätten. Den Rest des Tages seien die Mannschaften Schäden an Schiffen und Gerät zu Leibe gerückt. Gleiches hätten auch die eigenen Batterien getan, um sich für die Entscheidung bereit zu machen. Quer vor dem Hafeneingang hätten weiterhin als wehrhaftes Bollwerk die beiden eigenen Schiffe «Aurora» und «Dwina» gelegen.

Am 24. August habe der Beschuss schon im ersten Morgengrauen begonnen. Fürst Maxutow, der die 2. Batterie befehligt habe, sei gestorben, nachdem er im Feuerhagel einen Arm verloren habe. Jedoch seien alle feindlichen Versuche gescheitert, mit dem Dampfer in den Hafen vorzudringen. Zuletzt sei den Alliierten sogar ein Flaggenmast abhanden gekommen, den man stolz dem Zaren nach St. Petersburg geschickt habe.

Die Verteidiger des nördlichen Stadteinganges hätten sich irgendwann von der Übermacht aufreiben lassen, sodass der Feind dort besagte neunhundertsiebzig Mann habe absetzen können, um in die Stadt einzudringen. Vom Kartätschenfeuer einer versteckt liegenden Einheit erneut überrascht, sei er jedoch rasch auf den Stadtberg geflohen, den er mit Gewehrfeuer verteidigt habe. Bald hätten ihn zahlreiche Leichen aus beiden Lagern umsäumt. Dann sei Befehl an die eigenen Leute ergangen, den Berg in kleinen Haufen zu erstürmen. Als ihnen nicht einmal zum Nachladen der Gewehre mehr Zeit geblieben sei, hätten sie den Bajonettkampf eröffnet und gesiegt.

«Nach Verlusten von neun Offizieren und über dreihundert Soldaten flohen die verbliebenen am Ende in Unordnung auf ihre Boote», hört Ditmar als Letztes. «Um zwölf Uhr mittags war kein Feind mehr im Lande.»

Die Gräber, vor denen er steht, sind geschmückt, auch die des Gegners. Das Schlachtfeld, das sich den Hang hinauf anschließt, gewährt indes noch einen wüsten Anblick. Zwar sind die Toten eingesammelt wie auch die Waffen. Doch wimmelt es noch immer von Zeichen der Zerstörung. An den Bäumen sind Äste gebrochen. Das Gras ist zertreten. In geknickten Sträuchern wehen noch Uniformfetzen. Patronen liegen verstreut. Noch tagelang, sagen die Grabpfleger, hätten Krähen den Hügel umschwärmt, um sich an den Blutlachen zu sättigen.

Dieses Mal sind die Erdstöße stärker. Als mich der erste erreicht, sitze ich im Hotelzimmer am Tisch, müde von einer durchlöcherten Nacht. Aufgeschreckt greife ich nach meinen Wertsachen und stelle mich unter den Türbogen, wie man es in solchen Fällen tun soll, um etwas besser geschützt zu sein. Und sie halten länger an. Die Wasserflasche schaukelt erst, dann kippt sie um. Herabhängende Kabel baumeln hin und her wie im Sturm. Draußen höre ich Stimmengewirr. Noch ist kein Geschrei dabei. Dann wird es ruhiger. Ich prüfe meine Finger. Sie zittern.

Die Nacht war aufregend gewesen. Einlaufende Textnachrichten auf dem Mobiltelefon, das hier in der Stadt funktioniert, hatten mich aufgeweckt. Sie kamen aus St. Petersburg und aus Hamburg. Der stellvertretende Verteidigungsminister in Moskau habe unseren Drehantrag für Weljutschinsk nun doch befürwortet, ebenso wie der Flotten- und der Generalstabschef. Die letzten von fünfzig Unterschriften. Wir dürften auf ein U-Boot und dort mit dem Kommandanten und einem seiner Matrosen reden. Zudem erhielten wir Zutritt auf ein Militärschiff des Grenzschutzes. Zur Stunde sei ein Kurier unterwegs nach Petropawlowsk. Dessen Eintreffen müssten wir abwarten. Vorab habe Moskau aber schon mal ein Telegramm geschickt.

Ich hatte mich schon gefragt, warum sich unser Schatten Yurij nicht mehr meldet. Offenbar haben seine Oberen endlich eingesehen, dass wir ihre Flotte nicht entern wollen.

Eigentlich müsste ich mich freuen, denn darauf warten wir nun seit Wochen. Es wird das erste Mal sein, dass ein ausländisches Team auf einem russischen Atom-U-Boot dreht. Aber ich ahne schon, was das für uns bedeutet. Der Kurier wird sicherlich vor Freitag nicht eintreffen, und am Wochenende arbeitet in der Militärverwaltung keiner. Also wird es wohl Dienstag, bis wir beginnen können. Zeitraubende Absprachen um Interviewfragen und Details gar nicht eingerechnet.

Eigentlich hatten wir nach vier Wochen die Abreise eingeplant und erst im Oktober den Dreh fortsetzen wollen. Nun sagen wir den gebuchten Rückflug ab, hängen weitere zehn Tage an – und warten ab, ob unsere Garanten Wort halten.

Um die Zeit zu nutzen, halten wir uns sonntags früh gleich am Helikopter-Flugplatz bereit. Zwei Tage lang hat es geregnet. Aber für das Wochenende, verriet uns der Flugdisponent am Telefon, sei klare Sicht bis zu den Kurilen vorhergesagt. Vielleicht könnten wir, deutete er an, unten im Süden einen seltenen Blick auf den Alaid-Vulkan werfen, den gewöhnlich der Nebel verberge. Als der Disponent uns die Route tatsächlich zusagt, steigt meine Zuversicht. Doch erneut warten wir den ganzen himmelblauen Drehtag über vergeblich, hören Ausrede um Ausrede.

Am Nachmittag ist der ganze Flugplatz im Chaos versunken: Familien mit Kindern, Koffern und Blumen, die seit Wochen auf einen Heimflug auf die Kommandeursinseln hoffen, brechen in Tränen aus. Gepackte Taschen und Kartons türmen sich auf den Holztreppen. Ein Reisemanager tobt und verlangt Geld zurück. Am Ende, als wir das Chefbüro aufsuchen, staucht dieser dort hörbar seine Mitarbeiter zusammen, wirft ihnen Fehlplanung, unkorrekte Belege und Lücken im Kassenbuch vor. Die letzte Auskunft des Tages kennen wir schon – wir sollten es doch morgen noch einmal versuchen.

Auf der Rückfahrt stoppen wir an einem Café, um unseren Frust herunterzuspülen. «Hieß es nicht immer, in fünfzehn Minuten seien die Russen auf dem Kurfürstendamm?», witzeln wir nach einer Weile. «Wieso fragte da nie einer nach dem Tag?»

In einem schäbigen Hinterhof weist uns die Bedienung lässig einen Wackeltisch zu, den sie nicht einmal abwischt. Neben uns haben zwei Jungs zu Eisbechern schon eine Flasche Cognac geleert. Dahinter sitzen andere stumm nebeneinander, jeder eine Zweieinhalb-Liter-Plastikbombe Bier vor sich. Was für ein lausiger Tag. Dieses Paradies wurde nicht vergessen, schimpfe ich in mich hinein, sondern offensichtlich versoffen.

Montags fahren wir zum ersten Mal am Gittertor des Kommandostabes vor. Presseoffizier Sergej Kozlow, ein aufgeschlossener, korrekter Mann, hat tatsächlich ein Telegramm bekommen. Eine Seite Text, drei Seiten Anlagen.

Unsere Namen stehen darauf und dass wir befugt seien, ein Atom-U-Boot zu drehen. Bilder, die es vor Landschaften zeigten, seien zwar untersagt, Interviews mit der Crew jedoch möglich. Ebenso Aufnahmen im Matrosenclub von Weljutschinsk. Überwacht werde alles von zwei Geheimdienstleuten. Zudem dürften wir auf ein Kriegsschiff, aber nur im Hafen. Keine Fahrt in die Bucht.

Es gebe nur ein Problem, windet sich Kozlow. Sein Chef, der Major, sage beharrlich, das gehe ihn alles nichts an. Und ohne dessen Auftrag könne er mit keinerlei Vorbereitungen beginnen.

Mit Mühe schaffen wir es in sein Dienstzimmer, legen dar, dass wir seit Wochen drehbereit seien. Voll der Hoffnung hätten wir nun den Rückflug um weitere anderthalb Wochen verschoben. Ob wir denn seinem Chef nicht wenigstens guten Tag sagen dürften.

Am Ende geben sich zwar beide wohlwollend. Normalerweise vergingen zwischen Anmeldung und Drehbeginn mindestens zehn Tage, versichern sie. Auf dieser Frist bestünden sie gar nicht. Dennoch bleibe ein ungelöstes Problem, das in der vagen Adressierung des Telegramms liege. Zweifellos sei es eine Erlaubnis für uns. Aber so sei es keine Anweisung an sie. Auch komme es von drei Rängen zu weit oben. In Moskau müsse es erst auf die hiesige Ranghöhe durchgereicht und dann nochmals übermittelt werden. Sonst sei alles in Ordnung. Nein, sie selbst könnten das leider nicht lösen. Je länger wir reden, desto besser verstehen uns die beiden immerhin. Ein Telefonat mit St. Petersburg, wo unsere Helfer sitzen, lässt auf ein neuerliches Papier hoffen. Derweil bereden wir schon den Drehplan. Dazu nennt mir Kozlow ein paar Fakten: Dreitausend Bedienstete seien im abgeschotteten Weljutschinsk beschäftigt, wozu auch zivile Werftarbeiter zählten. Als Geheimnisträger dürften sie die Militärstadt nicht verlassen. Mehr als ein Dutzend Atom-U-Boote lägen dort. Die größten stelle ich mir bald wie schwimmende Kampffabriken vor. Bis zu hundertfünfzig Meter seien sie lang und hoch wie ein viergeschossiges Gebäude. Ihr Betrieb erfordere hundertzwanzig Mann Regelbesatzung. Der nächste U-Boot-Verband liege erst bei Murmansk, das sei die Nordflotte, die unter Eis fahre. Komme eine ihrer Einheiten hierher, brauche sie dafür mehrere Wochen.

Kozlow ist erst seit kurzem zum Presseoffizier aufgestiegen. Er ist verheiratet und hat zwei Kinder, die schon zur Schule gehen. Die Familie lebt in einer Zwei-Zimmer-Mietwohnung. Anfangs hauste er noch allein in einer Garage, die ihm seine Vorgesetzten zuwiesen. Weil Tapeten zu teuer gewesen seien, habe er die Wände darin mit alten Postern beklebt.

«Theoretisch könnte ich nach zehn Jahren Dienst schon in Rente gehen», sagt er. «Normalerweise darf man das beim Militär zwar erst nach zwanzig, aber noch zählen Kamtschatka-Dienstjahre doppelt.» Er bekäme dann allerdings nur 2800 Rubel im Monat, mithin kaum 100 Euro.

«Für Kamtschatka interessiert sich kein Mensch», sagen uns andere Uniformierte, mit denen wir draußen ins Gespräch kommen. «In Moskau haben sie sogar aufgehört, uns noch etwas zu versprechen. Früher hatten sie uns wenigstens damit ab und zu aufgemuntert.»

Die Männer tun mir fast leid. Die Sessel, die sie Besuchern zuweisen müssen, würde im Westen nicht einmal mehr jemand vom Sperrmüll wegnehmen. Aus zerrissenen Armlehnen quillt schon der Schaumstoff. Und im Hauptgebäude, wo hochrangige Delegationen tagen, sind die Eingangstürflügel mit Sperrholz geflickt. Hinter jedem, der eintritt, knallen sie in den Rahmen zurück. Eine ältliche Rezeptionistin in Strickpullover, Schal und Pantoffeln hütet brav Plastikblume, Tischwecker und Telefonapparat.

«Der Vater, der Mutter. Eins, zwei, drei. Dreißich, vierzich, funfzich», lacht sie plötzlich, als sie uns deutsch reden hört.

«Sasdarowje, bez problem, glasnost», grüße ich sie freundlich zurück. Da lacht sie noch mehr.

Wenn uns in Russland doch nur alle so gut verstünden, sage ich mir. Hätte Billy Wilder solche Dialoge in ein Drehbuch aufgenommen, man hätte ihm sträfliche Überzeichnungen vorgeworfen – oder zugute gehalten, Satiriker dürften das.

Dann berede ich mit Kozlow die Fragen. Ich hätte nun so oft welche eingereicht, dass ich kaum noch wisse, welche vereinbart seien, sage ich wahrheitsgemäß. Ob man mir nicht einfach signalisieren könne, wann wir zu weit gingen. Beispielsweise liege als Frage nahe, wie weit die U-Boote eigentlich fahren. «Und natürlich wohin. Das beantwortet uns dann sicherlich keiner mehr, richtig?», versuche ich Terrain auszuloten.

«Richtig», lächelt er. «Davon abgesehen weiß es von den Matrosen auch keiner. Es wissen nur der Kommandant und der Navigator, einer hier in der Zentrale und einer im Moskauer Ministerium.»

«Aber es sind Ziele, von denen wir sagen würden, da gehören russische U-Boote eigentlich nicht hin», frage ich weiter.

«Richtig», lächelt er wieder.

Bis zum Mittag erfahren wir so aber schon mal, dass U-Boot-Mannschaften die am besten verpflegten Einheiten Russlands sind. Unter den Sowjets habe es für sie sogar Rotwein und Schokolade gegeben. Und dass sich vor wenigen Jahren ein amerikanisches Spionage-U-Boot bis in die Awatscha-Bucht schleichen konnte, bis die russische Abwehr es bemerkte. Es hatte ein Seemanöver im Pazifik beobachtet und war den Heimkehrern gefolgt bis vor ihren Hafen.

«Und? Was passierte dann mit ihm?», frage ich.

«Man hat sich gütlich getrennt. Wir drängten es ab.»

«Warum hat Ihre Flotte es nicht aufgebracht?»

Man wisse ja nie, ob sich russische U-Boote nicht auch irgendwo in so einer Lage befänden, gibt er zu verstehen. Zudem sei ohnehin längst die Zeit der Austauschbesuche angebrochen. Hier habe man ihr sogar schon einen Namen gegeben.

«Aha. Und welchen?»

«Friede, Freundschaft, Kaugummi.»

Am nächsten Morgen belagern wir den Offizier erneut. Für neun Uhr waren wir zum Drehen verabredet. Am Abend zuvor hatte er uns jedoch schon das nächste Problem gemeldet, das wir nun wie gestern mit dem Major besprechen. Unsere Genehmigung enthalte eine Passage, die im Grunde alles wieder aufhebe. Denn am Ende heiße es, Aufnahmen seien uns nur «außerhalb des vom Regime geführten Geländes» erlaubt – mithin nicht in militärischen Arealen.

«Ich verstehe das selbst nicht», rudert der Major mit den Armen. «Wir haben noch in der Nacht in Moskau angerufen, dort kann es auch keiner erklären. Und jetzt ist es da Nacht. Das Flottenkommando in Wladiwostok will nicht alleine entscheiden. Ohne ein klärendes Telegramm lässt uns aber der Geheimdienst in Weljutschinsk nicht einmal durch die erste Kontrolle. Für die brauchen ja schon unsere Offiziere eine Sondererlaubnis.»

Halbstündlich klingeln später die Telefone. Moskau, St. Petersburg, Wladiwostok. Nachmittags um drei sind dann endgültig unsere Träume geplatzt. Schon das Flottenkommando in Wladiwostok lehnt nun jeden Dreh ab.

Kozlow eröffnet uns, unabhängig vom Hickhack um Kleingedrucktes habe uns wohl der Geheimdienst in die Suppe gespuckt. Die beiden Aufpasser, die als Drehaufsicht vorgesehen waren, hätten bei ihrer Moskauer Zentrale noch einmal angefragt. Von dort sei die klare Order gekommen, uns nicht nach Weljutschinsk vorzulassen. Unserem Gesuch sei vermutlich vom Inlandsgeheimdienst nie stattgegeben worden. Das gelte nun auch für die Schiffe der Grenzschützer.

«Aber warum genehmigt das Verteidigungsministerium nach wochenlanger Prüfung erst aufwendig unseren Besuch, wenn wir schon eine Tür weiter gescheitert waren?», frage ich Kozlow und den Major.

«Militär und Dienste arbeiten unabhängig voneinander», sagen sie.

Ob die Widersprüche im Militärtelegramm denn dann nur vorgeschoben gewesen seien? Vermutlich nicht, sagen sie. Auch so etwas gebe es leider.

«Haben Sie im Militäralltag öfter solche Querelen?», frage ich Kozlow, als wir schon durch das Gittertor gehen.

«Ständig», sagt er. «Allein die Zeitdifferenz ist ein Problem. Schon zwischen uns und Wladiwostok verzögert sich vieles. Und das liegt nur zwei Stunden hinter uns. Nach Moskau sind es neun Zeitzonen.»

Je länger die Reise dauert, desto sicherer erscheint uns, dass die Macht der Geheimdienstzentrale die aller anderen Beteiligten überwog. Zwar sollten auch die FSB-Provinzbeamten, sowohl in Kamtschatka als auch auf Sachalin, die Polina vorab besucht hat, uns gegenüber stets wohlwollend bleiben. Doch sie machten nie einen Hehl daraus, dass sie nur nach der Moskauer Pfeife tanzen. Ohne ausdrückliche Genehmigung von dort werden sie keinen Zugang freigeben, weder zu Militäreinrichtungen noch zu den Soldatenfamilien, die sie uns zuvor selber für Interviews ausgesucht und empfohlen haben.

Die Überwachungsdienste, zu Sowjetzeiten noch in jedem Wohnblock, jedem Dorf und jedem Betrieb vertreten und gefürchtet, hätten alle Reformen überdauert, versichert uns noch so mancher Russe während der Reise – wenn sie das Land nicht sogar heute mehr im Griff hätten als zu KGB-Zeiten. Noch immer führten sie ein mächtiges Eigenleben, mit so absurden Regeln wie der, dass ein jeder Spitzel eine bestimmte Jahresquote von Spionen enttarnen müsse. Entsprechend dramatisch fielen deshalb ihre Dossiers aus. Offenbar kamen wir da manchen in der Zentrale gerade recht, um noch eben die Degradierung abzuwenden oder die Karriere zu fördern.

Schon bei der Einreise nach Moskau hatten die Stewardessen einen – da noch amüsanten – Hinweis auf die Macht und Willkür der Geheimdienste gegeben: Die Passagiere sollten gut auf ihre Immigrationsformulare aufpassen, hatten sie gesagt. Und unter Gelächter in der Kabine hinzugefügt: «Ihr Verlust wird von den jeweiligen Behörden individuell gehandhabt.»

Ein Tag bleibt uns noch bis zum neuen Abreisetermin. Der geplatzte Dreh ärgert mich. Ich überlege, wie ich ohne die U-Boot-Szenen das Militär in den Film einführen kann. Aber alles, was wir haben, sind ein paar Einstellungen von Kriegsschiffen im Stadthafen des Grenzschutzes, die wir unbemerkt über den Zaun hinweg drehten. Der Rest bleibt uns nun verschlossen. Dann fällt mir ein, dass Polina von einem deutschstämmigen Priester erzählt hatte und von dessen Vorgesetztem, dem orthodoxen Bischof Kamtschatkas. In deren Kirche, einem früheren Kino, hingen Fotos, auf denen er U-Boote segne. So kommt es, dass wir am Ende zwar nicht das erste Fremdteam auf russischen U-Booten sein werden, gleichwohl aber Einblicke in die Seelen ihrer Matrosen erhalten, die diese uns unter Geheimdienstaufsicht nie hätten gewähren dürfen. Denn der Bischof von Petropawlowsk ist der einzige U-Boot-Priester der Russischen Föderation, mithin auch der Beichtvater der Atomflotte. Im Vergleich zu den Sicherheitsdiensten hat er einen Vorteil: Er kann freier reden. Wo für ihn Geheimnisse anfangen, entscheidet er selbst.

Internationale Nachrichtenagenturen melden unterdessen Neuigkeiten vom Zwischenfall vor den Kurilen: Zwei der verschleppten Krabbenfischer seien vom russischen Grenzschutz wieder freigelassen worden. Akiyoshi Kawamura und Haruki Kamiya seien im Hafen von Nemuro eingetroffen, nachdem sich Offizielle beider Länder auf einem japanischen Patrouillenschiff darauf verständigt hätten, zitieren die Korrespondenten das Außenministerium in Tokio. Den Leichnam Moritas habe Japan bereits zurückerhalten.

Schiffskapitän Noburo Sakashita, 59, bleibe vorerst in Gewahrsam, verbreitet die russische Seite. Er habe bereits gestanden, wissentlich die Seegrenze überquert zu haben, und die Verantwortung für den Zwischenfall übernommen. Der zuständige Regionalstaatsanwalt vernehme ihn weiter.

Unter welchen Umständen diese Aussage zustande kam, bleibt unklar. Eine unabhängige Quelle, die bestätigen könnte, was auf See tatsächlich passierte, gibt es nicht. Auch die freigelassenen Matrosen folgen nur den japanischen Sitten, als sie sich auf einer Pressekonferenz sofort entschuldigen. Denn sie entschuldigen sich allein dafür, ihrem Land Sorge bereitet zu haben.

Japanern gebietet dies schon die Höflichkeit, sobald sie ungebührlich viel Aufmerksamkeit auf sich gezogen haben. Ihre Landsleute könnten ihnen sonst verübeln, dass sie sich vor der Gruppe hervortun, statt sich ihr unterzuordnen. Nach ihrer Rückkehr erhalten solche Kurzzeitprominente mehr zornige Briefe mit ebensolchen Vorwürfen als Glückwünsche dafür, dass sie noch leben. Ein Mitarbeiter einer japanischen Hilfsorganisation, den Aufständische im Irak verschleppt hatten, verstieg sich nach seinem Freikauf durch die Regierung in Tokio sogar zu dem Satz, seine Ankunft zu Hause sei schlimmer gewesen als jede Geiselhaft.

Das Kino, das «Heimat» hieß, stand abseits der Stadt auf dem Hügel. Ein schmuckloser Kasten mit Kassenhäuschen, verschraubtem Gestühl und zwei leuchtend grün markierten Notausgängen. Nur liefen dort selten Heimatfilme. Die Kassenfrau nahm es zum Glück nicht immer so genau mit dem Mindestalter. Dann schaffte es auch mal der kleinere Bruder mit den anderen hinein, um bald mit klopfendem Herzen und seltsam fiebrig auf die nackten, üppigen Brüste und Frauenhintern zu starren, die sich da im Geflimmer vor ihm entblößten. Die johlenden Zwischenrufe der Großen, die das alles schon kannten, hörte er gar nicht mehr. Und die Männer, die lieber alleine im Halbdunkel saßen, waren ohnehin still.

In den siebziger Jahren war das. Erikhs Vater Gustav, der in Sachsen aufwuchs, war da schon ein paar Jahre hier und hatte sich im Fischgeschäft einen Namen gemacht. Oft hatte er es sich vorgenommen während der endlosen Zeit, die er als Zwangsarbeiter nahe Irkutsk durchleiden musste: irgendwann einmal ein besseres, genussreiches Leben zu leben. Bis dahin hatten nur Fremde über ihn bestimmt. Als Kind deutscher Gastarbeiter, die Katharina die Große in die Ukraine geholt hatte, brachte ihn die Wehrmacht 1941 sicherheitshalber wieder nach Westen zurück, je nach Frontverlauf erst nach Polen, dann nach Berlin und zuletzt eben nach Sachsen. Nach der deutschen Niederlage nahmen ihn dann die Russen gefangen und verschleppten ihn, obwohl er noch im Knabenalter war, mit den Männern hinauf nach Sibirien. Dort mussten sie Wälder roden, um das Land urbar zu machen. Wie alle dort, durften sie ihre Siedlungen nicht verlassen. Erst sechzehn Jahre danach gaben ihnen die Aufseher ihre Pässe zurück. Gustav schaffte es an die Universität von Irkutsk, um sich das nötige Wissen für die Fischerei anzueignen. Dort lernte er seine Frau kennen und ging mit ihr nach Petropawlowsk, wo er fortan auf den Fangschiffen hinausfuhr. Sie war es auch, die ihm Erikh gebar. Jahre später war die Ehe gescheitert. Gustav besann sich seiner Wurzeln und kehrte an den Ort seiner Herkunft zurück. Nach Zittau.

«Er war ein recht freizügiger Mann. Das konnte meine Mutter ihm irgendwann nicht mehr verzeihen», sagt Erikh. An einem sonnigen Sonntagmorgen sitzen wir mit ihm auf den alten Kinotreppen. Unter uns liegt die Stadt. «Zittau, Albertstraße», sagt er. Das sei die Adresse. Noch immer dränge ihn der Vater, doch auch nach Deutschland zu kommen. Aber er sei nun mal hier geboren, habe selbst Frau und Kinder und sei hier ein glücklicher Mensch.

Dann muss er hinein, weil seine Kirchgänger kommen, rafft seinen Priestertalar etwas hoch und eilt durch die Pforte. Ein Junge zieht schräg an den Seilen, um melodisch die vier Glocken zu läuten, die an einem Balken über den Eingang gehängt wurden, als man das Kino vor Jahren zum Gotteshaus umbaute. Den Blick stets nach oben gerichtet, hantiert er dabei geschickt mit den Seilenden, als steuere er eine Kreuzung aus Lenkdrachen und Marionette.

Im Tross der Gläubigen müssen wir oft stehen bleiben. An jedem der Heiligenbilder, die hier die Wände zieren, bekreuzigen sie sich und berühren mit der Stirn andächtig die Rahmen. Manche werfen sich gar zu Boden. Wo einst die Kassiererin den Eingang bewachte, verkauft jetzt eine Gemeindegehilfin heiliges Wasser in Flaschen, Familiengebetbücher und Tischaltäre zum Ausklappen. Unaufhörlich verneigen sich Köpfe. Hände geben Geldscheine hin und erhalten dafür gelbe Kerzen wie Makkaronibündel, um sie später brennend in Kübel mit schwarzem Sand zu stecken.

Kein Wandfleck, der hier nicht mit der Mutter Gottes, den Aposteln oder altehrwürdigen Priestern bedeckt ist. Im letzten Bildnis vollbringt der heilige Mönch Seraphim von Sarow seine fünfzehn Wunder, bis ihm wilde Bären aus der Hand fressen und er sich vor dem Zaren verneigt. Denn der Zar war der oberste Gottesgesandte und stand somit noch über den Heiligen.

Im Hauptraum zeugen nur noch ein paar Reihen Klappsitze und die Seitenausgänge vom einstigen Filmsaal. Wo die Leinwand hing, verbirgt ein Bretterverschlag den Altar. Auf dem stufigen Parkett lauscht die Gemeinde stehend dem Vorbeter. Und vom Podest, von dem der Projektor den Lichtkegel warf, singen die Chorfrauen. Die Liturgie füllt zwei Stunden. Den größten Teil machen Gebete aus, auf immer gleicher Tonhöhe, als springe eine Schallplattennadel beim «Halleluja» immer wieder zurück.

Als Polina in Kopftuch und Jeans auf einem der Klappsitze Platz nimmt, wird sie von der Nachbarin ermahnt, die Beine nicht übereinander zu schlagen. Und als sie wieder wunschgemäß sitzt, zischelt ihr die Kritikerin zu, sie solle sich mindestens zweimal bekreuzigen. Dann sei alles wieder gut.

Erst als der Gesang der Gemeinde einsetzt, sich mit dem der Chorfrauen vereint und weich wogend den Saal einnimmt, fühle ich mich nicht mehr befremdet, sondern berührt. Denn sie alle singen sicher und schön, melodisch und schwer, als legten sie dabei eine Last ab.

Neben dem Altar erblicken wir Erikh wieder, der die Beichtenden segnet. Gütig sitzt er ihnen zur Seite, hört zu, nickt und versteht. Selten habe ich ein Gesicht mit so klaren Zügen gesehen. Bärtig und sanftlockig könnte er einem der Heiligenbilder entstiegen sein. Wenn sie ihm alles anvertraut haben, antwortet er. Dann nickt sein Gegenüber und beugt sich vor, bis der Kopf auf der Bibel aufliegt und Erikh die Hand auf ihm ruhen lässt. Danach zerreißt er oft noch einen Zettel und wirft die Fetzen in einen Krug.

«Ihre Probleme sind die gleichen wie überall auf der Welt», sagt er uns nach der Messe. «Soll ich heiraten oder mich scheiden lassen? Wird es mein Kind auf die Uni schaffen? Behalte ich meine Arbeit, oder bin ich der Nächste, der sie verliert?» Ob das die Gedanken seien, die auf den Zetteln stünden, frage ich.

«Ja. Manche sind so aufgeregt und wollen nichts vergessen. Deshalb schreiben sie sich zuvor alles auf.»

«Warum sind Sie Priester geworden, Erikh?»

«Ich wollte mich fernhalten von den Sünden der Welt. In weltlicher Umgebung ist das sehr schwer. Und ich wollte den Menschen Gutes tun. Das kann ich hier.»

«Kann man es an einem so sündigen Ort wie dem alten Kino vielleicht sogar besser?», frage ich augenzwinkernd.

«Es war sicher nicht der traditionelle Platz, um eine Kirche zu eröffnen», nickt er, «aber die Zeiten ließen damals nichts anderes zu.»

Als wir uns verabschieden, kommt er nochmals auf seinen Vater zu sprechen. Er hoffe sehr, ihn wiederzusehen. Für einen Besuch in Zittau lerne er sogar Deutsch. Aber leben wolle er hier, sagt er. Dann nimmt er von jedem von uns die Hand, umfasst sie mit den seinen und wünscht uns für den Rest unserer Reise alles Gute und Gottes Segen, dass uns die Arbeit Freude bereite und wir gesund wieder heimkehrten.

Und sagt auf Deutsch: «Ins Vaterland.»

Der U-Boot-Patriarch

An der Stelle, wo das «Heimat»-Kino seine fleischigen Filme zeigte, stand schon einmal eine Kirche. So wie an achtunddreißig weiteren Orten auf Kamtschatka. Doch dann kam die Revolution, riss sie nieder und hängte die Priester auf. Vier Jahre dauerte es, von 1923 bis 1927, dann war das geistliche Leben erloschen. Das Bekenntnis zum Christentum, als Staatsreligion einst für jeden Untertan des Zaren verpflichtend, wich dem nun verordneten Atheismus. Bis zum Ende der achtziger Jahre, als die Sowjetunion zerfiel, wurde hier niemand getauft. Und wenn doch, musste es heimlich geschehen. Mitte der neunziger dann ließ der neue Bischof von Kamtschatka den «Heimat»-Schriftzug vom Kinodach nehmen und stattdessen Glocken und Kreuz anbringen.

Sein Nachfolger, der ihn drei Jahre später ablöste, streitet nicht mehr gegen die weltliche Macht. Er hat sich entschieden, ihr beizustehen. Sein geistlicher Name ist Ignatius, sein weltlicher Sergej Pologrudow. Mit zweiundvierzig Jahren wurde er zum Bischof von Kamtschatka ernannt. Nun ist er fünfzig und mächtig, wenn auch nicht unumstritten. In Petropawlowsk nehmen ihm manche seine große Dienstwohnung und seinen silbernen Wolga mit Chauffeur übel. Er solle näher bei den Seinen bleiben, sagen sie. Einfacher leben, wie sie. Die orthodoxe Moral schreibt ihren Amtsträgern da wenig vor, wenngleich ihr Regelwerk streng, bisweilen auch eigenwillig ist. So erwartet man von Priestern wie Erikh, dass sie fruchtbare Familien gründen, vom Bischof jedoch ein Mönchsleben im Zölibat. Homosexualität, Abtreibung und vorehelichen Sex verurteilt der Kodex. Andererseits ermöglicht er Scheidung und Wiederheirat. Das Frauenbild ist antiquiert. Ignatius wird uns das bald recht anschaulich darlegen.

Das Chefbüro liegt dem alten Kinosaal gegenüber, im selben

Gebäude. Im Treppenaufgang betrachte ich nun die Fotos, die den Bischof mit Uniformierten zeigen, mal vor einem Kriegsschiff, mal an Bord eines U-Boots, immer ist er der Größte. Die weiteren Wände sind dicht mit Ölgemälden bestückt. Ein Porträt Peter des Großen vor den Umrissen Russlands; Admiral Atlassow, der Entdecker der Kurilen, mit wehendem Haar; Kriegsgouverneur Sawoiko, der Held von Petropawlowsk, mit ordenbehängter Brust. Das letzte in der Reihe zeigt den Hausherrn selbst: Ignatius Pologrudow, in finsterer Stube, nur das hagere Gesicht im Schein einer Kerze. Der Gottesmann. Erleuchtet. Das Licht im Dunkel.

Dem Militär fühlte er sich schon früher verbunden. Nach dem Physikstudium ging Pologrudow als Oberstleutnant der Armee ab, damals noch in den baltischen Sowjetrepubliken. Danach arbeitete er als Ingenieur in Irkutsk. 1988 ließ er sich taufen. Zwei Jahre später schlug er die Priesterlaufbahn ein, dann auch jene als Mönch. Wieder studierte er, nun aber in Moskau an der religiösen Akademie. Bis er an einem verschneiten Märztag, zehn Jahre nach seiner Taufe, die Amtsgeschäfte in Petropawlowsk übernahm. Seitdem vereint er seine beiden Lebenslinien, die geistliche und die militärische – als erster Bordpriester der Unterseeflotte.

Als er im Türrahmen erscheint, schaue ich auf. Vor mir steht ein scharfblickender, spitzmündiger Mann mit langem Bart, schwarz gewandet, hochgewachsen und dürr. Seine Anrede sei Eminenz. Wenn er sich im bodenlangen Rock durch den Raum bewegt, etwa um seinen Priester Erikh Wassilij zu rufen, scheint es, als schwebe er. Es fällt mir schwer, ihn nicht unheimlich zu finden. Zu deutlich weckt er in mir Erinnerungen – an zwielichtige Zauberer aus Kinderträumen. An Hotzenplotz und Zwackelmann.

«Warum interessieren Sie sich für Kamtschatka?», fixiert er mich. Sein Blick über die Brille trifft mich wie ein Bannstrahl.

«Warum sollte ich mich dafür nicht interessieren?», gebe ich lächelnd zurück und bereue sofort meinen Unterton. Aber ich fühlte mich schon wieder verdächtigt. «Das ist keine Antwort», weist er mich zurecht. Nach dem ersten Satz schon ist er im Vorteil.

«Unser Publikum interessiert sich für Menschen in Weltgegenden, die von uns weit entfernt sind», hole ich aus. «Wir vergleichen dann gerne, wie sie ihren Alltag meistern, vor allem, wenn er mühseliger erscheint als der unsere. Da stellt sich dann oft heraus, dass sich ihre und unsere Sorgen dennoch kaum unterscheiden.» Wildnis, Vulkane und Bären schmückten dabei natürlich den Film. Wichtiger aber seien uns Kamtschatkas Bewohner. In der Kirche hätten wir viele beichten sehen. Und deshalb gedacht, Eminenz wisse am besten, was sie drückt und bewegt.

Jovial hält er mir zunächst zugute, dass in meinem Team offenbar Disziplin herrsche. Er hatte beobachtet, wie mir Wolfgang den einzigen Sessel überlassen wollte, bevor ich mich entschied, mich zu den anderen aufs Sofa zu setzen.

«Disziplin ist eine gute Sache», sagt Ignatius und streicht sich bedächtig über den Bart.

«Mit welchen Sorgen kommen die Menschen in Ihre Kirche, Eminenz?», frage ich, wenngleich ich eine Antwort darauf schon von Erikh habe.

Er lehnt sich zurück, um die Hände zu falten. Die Antwort wird lang werden.

«Jeder Mensch will glücklich sein. Deshalb stellt man mir alle möglichen Fragen. Ein Psychologe würde sie anders beantworten, ein Soziologe wieder anders, und ich antworte diesen Menschen als Priester. Was also ist für uns Glück? Ein Mensch, dem es schlecht geht, ist deshalb noch kein unglücklicher Mensch, so paradox es sich anhören mag. Jeder ist einzigartig, somit auch sein Glück. Meine Aufgabe ist es, diesen

Menschen bei der Entscheidung zu helfen, welches Glück nun das ihre ist. Dabei versetze ich mich in ihre Lage und frage Gott nach der Antwort.»

Zum Beispiel werde er oft um Ratschläge gebeten, wie man eine unglückliche Ehe retten könne. «Meist sind es Frauen, die mich dies fragen. Leider sind ihre Männer oft Alkoholiker. Ich sage diesen Frauen, sie sollen sich selbst prüfen, bevor sie ihren Mann kritisieren. Und frage sie, ob denn ihre Männer schon tranken, bevor sie verheiratet waren. War das so, hätten sie sie nicht heiraten sollen. War es nicht so, kann es also nur an den Frauen selbst liegen. Jeder Mann will Nähe und liebevollen Umgang, sowohl körperlich als auch psychisch. Anscheinend sind solche Frauen nicht in der Lage, dieses Bedürfnis zu erfüllen.» Ob er denn einen Mann, der über seine Frau klage, genauso harsch angehe, hake ich ein.

Es seien nun mal meistens die Frauen, die sich bei ihm beklagten, sagt er da. Außerdem seien Frauen einfacher gestrickt. Die müsse man harsch angehen, um ihnen die Augen zu öffnen.

Nein, dieser Mann ist kein Seelsorger, kommt mir in den Sinn, dieser Mann ist ein Richter. Ein Schnellrichter. Der Einzige, der dabei sein Glück findet, ist er.

Sein Zeigefinger bedeutet mir, zuzuhören.

«Auch wird mir oft erzählt, dass die Kinder nicht auf die Mutter hören», fährt er fort. «Dann frage ich nach, wer diese Kinder erzogen hat, als sie klein waren. Und sage den Müttern, dass ihre Erziehung offenbar falsch war und sie also auch hier selber verantwortlich sind. Oder Studenten kommen zu mir, von Angst vor einer Prüfung getrieben. Zugleich geben sie zu, dass sie nicht genügend gelernt haben. Und es kommen Männer vom Militär.»

Da plötzlich setzt er eine Pause und wartet.

«Mit welchen Problemen kommt denn ein U-Boot-Matrose zu Ihnen?», frage ich weiter.

«Da hier viele U-Boote stationiert sind, habe ich intensiven Kontakt zu den Matrosen. Vermutlich kenne ich ihre Probleme sogar am besten. Tatsächlich haben sie vielerlei Sorgen», sagt er einfühlsam. Jetzt ist er Seelsorger. Jetzt ist er Hirte. Jetzt sitzt mir der Bordpriester gegenüber. «Es sind Menschen, die für lange Zeit von zuhause wegfahren. Dafür lassen sie alles zurück. Ihre Familien, ihre Freundinnen, ihre Heimat, die vertraute Umgebung. Und das für sehr lange Zeit. Für einen, zwei oder drei Monate, wenn nicht noch für länger.» Darüber redeten sie bei ihm immer als Erstes, denn diese Trennung falle ihnen schwer. Auch darüber, dass sie im U-Boot auf so engem Raum ausharren müssen, immer mit denselben Personen. Das Zusammenleben unter solchen Bedingungen führe oft zu Konflikten, die bei so banalen Dingen begännen wie, ob einer nachts lesen dürfte, wenn er damit andere beim Schlafen störe.

«Zwar sind U-Boot-Besatzungen durchweg Elitesoldaten, die auch nach psychischen Kriterien ausgesucht wurden. Trotzdem kommt es auch hier leider zu Fällen, bei denen Aggressionen an Schwächeren ausgelassen werden», sagt er bedauernd. «Wie das genau passiert, weiß ich aber nicht.» Auch trage das abgeschottete Leben zwangsläufig dazu bei, dass sich die Matrosen sehr mit sich selbst auseinandersetzen, mit eigenen Schuldgefühlen, mit der Angst vor dem Tod. «Und immer, wenn man das Gefühl hat, das Leben könnte bald zu Ende gehen, will man die Seele reinigen.»

Tatsächlich sei ihre Arbeit oft lebensgefährlich, fixiert er mich nun erneut. Zudem sei sie widernatürlich, alleine schon weil sie unter Wasser stattfinde. Und sie seien ja auch nicht auf Spazierfahrt. «Sie haben militärische Aufgaben zu erfüllen. Das ist nie ohne Risiko. Wir kennen genug traurige Beispiele. Das Schicksal der ‹Kursk›, deren Besatzung umkam, ist da keine Ausnahme.»

Die Sorgen der Matrosen seien ihm auch selbst deutlich geworden, als er einmal einen Monat lang an Bord eines U-Bootes mit ihnen gefahren sei, sagt er. Auf der «Tomsk» sei das gewesen, auf der Nordroute unter dem Eismeer.

«Ich weiß nicht, wie es auf einem deutschen oder amerikanischen U-Boot ist, aber ich weiß, dass die russischen Soldaten zuallererst die Hilfe unserer Kirche benötigen», erklärt er mir. «Ich habe erlebt, wie ihnen das hilft. Wir haben dort Matrosen auf eigenen Wunsch getauft und Messen gehalten. Und wir haben sie beichten lassen, um ihre Seele von der Sünde zu reinigen. Nichts war ihnen wichtiger.»

«Wohin sind Sie damals mit der ‹Tomsk› gefahren?», frage ich nach.

«Soweit ich weiß, in die Nähe von Norwegen.»

«Dann sind Sie nun sicher Geheimnisträger.»

«Nein. Ich hatte keinen Zugang zu den Papieren, nicht mal zum Antriebsraum», sagt er. «Ich durfte mich nur in wenigen Räumen aufhalten. Aber jeder intelligente Mensch kann sich vorstellen, dass solche U-Boote auch die Meeresgebiete fremder Staaten erkunden.»

Ob er als Priester eigentlich Pazifist sei, frage ich zuletzt.

«Njet», sagt er sofort. «Wenn ein Land bedroht wird, muss es sich schützen.» Russland sei tausend Jahre alt. Die Sowjetzeit ausgenommen, habe es nie einen Krieg angefangen. Wenn es Kriege geführt habe, dann stets zur Verteidigung, doziert er jetzt – was schon mit Blick auf die Unterwerfung Sibiriens nicht zutrifft und im Falle des Krimkrieges noch weniger.

«Krieg ist furchtbar und ungerecht», fährt er fort, «alle Kriegswaffen bringen Tod und Zerstörung. Jeder Mensch, der diese Waffen bedient, darüber verfügt und entscheidet, sollte deshalb im christlichen Glauben erzogen sein.»

Dann beugt er sich langsam nach vorne, um seinen Schlussworten Nachdruck zu geben. «Jeder Mensch ist ein Krieger. Krieger zu sein heißt, tapfer sein Land zu schützen und nicht zu verraten. Tun das alle, so wird es keinen Krieg geben. Kein Russe will Krieg. Er will ein ruhiges Leben führen, seine Kinder aufziehen und glücklich sein. Und er will es im christlichen Glauben tun.»

Ein Krieger in Robe, wahrhaftig, denke ich auf dem Rückweg. Ein Disziplinfetischist, immer Leutnant geblieben. Vielleicht sollte er nach dem Einblick ins U-Boot auch mal vier Wochen in einem Haus seiner Dörfler durchleiden. Legte man seinen Seelsorgergesprächen mit den U-Boot-Matrosen, die sich durchweg selber als Zeitsoldaten verpflichtet haben, die gleiche Logik zugrunde, wie er sie in seiner Kirche befolgt, wären sie nach einer Antwort zu Ende:

«Warst du schon so verzweifelt, bevor du an Bord eines U-Bootes kamst?»

«Nein.»

«Na dann. Selbst schuld.»

Matrosenlos

Mit seinem Hinweis, das Schicksal der «Kursk» sei kein Einzelfall, hat der Bischof indessen recht. Keine zwei Wochen nach unserem Gespräch wird die Nachrichtenagentur Interfax einen U-Boot-Brand in der Nordflotte melden. Bei den Löscharbeiten in der Elektroanlage des vorderen Schiffsteils, wo auch der Reaktor untergebracht ist, ersticken zwei Matrosen. Danach wird die Marine eingestehen, dass bei dem Schiff alle Wartungsfristen verstrichen waren.

In der sowjetisch-russischen Geschichte sind schon mehr als achthundert Matrosen in U-Booten umgekommen, fast alle nach solchen Bränden. Der schwerste Unfall war mit hundertachtzehn Toten jener der «Kursk», in der ein schadhafter Torpedo explodiert war.

Berichten der norwegischen Umweltorganisation Bellona zufolge kam es auf elf von einhundertsechzig U-Booten der Nordflotte bereits zu ernsthaften Reaktorunglücken. In vier Fällen habe es Tote gegeben. Drei der Boote seien gesunken. Auch die Zustände der Werften, in denen zahlreiche U-Boote lägen, seien katastrophal, heißt es in Presseberichten. Insgesamt sechzigtausend verbrauchte Brennelemente lagerten unweit der skandinavischen Küsten, die Hälfte davon in den Werften. Die Kosten der Aufbereitung seien zugunsten des Wehretats eingespart worden. Werftarbeitern, Soldaten und Offizieren sei die Regierung so lange den Sold schuldig geblieben, bis sie die Arbeit verweigert hätten. Sogar Patrouillenfahrten seien deswegen ausgefallen – oder mit verminderter Mannschaft ausgeführt worden.

Auch die These, wonach der «Kursk»-Unfall die Rettungsrichtlinien verbessert habe, ist fraglich. Denn die Hilfe für die sieben Männer, die unter Führung eines erst fünfundzwanzigjährigen Kommandanten mit der «Pris» auf Grund lagen, kam buchstäblich in letzter Minute. Dabei war der britische Tauchroboter, dem die Rettung gelang, längst vor Ort. Nach Berichten der russischen Zeitung «Kommersant» hatten die einheimischen Rettungskräfte zuvor der verzweifelten Besatzung noch per Funk mitgeteilt, auf Befehl aus Moskau dürfe man das festsitzende Boot nicht gewaltsam nach oben ziehen, um die Lauschanlage nicht zu beschädigen, in der die «Pris» sich verheddert hatte. Eine anfängliche Mitteilung der Marineführung, man habe das Mini-U-Boot bereits mit Seilen vom Meeresgrund gehoben, sei eine Falschmeldung gewesen. «Wir haben die ganze Zeit in zweihundert Meter Tiefe festgesessen», zitierte das Blatt später einen Überlebenden.

Sie mussten sich gefühlt haben wie in einem Grab. Fast

achtzig Stunden lang hatte die Mannschaft bei fünf Grad über null und völliger Dunkelheit an Bord ausgeharrt. In Thermokleidung gehüllt hätten sie sich nur hingelegt, möglichst wenig gesprochen, um Sauerstoff zu sparen, und gewartet, berichtete das Blatt weiter. Als Proviant seien ihnen nur einige Kekse und pro Tag zwei bis drei Schluck Wasser geblieben.

Dass es tatsächlich Ankerseile waren, die der «Pris» zum Verhängnis wurden, mag sogar stimmen: Der ferngesteuerte Roboter habe als Erstes die Stahlleinen gekappt, in denen sich der U-Boot-Propeller verfangen hatte, hieß es später unter Bezug auf russische Quellen. Zuvor hätten Marinekräfte vergeblich versucht, die tonnenschwere Verankerung der Anlage freizusprengen, samt ihren Antennen und Haltetauen, in denen der Propeller der «Pris» festhing. Der Versuch sei jedoch fehlgeschlagen.

Die Fraktion der Nationalisten im russischen Parlament verlangte später Aufklärung darüber, warum die eigene Marine fünf Jahre nach der «Kursk»-Katastrophe noch immer über kein geeignetes Bergungsgerät verfüge. Auch kamen Zweifel auf, dass sich das Boot wirklich nur auf einer Übungsfahrt befunden habe. Viel spreche dafür, dass es sehr wohl den Auftrag gehabt habe, die Lauschanlage zu reparieren, und sich dabei verfing – auch weil die «Pris» selbst technisch nicht einwandfrei funktioniert habe.

Zwischen Pest und Skorbut

Das kaiserliche Manifest über die Kriegserklärung an England und Frankreich kommt mit der Post. Als Order ist beigefügt, sie am 1. Oktober 1854 im Gottesdienst zu verlesen. Die Feierlichkeit, in der dies vollzogen wird, beeindruckt den Zeitzeugen Ditmar. Noch mehr aber ist er verwirrt – weil die einzige Schlacht, die zu dem Krieg hier gehörte, schon seit Wochen geschlagen ist. «Man hatte sich nicht gerade übereilt, diesen wichtigen Befehl hierher gelangen zu lassen», schreibt er ins Tagebuch.

Dabei war das geduldige Warten auf Neuigkeiten das Erste, was er in seinem Dienstort Petropawlowsk zu erlernen hatte. Als im Oktober nach seiner Ankunft das Transportschiff zur Freude aller erneut im Hafen einlief, galt das Augenmerk wie üblich nicht nur der Ladung aus Mehl und Grütze, sondern auch den Paketen und Briefen, die es mitbrachte. Wer da vergeblich auf eine Nachricht aus der Ferne gehofft hatte, musste nun bis Februar oder März warten, denn erst dann war mit der nächsten Schiffsankunft zu rechnen.

Umgekehrt hatte Ditmar auch als Briefeschreiber Geduld nötig. So erging vom örtlichen Postamt damals die Bekanntmachung, dass die reguläre Winterpost erst am 11. Dezember abgehen würde, mithin würden dafür bis zum 10. Dezember Briefe angenommen. «Eine abgehende Post, die Möglichkeit wieder einmal mit der lieben Heimat in Verbindung zu treten, ist hier immer ein besonderes Ereignis», schreibt er rückblickend. Die Postwege führten im Winter über Land um die Ochotskische Meeresbucht herum. Nur im Sommer waren es Schiffe, die Sendungen mitnahmen. Hin und wieder gab es zudem Sonderkuriere, die Botschaften brachten und bei der Rückkehr auch Post transportierten.

Grollend klagt Ditmar über Bürokratie und Verschwendung, die sich von Jahr zu Jahr steigerten: «Für diese zwei bis drei abgehenden und ebenso viele ankommenden Posten unterhielt die Krone einen Postmeister und, daran nicht genug, auch noch einen Postmeistergehülfen – zwei höchst obscure Persönlichkeiten, die man nirgends sah und von denen man nie etwas hörte.» Erst wenn der Posttermin nahte, zeigten sie sich auf der Straße, um allenfalls mit Herablassung zu grüßen. In ihrem Diensthaus schöben sie dann die Möbel zur Seite und bauten den Postapparat auf, hängten Karten, Pistolen und Säbel an die Wand, legten sich Uniform an und bedeckten den Tisch mit grünem Tuch und Gesetzbüchern.

Pünktlich am 10. Dezember 1854 betritt er den Schalterraum, um seine Korrespondenz auf den Weg zu geben. Der Gehilfe, der ihn kaum grüßt, nimmt sie versonnen entgegen, um sie seinem Vorgesetzten zu reichen. Als dieser sie mustert und erst den Gehilfen, dann Ditmar selbst nach, wie er findet, «allerlei unnützen Dingen» ausfragt, um ihn erst nach einer halben Stunde zu entlassen, glaubt der Forscher, das Geheimnis von Uniformen entdeckt zu haben: «Es passiert den beiden komischen Leuten eben nur zweimal im Jahre, auf der Höhe ihrer Existenz zu sein, und diese Zeit suchen sie nach Möglichkeit zu verlängern, um nicht gar zu rasch wieder in ihr Nichts zurückzusinken.»

Verantwortlich dafür macht er die russische Bürokratie. Jeder, der das Land kenne, würde eine doppelt besetzte Poststelle für überflüssig erklären, zumal die Gouverneurskanzlei die gleiche Arbeit schneller und besser erledige, sobald ein Kurier ankomme und wieder aufbreche – ohne Zutun der Postbeamten.

Mit der Erhebung des Peterpaulshafens in den Rang einer

Stadt kommt es noch grotesker. Denn in der Verordnung über das städtische russische Postamt wird über Postmeister und Gehülfen hinaus auch ein Postkasten zur Pflicht erklärt. So komme es, dass nun aus St. Petersburg ein grün angestrichener Holzkasten tausende Kilometer weit geschickt werde, um dort, wie Ditmar kopfschüttelnd vermerkt, «zu ewiger Leere verdammt» zu sein: «Wer wäre wohl so thöricht, bei diesen unglaublich seltenen Gelegenheiten, Lebenszeichen von sich zu geben, Monate, Wochen oder auch nur Stunden vorher einen Brief in den Postkasten zu werfen?»

Statt den einfachen Bedürfnissen des Landes nachzukommen, etwa dem nach mehr Postabgängen, bemerkt er zynisch, befolge man lieber «die sehr viel kostbarere russische Schablone».

Was ihm die Post noch zum Ärgernis macht, wird in der Apotheke zum Fluch. Schon im ersten Jahr, das Ditmar in Kamtschatka verbringt, breitet sich von Norden her eine Typhusart aus, die im Winter den Hafen erreicht. Kaum ein Haus, das nicht betroffen ist. Tote werden beklagt. Erinnerungen an die verheerende Pockenepidemie kommen auf, eingeschleppt von den Eroberern. Um 1768 raffte sie fast die halbe Bevölkerung dahin. Kaum Ärzte gab es und nur eine einzige Apotheke. «Die wichtigsten Dinge fehlten dort immer, denn die Sendungen der medicinischen Hülfsmittel waren von ganz eigener Art», zetert Ditmar auch hier über die Gedankenlosigkeit der Bürokraten. An klimabedingte Krankheiten oder gar Epidemien habe keiner gedacht: «Wieder ist alles todte, geistlose Schablone.»

Fieber, Skorbut, Rheumatismen, die schrecklichen Formen der durch Generationen vererbten Syphilis «und endlich die grauenerregenden Fälle von Lepra» blieben sämtlich tödliche Seuchen, weil sich die Ärzte kein Wissen darüber und der Apotheker keine Arzneien dagegen besorgten.

Schon die große Nordexpedition des dänischen Seefahrers

Vitus Johannssen Bering, wie Ditmar in Diensten des Zaren, endete zuvor in einer Tragödie. Er war es, der sich mit seinen Schiffen «Peter» und «Paul» nach langer, aufreibender Reise in der Bucht niederließ, um den «Peterpaulshafen» als sein Winterquartier zu errichten und eine Kirche erbauen zu lassen. Danach kreuzte er ostwärts seinem Verderben entgegen. Von Stürmen und Krankheiten gepeinigt, entdeckte er mit seinen Leuten die Aleuten und die Südwestküste Alaskas. Doch den Weg zurück fand er nicht mehr. Auf einer waldlosen Insel, auf die er sich und die Mannschaften mühselig rettete, suchten sie in Erdgruben Schutz. Viele der Männer, darunter am 8. Dezember 1741 auch Bering, starben elendig an der Schwindsucht. Die Insel trägt heute ebenso seinen Namen wie die Meeresstraße zwischen Asien und Amerika.

Auch jene, die zu Ditmars Zeiten den Peterpaulshafen anlaufen, leiden weiter. Walfangschiffe erreichen die Bucht oft mit halb toter Mannschaft und zerrissenen Segeln, ohne Trinkwasser und von Stürmen durchs Eismeer gepeitscht. Doch nicht einmal Taue und Segeltuch hält der Stützpunkt für sie vor. Der schwungvolle Handel mit den Südhäfen des Pazifiks, den Ditmar für so naheliegend hält, bleibt aus. Das herkömmliche Pelzgeschäft genüge den fett gewordenen Statthaltern. Der junge Deutsche sieht keinerlei Entwicklung, vermisst jegliches Vorwärtsstreben.

«Einer Mumie gleich vegetirt diese Gesellschaft dahin», wünscht er sich einen tüchtigen Kaufmann an die Spitze der Stadt. «Wie leicht wäre es, mit dem Erlös der Walfisch- und Robbenjagd und der Fischerei auf den Märkten von Honolulu, Schanghai und San Francisco all die nötigen Waren für Kamtschatka heranzuziehen und jedem und allem Mangel abzuhelfen.» Stattdessen komme weiter alles nur spärlich auf zwei Transportschiffen aus Irkutsk herbei, weg- und steglos, angeschleppt unter unendlicher Qual für Menschen und Pferde und zudem noch gegen absurd teures Geld. Und als Verwalter kämen zuallererst höhere Offiziere und Beamte hierher, denen man eine Gunst habe erweisen wollen. So gehe der Schlendrian weiter, während die Regierung in ihren Hoffnungen getäuscht werde, im reichen Kamtschatka gingen zumindest allmählich die Dinge voran.

II. Jenseits des Alaid

Vom Kurilensee zur Straße von Nemuro

Der Gletscher wölbt sich, als kämpfe er. Dann zerbricht seine Front in kantige Türme, die einstürzen. Zerbersten nacheinander im Dampfdruck der Hitze. Man kann es nicht sehen, weil es zu langsam geschieht, aber man ahnt es. Alles hier ist Prozess. Schwefelgelb zischen Fontänen unter der Eiskante hervor, wie aus hundert anderen Ritzen und Spalten des Berges. Der schmutzige Gletscherbach, der bei der Zunge entspringt, frisst noch schnell an den Schnee- und Aschefeldern, die er streift. Danach eilt er hinweg durch eine Kraterkerbe, die er bald zum Canyon vertieft haben wird. Darüber verbinden sich die einzelnen Dampffetzen zu stinkenden Wolken, dann zur Rauchsäule, wie man sie von unten vom Berggipfel wegwehen sieht. Aber auch das Eismassiv speist sich aus einer Urgewalt. Gleich unter dem weiß strahlenden Gipfel baut es sich immer neu auf. Glasblaue Ovale blicken daraus wie Augen. Wie das Reine gegen das Böse rückt es beharrlich gegen das gelbe Gift vor, als könnte es die undichten Stellen noch einmal bedecken wie früher. Damit wieder Ruhe herrsche. Aber der Kampf am Mutnowskaja-Vulkan bleibt offen.

Eine letzte Kehre noch, dann drehen wir ab Richtung Kurilensee, folgen klaren Flüssen in kurvigem Tiefflug, verlassen sie über leere Schneefelder und Wälder, die sich zu versteppten Hochebenen lichten, dann zu gespenstischen Wüsten aus verkrustetem, vulkanischem Schlamm, der sich wie Spritzbeton auf das Land gelegt und alles Leben unter sich erstickt hat. Bis ein neuer Canyon plötzlich nach unten klafft, zwischen gelbweißen Felswänden wie aus Kreide. Minuten später liegt er vor uns, glatt und tiefblau, voll quirliger Fischschwärme, die unserem Schatten entfliehen – der Kurilensee, überragt von einem feurig roten Ufervulkan, den das Sonnenlicht darin spiegelt.

An seiner tiefsten Stelle misst der See in Kamtschatkas äußerstem Süden mehrere hundert Meter zum Grund, dank heißer Zuflüsse friert er den ganzen Winter über nicht zu. Pro Jahr durchschwimmen ihn Millionen von Lachsen. Kaum ein Ort symbolisiert die Region als weltweites Naturrefugium besser als der Kurilensee. Bis zu einem Viertel der nordpazifischen Lachsbestände wachsen in diesem Weltwinkel heran. Allein hier tummeln sich noch alle Unterarten des Fisches. Weil die Fangindustrie, in legalen wie illegalen Varianten, sie mehr und mehr ausbeutet, setzten Umweltverbände zuletzt Schutzzonen durch, die von Rangern bewacht werden. Sie haben die Wilderer im Blick – und die Kamtschatka-Braunbären, die größten ihrer Art auf dem Kontinent.

Neben einer einsamen Hütte setzen wir auf. Ein kurzer Pfad führt aufs umzäunte, sichere Grundstück. Die Drähte sind unter Strom gesetzt. «Hier drin dürft ihr euch frei bewegen», sagt der breitschultrige Dima, der schon selbst wie ein Bär daherkommt. «Nach draußen oder vorne ans Ufer dürft ihr nicht ohne einen von uns.»

Gut eine Stunde lang sind wir von Petropawlowsk aus geflogen. Im Vorgespräch mit Dimas Chef hatten wir die Zahl unserer Beschützer noch aufstocken lassen. Deshalb wies er uns dann den drei Männern und ihrem kleinen Quartier zu.

«Wie viel Erfahrung habt ihr mit Naturdrehs?», hatte er gefragt. «Werdet ihr panisch, wenn plötzlich in zehn Metern Entfernung ein Bär durchs Gebüsch bricht?»

Meine Antwort kam schnörkellos. «Ja.»

Nachdem uns Dima seine Kollegen Fjodr und Igor vorgestellt hat – der eine kleiner, der andere noch größer als er –, zeigt er uns mit geschultertem Gewehr, wo der zweite Pfad, der hinunter zum Boot führt, sich mit jenem kreuzt, den gewöhnlich die Bären nehmen, wenn sie am See entlangstreunen. Wie einen Hohlweg haben sie ihn ins hüfthohe Dickicht gedrückt. Schon male ich mir aus, wie plötzlich hier einer hervorstoßen kann. «Normalerweise überfallen dich Bären nicht einfach», sagt Dima. «Es gibt aber Ausnahmen. Muttertiere mit Jungen etwa, angeschossene Bären oder Jungtiere, die keine Angst haben und noch nicht einschätzen können, was sie riskieren.» Das Wichtigste sei, immer in der Gruppe zu bleiben und zu reden oder irgendwie Lärm zu machen.

«Wenn tatsächlich ein Bär auf einen zukommt, sollte man auf keinen Fall seine Angst zeigen. Manche meinen sogar, man soll mit ihm reden.» Auf keinen Fall solle man weglaufen. Das würde dem Tier signalisieren, dass es reagieren müsse. Zudem sollten wir immer vermeiden, einem Bären in die Augen zu sehen. «Solange wir ihn nicht direkt anblicken, denkt er allenfalls, wir seien andere Bären, die hier nur Lachse fressen wie er», lacht Dima. «Ein anderer Bär aber, der ihn fixiert, fordert ihn heraus. Der will kämpfen, um einen besseren Platz in der Revierhierarchie.»

Komme es zu einer Konfrontation, sei es am besten, die Arme hochzuhalten, um größer zu erscheinen, und eine Jacke oder den Rucksack nach ihm zu werfen, damit er erst einmal abgelenkt sei und etwas zu tun habe. «Und dann», zeigt Dima in den Wald, «nichts wie ab auf den nächsten Baum.»

Wir halten uns gegenüber einem Zweieinhalb-Meter-Hünen auch mit erhobenen Armen nicht für sonderlich furchteinflößend. Deshalb erleichtert uns Dimas abschließender Hinweis, dass er und seine Kollegen Igor und Fjodr stets ihr Gewehr oder eine Schreckschusspistole bei sich trügen – und dass sie gleichwohl seit Jahren keinen Bären mehr hätten erschießen müssen.

Als alle Regeln erklärt sind, richten wir unser Schlaflager ein. Acht Quadratmeter für uns fünf, unter dem Spitzgiebel der Hütte. Unsere Gastgeber haben unten auch nicht viel mehr Platz. Außer ihrem Schlafraum sind da nur Küche und Lagerraum. Weiter hinten auf dem Grundstück hätten sie sich jedoch gerade eine kleine Banja-Sauna gebaut, die wir benutzen dürften. Die zeige man uns, wenn es so weit sei. Dann fahren sie hinaus, um Forellen fürs Abendessen zu fangen. Für den eigenen Verzehr sei das auch Naturschützern erlaubt.

«Insgesamt sind wir als Ranger zu fünft», sagt Dima, als wir ums Feuer sitzen und die Fische darüberhalten. «Wir wechseln uns so ab, dass jeder zwei Monate lang hier ist. Danach hat er freie Tage in Petropawlowsk. Das machen wir schon seit sechs Jahren so.»

Ob er dort Familie habe, frage ich Dima.

«Einen Sohn, der gerade eingeschult wurde», sagt er. «Und eine Frau. Da läuft es aber wohl auf die Scheidung hinaus. Sie mag es nicht, dass ich die meiste Zeit hier bin. Aber ich brauche nun mal den Wald.» Seinen Sohn hätte er gerne einmal hierher mitgenommen, obwohl der sich mehr für Computerspiele interessiere als für die Natur. Aber noch sei es für ihn ohnehin zu gefährlich. «Wenn Kinder einen Bären sehen, denken sie immer gleich, das ist ‹Winnie The Pooh›. Die haben noch kein Gespür für Gefahr.»

Aber auch vermeintlichen Profis unterliefen mitunter fatale Fehler. Vor Jahren habe hier ein Biologe gecampt und nach und nach alle Regeln gebrochen, die er ihnen zuvor noch selber erklärt hätte. «Am Ende hat ihn einer seiner Lieblinge in Stücke gerissen», sagt Dima.

«Was hatte er falsch gemacht?», fragen wir.

«Er hat im Herbst einen Bären verfolgt, der sich seinen Platz für den Winterschlaf suchte. Da sagt dem Tier sein Instinkt, dass es sich zurückziehen muss, an einen sicheren, unbeobachteten Ort. Das war sein Verhängnis.»

Jahr für Jahr kommen so in Kamtschatka Menschen durch Bären um. Mal ist es eine Frau, die im Wald Pilze suchte, mal ein Fotograf in seinem Leichtsinn oder gar im ideologischen Ehrgeiz, sich nur unbewaffnet den Tieren zu nähern, mal erneut ein verblendeter Bärenfreund, der ihnen Kosenamen gab und sich von ihnen aufgenommen fühlte. Jener Unglückselige, den Dima erwähnte, hatte sich selbst sogar dabei abgelichtet, wie er neben einem Bären ein Glas Champagner austrank.

Glaubt man Berichten, die noch vor Karl von Ditmars Notizen geschrieben wurden, schreckten allerdings auch die Itelmenen vor Bären nicht etwa zurück. Wenn Mädchen und Frauen im Torfland Früchte und Lilienblüten sammelten, heißt es darin schon mal, ließen sie sich von ihnen nicht stören. Und gehe einer tatsächlich auf sie zu, dann nur, um ihnen eine Beere zu stehlen. Allerdings wird auch dort schon bestätigt, dass Bären während ihrer Schlafenszeit weit gefährlicher seien. Die jagenden Itelmenen verbarrikadierten demnach erst umsichtig den Ausgang einer Bärenhöhle mit Baumhölzern, bevor sie den Aufgeweckten weitere Hölzer hineinziehen ließen. Erst wenn er sein Lager so selber derart verengt habe, dass er sich darin kaum noch bewegen konnte, gruben sie von oben ein Loch und erstachen ihn nun mit Lanzen und Spießen.

«Kommt her, hier ist jemand für euch», ruft Fjodr vom Ufer her. Wir schnappen uns Kamera, Richtmikrofon und Stativ. «Hey, mein erster Bär», jubelt Johannes. Am Seestrand, etwa hundert Meter entfernt, entfernt sich träge ein massiger Körper mit hellen Puschelohren, das breite Gesäß hin und her schaukelnd. Tatsächlich kommt auch mir bei seinem Anblick als Erstes eine Trickfilmfigur in den Sinn: «Balu», der gemütliche Dicke vom «Dschungelbuch».

Noch am selben Abend sehen wir weitere Bären. Einer schwimmt vor uns fast eine Stunde lang durch den See. Zwei Jungtiere trotten am Zaun entlang. Und ein schwarzer Altbär stellt sich sogar aufrecht hin, um interessiert seinen Blick schweifen zu lassen. Seine vorderen Pranken hängen dabei vor dem Körper herab wie zu lange Ärmel, bevor auch er sich wie in Zeitlupe wieder davonmacht. Aus dem glatt gewordenen See springen derweil die Lachse, als machten sie sich aus sicherer Distanz über ihn lustig.

Mir wird klar, wie sich in dieser üppigen Wildnis die Verhältnisse plötzlich umgekehrt haben. Bisher haben wir nach vereinzelten Tieren Ausschau gehalten, uns ihnen genähert und wieder entfernt. Nun sind wir es, die sich beobachtet fühlen, die ein sichernder Zaun umgibt, die in der Minderzahl sind. Wir sind die im Gehege.

«Mögt ihr die Bären?», frage ich die Ranger.

«Wir respektieren sie», sagt Igor.

Dann ist es Zeit für die Banja. Mit Dima bringe ich noch einmal Brennholz zu dem kleinen Schuppen, aus dessen Ofenrohr seit einer Stunde der Rauch steigt. Vom Vorraum aus legt er es durch eine Eisentür nach. Danach zeigt er mir drinnen die Kaltwassertonne und daneben den kochenden Topf auf den heißen Steinen. In Schüsseln mische man sich sein Duschwasser zurecht und gieße es sich mit der Schöpfkelle über. Eine kleine Sitzbank ist da, um nach dem Waschen nach Belieben zu schwitzen. Im Viertelstundenabstand wechseln wir uns ab. Schweiß rinnt, die Hitze entspannt, die Wasserschwälle erfrischen – die angenehmsten Minuten, seit wir hier unterwegs sind.

Es ist weit nach Mitternacht, als der Letzte von uns in den Schlafsack kriecht, gespannt, wie nah uns der nächste Tag wohl an die Bären heranbringen wird. Die Scherze vorm Einschlafen reichen von «Du solltest morgen nichts Lachsfarbenes tragen» bis zum «Bear-Bag», den man erfinden müsste – einen riesigen nach Airbagprinzip funktionierenden Aufblasbären für den Notfall. Am besten mit eingebautem Brüllton.

Am Morgen lehne ich mich an unser Giebeldach an und schaue über den See. Schon habe ich mich daran gewöhnt, hin und wieder einen Bärenleib aus dem Unterholz wanken oder einen Kopf mit hochragender Nase im See schwimmen zu sehen. Auf Graspolstern rollen sich andere auch auf den Rücken, um die Mücken auf ihrem Pelz loszuwerden. Immerhin, denke ich, da haben wir schon mal einen gemeinsamen Feind. Als es auch noch zu nieseln beginnt, sind die Quälgeister vollends in ihrem Element und lassen sich auch von uns kaum noch abschütteln. Johannes arbeitet dann immer mit Kopfschleier und mutet so an wie ein Imker mit Kamera.

Später nehmen uns Dima und Fjodr im Boot mit auf die andere Seeseite, um an einem Zufluss nach hungrigen Bären Ausschau zu halten. Nach zwei Stunden ziehen wir den Bootsrumpf ans Ufer hinauf. In Sichtweite mündet der Bach. Wo er auf den See trifft, ist er nur eine Handbreit tief. Schon von weitem fällt uns dort das Gezappel auf. Als hätten Fischer gerade ihr Netz entleert, plätschern unzählige Lachse gegen die Landschwelle an, um in den Bach dahinter zu stoßen. Mit Schwung schießen sie aus dem See heran, dann laufen sie förmlich auf ihren Bauchflossen weiter. Der größte Teil ihres Körpers ist dabei stets über Wasser. Wie schnurrende Luftballons spritzen manche umher, bis der Schwung endet. Dann winden sie sich irgendwie wieder zurück, um neuen Anlauf zu nehmen. Oder ihr Schlingerkurs wirft sie ins Ufergeröll, wo sie kläglich verenden. So lässt sie der Urtrieb den ganzen Bach hinauf anrennen, der unzählige weitere Flachschwellen bereithält, bis zum Ort ihrer Herkunft. Es müssen ja nicht alle durchkommen. Es genügt, wenn die Erfolgreichen es schaffen. Den Laich ablegen. Die Art erhalten. Dann sterben sie und ändern die Farbe – vom feurigen Rot in blasses Schwarzweiß.

Bald schiebt sich dunkel der erste Bär aus dem Wald, dass uns der Atem stockt. Den Kopf gesenkt, betrachtet er gelassen das Treiben der Lachse. Großen Appetit kann er nicht mehr haben, sonst hätte er sich gleich bedient. «Seine Ohren stehen aufrecht, ein gutes Zeichen», flüstern unsere Beschützer uns zu. «Dann ist er entspannt.»

Welch ein Muskelpaket. Ausgewachsen könne es ein Kamtschatka-Braunbär bis auf neunhundert Kilogramm bringen, hatte Fjodr vor der Abfahrt gesagt. Nun blickt der Räuber sich um, nimmt uns aber nicht wahr. «Soll er ruhig denken, auch wir seien Bären», sagt Dima. «Um Fische braucht sich hier niemand zu streiten.»

Anderswo sehen wir noch eine Bärin mit zwei Jungen. Die beiden Kleinen bewegen sich detailgenau wie die Alte. Sie scheint der Umgebung jedoch nicht zu trauen und verschwindet mit ihnen kurz darauf im Gestrüpp. «Bis sie drei Jahre alt sind, bleiben sie bei der Mutter. Dann leben sie paarweise oder allein», erklärt Dima weiter. «Wie alt sie überhaupt werden, weiß man nicht so genau. Womöglich bis zu fünfundzwanzig Jahre.»

Satt scheinen sie jedenfalls alle zu sein. Verständlich, in diesem Schlaraffenland. Nur einen einzigen Bären bekommen wir an diesem Tag mit einem Fisch in den Krallen zu Gesicht. Dimas Geste jedoch ist deutlich. Distanz halten, zeigt seine aufrechte Hand. Vom Bärenkopf ragt ein Ohr nach oben, das zweite liegt an. Dass auch diese Variante vorkommen könnte, hatte ich gar nicht bedacht. Auch Fjodr schaut skeptisch. Dann gehen wir zum Boot zurück.

Auf dem Rückweg stoppen wir an einer schroffen Felseninsel im See. Eine Höhle darin ist gerade groß genug, das Boot

Im toten Winkel der Welt: Die Seestürme zwischen den Südkurilen zwingen den Schiffskapitän zur Flucht in Schutzbuchten – und zu nächtelangem Ansteuern gegen die Dünung

Kamtschatski Blues: Armee-Abgänger Sergej und Dimitri

Erbe der Sowjets: Hauptstadt-Wohnblock in Petropawlowsk

Kirche des Soldaten-Beichtvaters: das alte «Heimat»-Kino

Kurs auf das Südkap: Kraterlandschaft nahe dem Kurilensee

Im Gehege: von Elektrodraht umzäunte Rangerhütte

«Ich will zurück in meinen Wald»: unterwegs mit Bärenfreund Dima

Tierparadies Kurilensee: Kamtschatka-Jungbär auf Lachssuche

Irrtum der Landkarte: ehemalige Siedlung auf Schumschu

Majestät Alaid: ein Berg als Insel, eine Insel als Berg

Einziger Anleger der Schiffsroute: Schrottkai in Klein-Kurilsk

Ainu-Häuptling Akibe: «Wir hatten sieben Wörter für Schnee»

すべりやすくなってます。この上を歩く時は十分注意して下さ

Refugium «Ryokan»: traditionelles japanisches Bad auf Hokkaido

«An die Trümmer gewöhnt man sich»: Kuhherde zwischen Ruinen auf den Kurilen –
nach Erdbeben, Taifunen und Misswirtschaft

aufzunehmen, nützlich allenfalls, um einem Regenguss zu entfliehen.

«Dieser Felsklotz ist das Herz des Alaid», sagt Fjodr. Der Sage nach habe jener Bilderbuch-Vulkan, der sich vor Kamtschatkas Südspitze erhebt, zuvor hier aus der Erde geragt. «Weil er aber unglücklich verliebt war in einen Nachbarvulkan, der sein Herz schon einem anderen geschenkt hatte, floh er ins Meer. So entstand der Kurilensee.» Nur sein trauerndes Herz habe der Berg in dessen Mitte gelassen, nahe bei der Geliebten. Streng genommen gehöre auch diese Felsenkuppe deshalb zur Kurilenkette.

Tags darauf fahren wir noch einmal hinüber. Diesmal gehen wir, noch um Igor verstärkt, am Bachlauf entlang in Wald und Dickicht hinein. Alle drei haben sie ihr Gewehr griffbereit. Die hellrote Patrone im oberen Lauf ist ein Schreckschuss, die blaue im unteren ist scharf. Ihre Gesichter sind angespannt. Die Augen wandern aufmerksam hin und her. Wir sind aufgeregt. Denken an die Warnung, wonach jederzeit einer durchs Blattwerk brechen könne. An jedem Gebüsch kann es nun so weit sein.

Bald erlaubt uns der Bach einen offenen Blick über zwei seiner Windungen. Erneut kämpfen sich darin die Lachsschwärme hoch, dass es zappelt und zuckt. Dann biegt Fjodr einen Zweig zur Seite und zeigt auf das Unterholz, keine dreißig Meter entfernt. Ein tiefbrauner Koloss, größer als alle bisher, bewegt sich dort am Rande des Bachbetts, die Augen auf die roten, tobenden Leiber gerichtet. Mehrmals folgt seine Schnauze einigen, die da gerade unter ihr hindurchschießen, als könne er sich in dem Getümmel gar nicht entscheiden. Dann schlägt er zu. Lässig, mit nur einer Tatze, krallt er sich in einen Lachs und hält ihn am Boden, um ihm mit den Zähnen als Erstes die Haut abzuziehen, bis ihm eine Längsseite lappig aus der wedelnden Schnauze hängt. Als er sie verschlungen hat, frisst er sich wählerisch durch das rosafarbene Fleisch. Danach lässt er alles halb zerfetzt liegen und schaut sich schon nach seinem nächsten Opfer um, zumal ihn die weiter vorbeizischelnden Fische schon längst wieder ablenken. Kein Mitleid regt sich mit dem zerbissenen Opfer. Mitleid gehört nicht hier her, denken auch wir. Hier ist Wildbahn, freie Natur. Mitleid ist etwas für die im Gehege. Schon hauen die Fleischerhaken in eine neue Fischhaut, zerreißen Zähne wie selbstverständlich den Körper. Fast scheint es, als wolle der Bär da nur etwas herauslutschen. Als gehe es ihm nur noch um ein Dessert. Dann werden wir noch nervöser, denn Meter für Meter kommt er uns nun näher. Wieder bedeutet uns Dima, stehen zu bleiben. Massig hält der Bär inne und schaut in unsere Richtung. Obwohl wir uns an die Regel erinnern, können wir kaum unsere Blicke von ihm lösen. Ich wundere mich, wie klein in dem mächtigen Kopf doch die Augen sind. Die Stellung der Ohren ist nicht eindeutig. Dima und Fjodr tauschen Blicke aus. Doch dann senkt sich das Bärenmaul wieder einem der Fische zu, diesmal zu einem toten, der schon starr da liegt. Mit ihm zwischen den Zähnen macht sich der Riese davon. Sobald er ein Bein belastet, wölbt sich darüber der Rücken.

In der Hütte sitzen wir später um den Tisch herum über Suppe und Tee. Wenn morgen das Wetter nicht umschlägt, ist dies der letzte Abend am See. Igor, der sportlichste von den Dreien, erzählt, wie er in drei Stunden auf den Vulkan gestürmt sei und wieder herunter. Dann spielt Fjodr auf seiner Gitarre. Bald füllt sich der Tisch mit Schätzen aus verborgenen Kisten. Zitronen mit Zucker, Tomaten aus der Dose, Kekse und Knäckebrot. Dazu reicht Dima den frischen Kaviar, den er der Tagesration Fisch entnommen und eingesalzen hat.

Wie es denn hier sonst sei, allein unter Bären, ohne Frauen und ohne Familie, frage ich die drei, als das Kerzenlicht flackert.

«Das ist ziemlich hart», sagt Fjodr, «für mich am meisten, weil auf mich gar keine Ehefrau wartet. Trotzdem erhole ich mich hier. Wir streiten nie. Hier draußen lernst du jeden so kennen, wie er ist. Ohne Beiwerk. Nicht wie im Geblende der Stadt. In der Stadt könnten wir auf Dauer wohl gar nicht mehr leben.»

«Ich habe es versucht. Als Elektriker in Petropawlowsk. Es war nie meine Welt», sagt Dima.

«Es ist wohl so wie bei Seeleuten», sagt Igor, «die sind auch lange weg. Dann machen sie sich Sorgen um die Familie zu Hause, und die macht sich Sorgen um sie. Das Wiedersehen ist immer schön. Aber danach kommt auch immer wieder die Trennung.»

Zum Wodka erzählen sie später Russenwitze. Kämen morgens drei Küken am völlig verkaterten Bauern vorbei. Piep piep piep. Nach dem dritten Gepiepse drehe er ihnen die Hälse um. Da schimpfe die Frau ihn, daraus hätten doch noch knusprige Hühnchen werden können. Außerdem seien sie süß. Sage der Bauer: Und wieso knattern sie dann wie ein Traktor?

Wieder zupft Fjodr dann die Gitarrensaiten, stimmt Lieder an über Kamtschatka, den Alaid und die Kurilen, über Soldaten, die nicht in den Tschetschenien-Krieg ziehen wollen, und am Ende ihre Ranger-Hymne, die sie alle drei singen wie große Jungs – der Bär, der Athlet und der Musiker, wie Durchgebrannte in ihrem Versteck.

«Fluss, trage mich aus der Stadt hinaus. Ich will zurück zu meiner Hütte. Ich will zurück in meinen Wald.»

Majestät Alaid

Aleksander Ostrotin erscheint in gebügeltem Hemd und Pullunder. Zuletzt hatte der Hubschrauber-Chefpilot uns versichert, nach all den verlorenen Tagen des Wartens, er flöge uns persönlich zum Alaid und den nördlichen Kurilen Schumschu und Paramuschir, sobald das Wetter es wieder zulasse. Gut gelaunt klettert er nun hinters Steuer. Im Heck hält ein Zusatztank Kerosin bereit, falls ein Wetterumschwung weitere Wege erfordert. Zwei Flugstunden später müssen wir nur noch die äußerste Bergkette überwinden, um die Südküste zu sehen.

Vormittags hatte Ostrotin noch auf einer anderen Route einspringen müssen, damit der Flugplan nicht wieder im Chaos endete. Aber die klare Sicht hielt weiter an, die Wolkenfetzen über den lodernden Gipfeln wurden nicht dichter. Nun ist es Nachmittag, und das Sonnenlicht fällt schon schräg. Wo Wolken es brechen, bündeln sich Strahlen. So märchenhaft könnte der Himmel geleuchtet haben, als diese urtümliche Landschaft entstand.

Die Halbinsel endet sanfter, als ich es erwartet habe. Vom Küstengebirge senkt sich grünes Vorland hinab wie ein Schleier. Als wolle es möglichst behutsam das Meer berühren, legt es sich nun als schmale Landzunge darauf. Gegenüber, jenseits der Meerenge, steigt dann seine Majestät aus dem Horizont auf: der Alaid. Der höchste Vulkan der Kurilen und zugleich der schönste. 2239 Meter über dem Meeresspiegel. Jeden davon kann man sehen. Eine Insel als Berg, ein Berg als Insel. Wie vom Kalligrafen erst nach zahllosen Versuchen für gut befunden, schwingen sich seine Hänge empor bis zum seitlich geneigten Kraterrand. Nur eine dünne Umlaufbahn aus Frischdunst umschließt ihn auf halber Höhe wie ein Saturnring. Es ist einer jener Anblicke, denen eine Sekunde genügt, um sich als Höhepunkt einer Reise ins Gedächtnis zu brennen. Wir haben also Glück und sind dankbar dafür. Denn die allermeiste Zeit des Jahres hält sich der Alaid, der sein trauerndes Herz im Kurilensee ließ, lieber verborgen.

«Der Himmel meint es wirklich gut mit euch», lacht Ostrotin über seinen Instrumenten, «so sehe ich ihn höchstens zweimal im Jahr.» Ihn anzufliegen sei selbst bei guter Sicht schwierig, da an seinen Hängen die Luftströmungen ständig wechselten. Vor Jahren habe dies einen Piloten und den amtierenden Gouverneur der Nachbarprovinz Sachalin, Igor Farhutdinow, das Leben gekostet. Für eine tollkühne Wahlkampfpose habe er dort landen wollen. Der Pilot habe davon abgeraten, doch der Politiker darauf bestanden. Am Ende sei der Hubschrauber an den Alaid-Klippen zerschellt.

Auf der Landspitze, die jetzt wie Weideland unter uns weghuscht, fallen mir Gräben auf, die nicht von Flüssen gerissen wurden. Hier müssen die russischen Soldaten mit Blick auf die Meerenge gelegen haben. Der Feind hatte sich auf der anderen Seite in seine Stellungen gegraben – auf Schumschu, der zweitnördlichsten Insel der Kurilen. Als wir dort landen, starren uns noch die Panzerwracks an. Stahlmäntel und Kettenwerke hat der Rost schon zerfressen. In der Nähe hockt hinter hohem Gras das Skelett einer Flak.

«Mitsubishi», sagt der Pilot, «japanische Produktion.» Einmal im Jahr kämen die Veteranen herauf. Zuletzt hätten sie gleich zwei Helikopter bei ihm gebucht. «Die waren schon alle zwischen siebzig und neunzig Jahren alt. Aber es ist gut, sich zu erinnern. Ich habe vor den Männern große Achtung.»

Eine der Buchten haben sie damals in Stahlbeton eingefasst, Bunker darüber gebaut und eine Startbahn. Später nutzten die

Sowjets den Hafen als Außenposten der Fischereiflotte und stellten Baracken dazu. Auch sie liegen heute in Trümmern, umgeben von rostigen Dieseltanks, die herumliegen wie vergessene Getränkedosen. Immer nur Trümmer, denke ich. Wo immer sie waren, nur Trümmer. «Baikowo hieß das Dorf. Sie fingen hier Krebse», sagt unser Begleiter. Auf unserer druckfrischen Karte ist es noch als bewohnter Ort eingezeichnet, ebenso wie fünf weitere Siedlungen. Aber darauf gibt es auch Verbindungsstraßen bis hinauf nach Kowran und Tigil, die nie existierten. In Wirklichkeit wohnt auf Schumschu schon lange kein Mensch mehr. Und auf den meisten der kleineren Inseln nach Süden hin auch nicht.

«Privatwirtschaftliche Fischerei hat sich hier unten nicht gelohnt», sagt Ostrotin. «Das Wetter ist ganzjährig unkalkulierbar, die nächsten Versorgungszentren auf Kamtschatka und Sachalin sind weit weg, die Wege riskant. Nicht mal die Fischer wagen sich hier von einer Insel zur nächsten. Die Einzigen, die zeitweise noch eine Verbindung bis nach Paramuschir aufrechterhalten, sind wir.» Das Wasser des Ochotskischen Meeres sei kalt, das des Pazifiks draußen recht warm. Aus dem Temperaturunterschied speisten sich unablässig dichte Nebelbänke, Wolken und Seestürme.

Durch hüfthohes Kraut steigen wir den Hang hinauf zu einem Grabmal. Seine Balustrade, aus dem gleichen Stahlbeton wie die Bunker gegossen, hat Krieg und Kurilenstürmen halb standgehalten. Dahinter ragt ein Granitsockel hoch, in den vier kunstvolle Schriftzeichen gemeißelt sind: «Ei-chin-hoku-sui» – den Seelen der im Norden Verstorbenen. Später finden wir einen weiteren Grabstein, umgeben von einem kleinen Friedhof, den dichtes Gestrüpp überwuchert. Japanische Seeleute sind hier begraben, die im 19. Jahrhundert von Süden her auf die Kurilen vorstießen, um Dörfer zu errichten und Fischgründe zu erschließen. Ihr Anführer war ein Draufgänger namens

Gunji. Schon auf der halsbrecherischen Anreise hatte er die halbe Mannschaft ans Meer verloren.

Weil sich der Abend ankündigt und vom Horizont her eine Wolkenwand auf uns zu walzt, mahnt Ostrotin zum Aufbruch. Dennoch ermöglicht er uns noch einen Blick über das Nordende des Archipels. Auf Paramuschir, in dessen Küstenort Nord-Kurilsk tatsächlich noch ein paar Lichter glimmen, recken sich gleich mehrere imposante Vulkane, deren Hänge bald an Steilküsten abreißen. Wie eine Festung fußt die Insel im emporwachsenden Abendnebel. Aus der Höhe dann sehen wir, dass er auf diese Art alle Inseln umsäumt. Wie unterfütterte, kantige Colliersteine liegen sie nun in ihrem meerblauen Etui.

So erleichtert ich über die wundervollen Bilder auch bin, so sehr enttäuscht mich, dass wir unsere Reise nicht einfach von hier aus südwärts fortsetzen können. Doch Ostrotin hat mir diesen Zahn längst gezogen. Wenn er uns in Kurilsk absetzte, schüttelte er früh den Kopf, kämen wir dort auf unabsehbare Zeit nicht mehr weg. Stattdessen kalkulierten wir schon mal einen größeren Umweg ein, um auf die nächsten erreichbaren Kurileninseln zu kommen – auf dem Luftweg über Petropawlowsk und Sachalin und dann mit dem einzigen verkehrenden Linienschiff wieder ostwärts hinüber, nach Iturup, Kunaschir und Schikotan.

«Dort habt ihr noch öfter die Chance, Kurilsk zu erreichen», hatte Ostrotin gescherzt. «Es gibt dort nämlich noch drei andere Häfen, die sich so nennen.»

Nippons Pioniere

Als der hartgesottene Seefahrer Shigatada Gunji nach Jahren der Mühsal endlich sein Ziel erreicht hat, rollen – ganz unjapanisch – über sein wettergegerbtes Gesicht dicke Tränen. Nicht weil von den achtunddreißig Männern, die er vor Monaten anheuerte, nur noch wenige bei ihm sind. Er hatte zu kleine Schiffe gewählt, von denen zwei schon früh auf der Reise zerbarsten. Nein, der Kapitän weint vor Rührung, so wird die Nachwelt aus den Schiffstagebüchern des Jahres 1894 erfahren, weil er den Anblick des Alaid-Vulkans erleben darf. So sehr bewundert er nun dessen Schönheit, dass er ihn den Kurilischen Fuji-Berg nennt, zum Gedenken an den heiligen Göttergipfel nahe seiner Heimatstadt Tokio.

Gunjis Auftrag ist es, am Nordrand der japanischen Interessensphäre Fischvorkommen und Wetterbedingungen zu erkunden. Über seinen abenteuerlichen Plan, per Schiff von Tokio aus das Tausende von Seemeilen weiter nördlich gelegene Schumschu anzusteuern, um dort im Dienste des Vaterlandes Bastionen zu gründen, haben die Zeitungen wohlwollend berichtet. Danach floss auch das Geld aus den Ministerien. Gleichwohl blieb Gunji trotz mancher Warnung bei den ursprünglich vorgesehenen Schiffen.

Gunji ist ein Entdeckergeist. Als zweiter Sohn eines Vasallen des Shoguns wird er im Jahr 1860 in Tokio geboren. Als er neun ist, bricht das Shogunat im Lande zusammen. Die Vasallen verarmen. Ein Vertrauter des Vaters adoptiert ihn und schickt ihn auf die Kadettenschule. Schon mit dreizehn Jahren schafft er dort die Aufnahmeprüfung. Seine Mitschüler wollen Admirale werden, er dagegen interessiert sich für den unbekannten Norden, die Kurileninseln, das Grenzgebiet zum Russischen Reich. Mit einundzwanzig betritt er die Offizierslaufbahn, drei Jahre später ist er Kapitän.

Nun ist er vierunddreißig. Über zweiundzwanzig Wochen lang ist er auf See gewesen. Einige der Überlebenden hat er auf Schiaschkotan abgesetzt, das weiter südlich liegt. Mit den verbliebenen sechs Mann erkundet er Schumschu. Sie stoßen auf verlassene Hütten, in denen sie überwintern. Und, wenn auch selten, auf Pelzhändler, die hier anlegen. Das Dorf, so berichten sie später, habe Ainu-Familien gehört, deren Vorfahren von den Aleuten gekommen und dann nach Kamtschatka oder die Kurilen hinunter bis nach Hokkaido gezogen seien. Auf Schumschu sei einer ihrer Handelsplätze gewesen, wo sie mit russischen und europäischen Seehändlern Robben- und Seeotterfelle eintauschten, vor allem gegen Nahrung und Brennstoffe. Im Jahr 1713 hätten dann bewaffnete Verbände des Zaren die Insel unterworfen und fortan nach eigenem Belieben die Seetiere gejagt.

Die Ainus seien derweil verelendet und bis zur Jahrhundertmitte nahezu ausgestorben. Als Japan von Süden her sein Hoheitsgebiet bis vor Kamtschatka ausgedehnt habe, seien die Übrigen auf die Südinsel Schikotan verbannt worden. Da viele Russisch gelernt hätten, seien sie für Spionagedienste der Russen anfällig gewesen. Sämtliche Rückkehrbegehren der Ureinwohner habe das Militär deshalb abgelehnt.

Tatsächlich blieb Schumschu von da an unbewohnt, wurde, je nach Ausgang von Abkommen oder regionalen Gefechten, mal Japan, mal wieder Russland zugeordnet. Nur einmal brach von Hokkaido ein Schiff auf, um die dortigen Verhältnisse genauer zu erkunden – doch es kam unerledigter Dinge zurück. Dann gaben die kaiserlichen Schatzmeister kein Geld mehr.

Der Erste, der sich seitdem wieder nach Norden gewagt hat, ist Gunji. Nach dem ersten Verlust von Schiffen und Kameraden bricht in der Mannschaft Streit aus. Ein Teil will aufgeben, ein anderer drängt weiter. Nur mit Mühe erreicht Gunji über Iturup und Schiaschkotan letztlich Schumschu und beginnt seine Studien. Bald empfiehlt er der Regierung, die Inseln wegen ihres Artenreichtums zu schützen – und endlich gegen Russland zu behaupten.

Nach zwei Jahren gehen die Vorräte der Pioniere zur Neige.

Ein Versuch, nach Kamtschatka überzusetzen, scheitert am widrigen Wetter. Am Ende sterben drei der Männer an Krankheiten. Die Übrigen leiden so sehr Hunger, dass sie ihre Hunde aufessen. Erst ein britisches Schiff bringt Rettung, dann fährt eine Fregatte auch sie nach Iturup hinunter. Die erste Gunji-Mission ist damit zu Ende.

Doch 1897 bricht er zum zweiten Mal auf. Dieses Mal will er nicht nur einen Außenposten betreiben, sondern ein lebensfähiges Dorf. Insgesamt sechsundfünfzig Personen, darunter auch seine eigene Familie, lassen sich auf das Unterfangen ein. Auf Schumschu feiern sie bald die erste Hochzeit. Eine Schule wird eingeweiht, oft die Hymne gesungen. 1903, als der Japanisch-Russische Krieg schon heraufzieht, schafft Gunji sogar eine Überfahrt nach Petropawlowsk – und wird mit Kugeln empfangen. Die russische Polizei wirft ihn ins Gefängnis. Als die Nachricht die jungen Dörfler auf Schumschu erreicht, ziehen auch sie sich nach Iturup zurück. Auch Gunjis zweites Projekt scheitert so vorzeitig.

Nach einem Jahr Haft erlaubt man ihm, nach Tokio zu schreiben. Den Brief überbringt ein französischer Pelzhändler. Doch erst zwei Jahre später wird er freigelassen. Den Krieg hat Japan inzwischen gewonnen – und sich, wie von Gunji erhofft, als Beute nun sämtliche Kurileninseln gesichert.

Das Einzige, was hier an ihn erinnert, ist der Dorffriedhof mit ein paar Gräbern. Und der kleine, einst nach Gunji benannte Hügel, auf dem sie seither verwildern.

Umkämpfter Archipel

Knapp vierzig Jahre später, im letzten Sommer des Zweiten Weltkrieges im Pazifik, liegen auf Schumschu und Paramuschir zweiundzwanzigtausend japanische Soldaten. Zuvor hat die 7. japanische Division die Inseln zur nördlichsten Festung ihrer Armee ausgebaut – mit siebzig Panzern, mehreren Häfen und einer Bomberbasis.

«Chi shima retto» nennt die kaiserliche Armee die Kurilenkette: Archipel der tausend Inseln. Der Pazifikkrieg, mit dem sich Tokios Imperialisten endgültig zur Weltmacht aufschwingen wollten, ist da schon verloren. Zwar sind die Sowjets dank eines Nichtangriffspaktes noch immer nicht in den Krieg eingetreten. Vielmehr liefern sich die Japaner von den Kurilen aus Fernduelle mit amerikanischen Luftwaffeneinheiten von den Aleuten und aus Alaska. Doch der Kriegsverlauf im südlichen Pazifik, auf den Philippinen und zuletzt auf seinen Südinseln um Okinawa hat Japan in die Knie gezwungen. Den Militärs ist es jetzt nur noch wichtig, das Kernland zu halten.

Den Kurilenarchipel zählen sie noch dazu. Ihre Gegner sind die Alliierten, geführt von Amerikanern und Briten. Moskau verhält sich nach außen hin weiter neutral. Bis in den Juli hinein nimmt es sogar amerikanische Bomberbesatzungen gefangen, die bei ihren Angriffen auf Schumschu und Paramuschir in Bedrängnis geraten und nach Kamtschatka ausweichen. Dann jedoch rücken die Alliierten auch von See her gegen die Inseln vor und greifen mit Flugzeugen und Flotte koordiniert an. Am 6. August werfen die Amerikaner in Hiroshima die erste Atombombe. Drei Tage später tritt die Sowjetunion in den Krieg ein.

In geheimer Mission haben die Amerikaner den Sowjets inzwischen Landeequipment überlassen, mit dessen Hilfe sie nun von Kamtschatka aus die Kurilen erreichen. Innerhalb von vier Tagen fallen in deren Norden über tausend japanische und über fünfzehnhundert Sowjetsoldaten. Die amerikanische Materialhilfe an die Russen ist Teil eines Aufteilungsplans, den der Stratege Stalin mit US-Präsident Roosevelt und dem britischen Premier Churchill in Jalta aushandelte. Dafür erhielt er die Zustimmung, dass die Kurileninseln nach Japans Niederlage den Sowjets zufallen sollten. Ein weiteres Vordringen der Roten Armee nach Hokkaido verhindert Roosevelts Nachfolger Truman, der sich den Machtansprüchen der Russen in Ostasien entgegenstellt. Anders als Deutschland wird Japan so allein von den Amerikanern besetzt – mit Ausnahme der Kurilen.

Am 19. August kapitulieren die nördlichen japanischen Garnisonen. Die Überlebenden werden in sibirische Lager verschleppt, wo die meisten von ihnen umkommen. In den Folgetagen nimmt die Sowjetarmee auch die übrigen Inseln ein. Zu Kämpfen kommt es nun nicht mehr. Über zwanzigtausend japanische Bewohner werden in jenen Tagen vertrieben, ihre Tempel und Schreine zerstört. Lediglich einige Fernmeldespezialisten behalten die Besatzer noch da, um die erbeuteten technischen Anlagen der Japaner weiter nutzen zu können. Auf eine Gedenktafel schreiben die Sieger, damit seien «von alters her russische Gebiete» befreit worden, die nun «auf ewig mit der Mutter Russland» vereint seien.

Danach hält der Kalte Krieg auf den Kurilen Einzug. Japan verlangt die Rückgabe der südlichsten Gruppe und beruft sich dabei auf einen Vertrag von 1855, als es mit Russland erstmals in diplomatische Beziehungen trat. Die Grenze zog man damals einvernehmlich nördlich von Iturup. Die Sowjets betrachten die Inseln jedoch längst als stategisches Bollwerk und stationieren dort Grenztruppen. Und Jagdbomber, die sogar Tokio erreichen können.

Sich heute im Kurilenstreit auf eine Seite zu schlagen, lohnt nicht, denn beide Positionen sind verlogen. Im Friedensvertrag mit den Westalliierten, dem Russland nicht beitrat, hat Japan in den fünfziger Jahren zunächst ganz auf die Kurilen verzichtet. Später formulierten Tokio und Moskau ein bilaterales Abkommen, wonach bei Abschluss eines eigenen Friedensvertrages ein Teil der südlichen Inseln – Schikotan und die küstennahe Habomai-Gruppe – an Japan zurückfallen solle.

Bald jedoch entdeckten die Regierungschefs beider Seiten, dass sich der Inselstreit, mit reichlich Pathos behäuft, gut eignet, um innenpolitisch die jeweiligen Nationalisten gewogen zu stimmen.

Russland, das inzwischen jedem weiteren Zerfall seines Reiches vorbeugen möchte, pochte zuletzt schlicht darauf, Japans Verlust der Kurilen sei ein Ergebnis der selbst verschuldeten Kriegsniederlage. Dass die Vertreibung der Kurilenbewohner durch die Sowjets gegen das Völkerrecht verstieß, ignoriert Moskau. Japan wiederum biegt sich die Wirklichkeit auf seine Weise zurecht. So kündigte es zwar nie den vereinbarten Entwurf auf, der ihm den Anspruch auf Schikotan und Habomai erhält. Zugleich streitet es jedoch ab, je eine Kompromisslösung hinnehmen zu wollen – und wirbt mit Blick auf die übrigen Südinseln für die These, dass die südlichen Kurilen eigentlich gar keine Kurilen seien. Vielmehr sehe sie Japan als seine «nördlichen Territorien» an, weshalb es diese auch nie als Kurilen habe aufgeben können. Japanisch wäre demnach jedoch alles, was Tokio japanisch nennt – unabhängig von Kriegsverläufen, Friedensverträgen und Geographie.

Dabei hatten Japans Militärs sich in ihren zurückliegenden siegreichen Jahren ebenso selbstverständlich Gebiete angeeignet: Den Süden Sachalins etwa, nachdem ihre Torpedoboote 1905 überraschend die russische Flotte geschlagen hatten; oder Formosa, das spätere Taiwan, nach dem Sieg über China; schließlich Korea, das sich Tokio 1910 als Kolonie unterwarf, und die Mandschurei, wo es ein Marionettenregime installierte. Erst der letzte Angriffskrieg, der Überfall auf Pearl Harbor 1941, offenbarte Japans Selbstüberschätzung.

Warum die Welt nun gerade in der Kurilenfrage einen Sachstand von 1855 zeitgemäßer finden soll als den Grenzverlauf zu Kriegsende und das einzige Nachkriegsabkommen der Nachbarländer, bleibt Japans Geheimnis. Womöglich sind sich Russen und Japaner, obwohl sonst so ungleiche Nachbarn, da allzu ähnlich. Nachzugeben galt beiden lange als schandhaft. In Russland schob man den ewigen Nationalstolz vor, in Japan das «kami-no-kuni», die Auserwähltheit als Land der Götter, die unbedingte Loyalität zum Kaiser gebiete. In der Kurilenfrage treffen diese verordneten Sturheiten aufeinander. Nach innen erfüllen sie ihren Zweck. Zwischenstaatlich aber bleiben sie unversöhnlich. Wie es eben so ist, wenn «ruhmreiche» Nationalisten gegen «göttliche» stehen.

Menscheninseln

Karl von Ditmar ist es nicht vergönnt, seine Studien auch auf die Kurileninseln auszudehnen. Nur zweimal, bei seiner Ankunft und während der Flucht, durchfährt er die Meerengen zwischen den Inseln. Für seine Einschätzungen muss er auf die spärlichen Berichte zurückgreifen, die es damals gibt. Den russischen Eroberungsvorstoß von 1713, den Gunjis Leute als Erfolg des Zaren beklagen, beschreibt er als eher unrühmliche Episode: Die Kriegsschiffe, losgeschickt, um mit Soldaten und Steuereintreibern die Inselkette zu unterwerfen, seien kläglich gescheitert. Schon jenseits der zweiten Insel hätten sie umkehren müssen. Zwar seien diese ersten beiden «zinsbar geworden», über den restlichen Teil der Eilande hätten die Schiffe aber allenfalls Kenntnisse sammeln können. So lebten auf den südlicheren Inseln offenbar jagende Ureinwohner, die Ainus, die mit anderen Waren austauschten.

Sieben Jahre später, fährt Ditmar fort, habe der Zar erneut mit geheimem Befehl Schiffe entsandt. «Er hatte befürchtet, dass die Japaner sich sehr werthvolle Erze von den Kurilen holten.» Dieses Mal sei die Flotte bis zur sechsten der Inseln vorgedrungen, wo das Erz sein sollte. Gefunden hätten sie nichts. Stattdessen seien ihnen in den Seestürmen die Anker verloren gegangen. Nur mit einigem Glück seien sie schließlich zurückgekehrt.

Das Dickicht des Archipels, ein vom Wind umtostes Gewirr aus mehr als dreißig größeren und kleineren Inseln, hatte über Jahrhunderte jeden Schiffsführer in Atem gehalten, der sich dorthin verirrte. Als erster westlicher Seemann, der bis zu den

Kurilen vordrang, gilt der holländische Kapitän Maarten Gerritsyoon de Vries. Er habe dort, notierte er 1643, als Urbevölkerung etwa dreitausendfünfhundert Ainus vorgefunden, die von der Jagd und vom Fischen lebten und bis zu den Aleuten und nach Kamtschatka hinauf Handel trieben. In ihrer Sprache bedeute der Wortstamm «kur», aus dem sich der Inselname ableite, «Mensch», «Volk» oder «Völker». Nachfolgende russische Entdecker sprachen von spärlich bewohnten Inseln mit biblischen Landschaften, aber unnahbaren Küsten, die wenig besucht seien. Die Vulkankette, die schon Kamtschatka beherrsche, setze sich hier fort – als Gebirge, von dem nur noch die Spitzen aus dem Meer blickten. Wissenschaftler registrieren später Tausende Erdstöße pro Jahr, finden Basaltsäulen, die wie Orgelpfeifen in Felshängen stehen, und vielfarbige, dampfende Kraterseen.

Wie viele aktive Schlote ihre Kartenwerke abbilden sollen, ist unter ihnen lange umstritten. Eine japanische Seekarte aus dem Jahr 1902 zählt siebzehn Vulkane. Russische Enzyklopäden benennen achtunddreißig, die Untersee-Krater mit eingerechnet. Würde man nicht vom Meeresspiegel, sondern von der Talsohle des Gebirges an messen, wären hier zudem die mächtigsten Gipfel der Welt zu verorten, finden Vermesser heraus, höher noch als die Massive des Himalaya. Immer wieder gehen zwischen ihnen Schiffe unter. Zeitweise werden von zweiundfünfzig bekannten Schonern mehr als die Hälfte vermisst. Selbst den Pelzhändlern wird die Region danach unheimlich. Ohne Radar, Echolot und Funkwetterbericht gleicht die Seefahrt dort einem Todeskommando.

Sogar für gut ausgerüstete Schiffe wird der Archipel noch zur Falle – wie im September 1952, als die Küstenwache mehrere Vulkanwissenschaftler als schiffbrüchig meldet. Zuerst funken damals japanische Fischer an ihre Zentrale, dass sie weit vor ihrem Schiff gerade ein atemberaubendes Schauspiel verfolgt hätten. Ein neuer, rauchender Vulkan habe sich dort plötzlich etwa dreißig Meter hoch tobend aus dem Wasser erhoben. Wissenschaftler bestätigen danach, dass sie einen Ausbruch registriert haben, nähern sich in Schiffen und Flugzeugen der Ausbruchstelle und bannen den elementaren Kampf von Feuer und Wasser auf Fotos.

Auch das Forschungsschiff «Kayo Maru» kreuzt eine Woche später nahe der Stelle, alle Kameras und Sonden einsatzbereit, um weitere Ausbrüche zu messen und festzuhalten. Längs der Bordwände dümpeln poröse Klumpen aus weißem Bimsgestein vorbei, von denen die Forscher einige emporholen. Dann warten sie.

Bricht ein Untersee-Vulkan aus, bringt die hervorschießende Lava zunächst das sie umgebende Wasser zum Kochen. Dann vereinen sich vulkanische Gase mit dem Wasserdampf und Gesteinsbrocken zu einer Fontäne, die sich durch die Meeresoberfläche entlädt – wenn sie denn nah genug ist. Genau das passiert, als die «Kayo Maru» nichtsahnend über einem solchen Krater dümpelt. Wie aus dem Nichts wirft ein Druckstrahl plötzlich das Schiff in den Himmel, als wäre es ein Spielzeug in einem Studio für Filmeffekte. Menschen und Schiffsteile wirbeln durch Luft und Wellen. Ihre Schreie verhallen ungehört im Getöse.

Messstationen an der Pazifikküste und auf Hawaii registrieren erneut hydroakustische Signale und eine Flutwelle. Noch zwei Tage lang suchen verunsicherte Rettungsmannschaften nach Opfern und Wrackresten. Alles, was sie finden, sind Fragmente der Ausstattung. An fast jedem kleben noch Bimsklumpen.

Im Bann des Taifuns

Die mittleren Steine des Inselcolliers bleiben auch uns unzugänglich. Wie Chefpilot Ostrotin voraussagte, sehen weder Flugpläne noch Schiffsrouten sie als Ziele vor. Nicht einmal Fischerboote, auf die ich weiter gehofft hatte, fahren die Strecken noch ab. Nach dem geplatzten U-Boot-Dreh ist es das zweite Scheitern der Reise. Die Letzten, die jene Inselkette halbwegs durchgängig befuhren, dürften Meeresbiologen gewesen sein, die sich eigens ein Schiff dafür umbauten. Sie waren monatelang unterwegs. Auf unbewohnten Inseln fanden sie exotische Füchse, die ihnen treuherzig hinterhertrotteten, da sie Menschen nicht kannten und deshalb auch keinen Grund, sie zu fürchten. Den Seestürmen, die sie wie ihre Vorgänger schilderten, sollen jedoch auch wir nicht entgehen.

Um unsere nächste Etappe anzugehen, besteigen wir auf Sachalin im Südhafen Korsakow das Transportschiff. Als wir den Namen entziffern, hoffen wir, es möge kein Omen sein. Ausgerechnet auf «Igor Farhutdinow» wurde der Kahn getauft – den Gouverneur, der am Alaid abstürzte. Früher verkehrte das Schiff, das eine polnische Werft zusammengeschweißt hat, zwischen Bohrplattformen im Schwarzen Meer. Sein robuster, scharfkantiger Bug hob es in die wintertaugliche «Eisklasse» der Zivilflotte. Nach dem Kollaps der Sowjetwirtschaft wurde es dort als Versorgungsschiff bald entbehrlich und in den Nordosten verlegt. Seitdem trägt es pro Tour bis zu vierhundert Passagiere und Fracht einen Tag und eine Nacht hindurch von Sachalin nach Iturup, Schikotan und Kunaschir hinüber, die Hauptinseln der Südgruppe. Bei Sonnenuntergang lassen wir die letzten Ausläufer Südsachalins

162

hinter uns. Die See bleibt ruhig. Im Morgenlicht werden wir vor Iturup liegen.

Glaubt man den großspurigen Versprechungen Moskaus, werden weitere Schifffahrts- und Fluglinien die Inseln bald besser verknüpfen. Ein Programm, das bis zum Jahr 2015 reicht, soll die Passagierzahlen verdoppeln, die Fischereiwirtschaft auf Weltniveau heben und die verbliebenen Orte mit Elektrizität, Schulen und Krankenhäusern versorgen. Als schon erreichte Etappenziele zählt eine Zwischenbilanz stolz knapp fünfundzwanzig Kilometer befestigte Straßen auf, neue Wohnhäuser und Telefonleitungen, vierzehn Brücken und auf Iturup eine modernisierte Fischfabrik, der künftig auch Lachsfarmen zuliefern sollen.

Beflügelt werden die Pläne von Exportprognosen aus Sachalin, wo internationale Ölfirmen und der russische Staatskonzern Gazprom Milliardengewinne aus neu erbauten Flüssiggasanlagen erwarten. Was davon jedoch wirklich der Region zugute kommt, der Winter für Winter der Brennstoff fehlt, und was nur auf fernen Konten landet, steht noch dahin.

«Im letzten Jahr haben wir hier fünfzehntausend Passagiere transportiert. In diesem Jahr liegen wir mit zwei Schiffen schon im Sommer darüber», beschwört auch Schiffskapitän Aleksander Beljakow den Aufschwung. Der Bedarf nach engeren Verbindungen sei gewiss da. Über seine Seekarte gebeugt, erklärt er uns den Kurs quer durch das Ochotskische Meer. Ein kompakter, breitschultriger Seemann mit suchenden Augen, dünnen Lippen und jungenhafter Stimme, der sein Nautiker-Russisch immer wieder mit deutschen Vokabeln spickt: Außer dem friesischen «Stüürmann», der auch ihm noch geläufig ist, erwähnt er die «Marschroute», der sein Schiff in den eisfreien Monaten folge; danach umkreist sein Finger günstige «Ankerplätze» an der Nord- oder Südküste Iturups, je nachdem, woher im Sturmfalle die Windböen drohten. «Trotzdem halten wir hier im Vergleich zur Fluglinie die zuverlässigere Verbindung», sagt er.

Den Nutzen davon haben freilich nur die drei Südinseln. Zu den mittleren oder den Nordinseln hinauf, zur Habomai-Gruppe oder gar über die derzeitige Seegrenze nach Hokkaido hinüber werden weiter keine Linienkontakte erlaubt, obwohl manche Küsten keine zehn Kilometer auseinanderliegen. Den Eindruck, dass er in einem Frontgebiet unterwegs ist, hat Beljakow dennoch nicht. «Hier gibt es nur Wetterfronten», lacht er und streicht über die Karte, «vor allem, wenn von Japan her die Taifune heraufziehen.» Das Verhältnis zu den Küstenschützern des Nachbarn sei freundlich und professionell. «Im Winter müssen wir manchmal tatsächlich in deren Hoheitsgewässer ausweichen, wenn sich auf dem Direktweg das Eis zu dick auftürmt. Aber das melden wir über Funk, dann begleitet uns ein japanisches Kontrollboot, alles Routine», versichert er. Nur einmal in den letzten Jahren sei ein Kollege vor Hokkaido vom dortigen Küstenschutz gestoppt worden. Dann hätten alle Passagiere das Boot wechseln müssen, bis klar gewesen sei, dass es sich um gewöhnliche Fahrgäste handelte und nicht um Militär.

Die Kabinen, die wir beziehen, überraschen uns mit tadelloser Bettwäsche und harten Matratzen. Die spärliche Bordküche fällt dagegen deutlich ab. Als Abendessen nehmen wir pro Kopf eine blasse Wurst und einen Schlag Buchweizen entgegen. Viel variantenreicher sollten die Mahlzeiten auf der Überfahrt nicht daherkommen. Einmal streift unser Tischgespräch die Vorliebe früherer Machthaber, auf die Kurileninseln ihre Strafgefangenen zu verbannen. «Der Speiseplan», schiebt da Johannes seinen Teller beiseite, «hat seitdem ja offenbar nicht mehr gewechselt.»

Nachts liege ich eine Weile wach in meiner Koje und lausche dem Rhythmus der Maschinen, die schuften wie eine Fabrik.

Fast ohne jedes Geknarze schiebt sich der Stahlrumpf durch die im Bordlicht wegspritzende Gischt, mal träge auf und ab schaukelnd, mal breitseitig von einer Welle getroffen, die ihm dann einen Ruck versetzt, als habe eben ein Zugwaggon ans Heck angedockt.

Erst gegen acht Uhr hellt der Tag auf, verharrt aber unter dem diesigen, tiefhängenden Himmel, aus dem sich eine langgezogene Insel schält: Iturup. Beide äußeren Enden sind von Vulkankegeln mit offenen, von hellen Bruchkanten gesäumten Schloten markiert. Dazwischen wechseln zackige Kämme und sanfte Senken, sodass wir die Insel zunächst gar nicht als Landmasse wahrnehmen, sondern eher eine Gruppe vermuten. Dann, als wir uns annähern, erkenne ich die flachen Terrassen, die sich vor dem Gebirge ins Meer hinausschieben.

Auf der Brücke peilt der Steuermann die im Morgendunst funkelnden Lichter von Kurilsk an. Den Namen gibt es auf den Inseln tatsächlich viermal, was uns nun ziemlich verwirrt. Neben Nord-Kurilsk, das wir auf Paramuschir nur überflogen, und dem Dorf, das nun vor uns aus dem Nebel tritt, warten auf uns südlich von hier auch noch Kunaschirs Hauptsiedlung Süd-Kurilsk und Klein-Kurilsk auf Schikotan. Schon beim ersten dieser Häfen wird klar, wie viel hier noch zu verbessern bleibt, denn kaum einer vermag ein größeres Schiff aufzunehmen. Vielmehr gehen wir weit vor den Uferterrassen vor Anker, um Frachtgut wie Fahrgäste mühselig auszubooten. Das Dorf selbst, das kaum über die Inselkante lugt, ist eine unnatürlich wirkende Ansammlung der üblichen Hausquader, Werkhallen und Ruinen. Auf der einzigen Straße fährt nur selten ein Auto. Eine Kuhherde verläuft sich nahe des Küstenhangs.

Die Siedlung erinnert mich an manche Orte der Arktis, die wir als Filmteam zuletzt am Polarkreis in Nordamerika besuchten und von denen sich später die bunten Fjorddörfer Grönlands, mit ihrem warmen Licht hinter den Fensterkreuzen, so angenehm unterschieden.

«Wir sollten schon mal überlegen, wo wir die Nacht verbringen», seufzt plötzlich Beljakow, als er die neuesten Zeilen des Fernschreibers überfliegt, «der Wetterdienst meldet, dass von Kunaschir her ein Taifun heranzieht.»

Aus dem Funknetz über Kurilsk erreicht Polina seit langem mal wieder eine Nachricht unserer stillen Beobachter. Der Geheimdienst in Moskau habe via St. Petersburg mitteilen lassen, er erwarte Kopien unseres gesamten Drehmaterials, vorzulegen innerhalb von fünf Tagen, auf DVD. Bis dahin dürften wir das russische Territorium nicht verlassen. «Das sind sechsundzwanzig Stunden Bilder und Interviews, zudem alles in Hamburg», raufen wir uns die Haare, «wie stellen die sich das vor!» Ganz abgesehen vom technischen Aufwand. Zudem dürfen wir ungesendetes Drehmaterial gar nicht weitergeben. Doch dann beruhigt uns das Ansinnen auch, zumal die Aufpasser offenbar gar nicht mitbekommen haben, dass wir zwischenzeitlich einmal ausgereist sind.

Sämtliche Bänder lägen verschlossen in einem Hamburger Büroschrank, melden wir zurück. Den einzigen Schlüssel trügen wir bei uns. Wenn wir tatsächlich alles kopieren sollten, müsse man unserer Ausreise also schon stattgeben. Die neu gedrehten Kassetten jedoch könnten sich die örtlichen Aufpasser gern ansehen.

Schon am Moskauer Flughafen hatte uns damals ein Beamter in Schrecken versetzt, der die Kamtschatka-Kassetten beschlagnahmen wollte. Solange wir keine beglaubigte Liste vorlegen könnten, dass alles Gedrehte unbedenklich und freigegeben sei, blieben die Bilder Eigentum des russischen Staates, hatte er finster hervorgepresst. «Aber von einem solchen

Papier war bisher nie die Rede», hielten wir ihm entgegen und weigerten uns, ohne die Kassettentasche weiterzugehen. Mit Polina zu telefonieren, die in Kamtschatka geblieben war, um noch ein anderes Projekt zu betreuen, lehnte er ab. Erst eine russische Mitreisende vermochte ihn dazu zu bewegen. Nach kurzem Wortgefecht mit dem Beamten verwies Polina schließlich Johannes auf einen Waschzettel, der neben dem Zollcarnet unser Equipment aufführte. Mit diesem gab sich der Grenzwächter nun plötzlich zufrieden, lächelte etwas seltsam und winkte uns durch. Die Frage, welche glückliche Fügung ihn umstimmte, trugen wir seitdem mit uns herum. «Was sagtest du dem eigentlich damals?», fragen wir sie jetzt. «Ich habe geblufft», lacht sie. «Ich sagte ihm, dass ich zwar gerade weitab von euch in Kamtschatka sitze, meine Mutter aber mit viel Einfluss direkt über ihm im russischen Außenministerium. Das half.» In einem Land, wo so vieles über Obrigkeit und Beziehungen laufe, funktioniere das meistens.

Stahlross im Sturm

Von Kurilsk her bringt ein Boot die Zusteiger an, die bepackt und die Pässe vorzeigend an Bord steigen wie verschüchterte Flüchtlinge. Manche wollen nur von einer Insel auf die nächste, andere haben auf Sachalin etwas zu erledigen. Danach verabschieden sich die Aussteiger, um ebenso streng kontrolliert von Bord zu gehen. Wir selbst wollen das Schiff erst auf Schikotan verlassen. Bald darauf fahren wir weiter, immer an Iturups Nordküste entlang.

Als der Abend anbricht, schlägt das Geschaukel der Kabine weiter aus. Regenschleier halten Iturup nun verhüllt. Dahinter ziehen die Umrisse mächtiger Berge vorbei, als würden sie im Verborgenen Wache stehen. Dann erkenne ich, dass uns sowohl auf der Nord- wie auf der Südseite eine Küste begleitet, und wähne uns schon in der Durchfahrt hinunter nach Schikotan. Doch als ich vor Beljakows Radarschirm ankomme, um nachzusehen, zeigt sein Markierungspfeil nur in eine Bucht. «Taifun-Ankerplatz?», frage ich. Beljakow nickt. Wie lange solche Wartezeiten erfahrungsgemäß dauerten, schiebe ich zögerlich nach. «Vielleicht einen halben Tag, vielleicht einen ganzen», sagt er. Dann lässt er den Steuermann die Maschinen anhalten. Später in der Nacht eröffnen sie uns, dass die Aussichten düster seien und sie sogar mit mehreren Tagen Zeitausfall rechneten. Seit Jahren hätten sie nicht mehr in solch einer Windfalle gesessen. Jenseits der Bucht tobe bereits der Seesturm. Die Häfen ringsum seien geschlossen. Dabei beginne die Taifunsaison erst in einigen Wochen. Allenfalls buchtweise könnten sie sich in den nächsten Stunden voranarbeiten, sobald die weiterziehende Wetterfront Lücken freigebe.

Da weichen wir um des Nebels willen schon auf das Schiff aus – und landen im erstbesten Taifun, grummle ich. Wieder sehe ich Verabredungen und Drehpläne wegbrechen, nur diesmal in Japan, wohin wir ebenfalls nur über den Sachalin-Umweg gelangen werden. Auch in unsere Schutzbucht heult jetzt der Sturm schon herein. Bis zum Morgen taumelt der Kahn schwer hin und her. Obwohl ich mich an Bord sicher fühle, finde ich in dieser Nacht keinen Schlaf. Wie ein wankendes Turmzimmer erscheint mir jetzt die Kabine. Draußen fegt die Gischt wie ein Schneesturm über die Wellen. Durch die Ritzen des verschraubten Fensters dringt schon Wasser herein. Nicht auszudenken, hätte uns der Taifun auf hoher See überrascht.

Ich muss an die vermissten Kosakenschiffe in Ditmars Reiseaufzeichnungen denken, an die gerissenen Ankerschnüre, die am Weltende aufgegebenen Küstendörfer. Nur die Bordlichter zweier Fischtrawler, die hier ausharren wie wir, kräuseln aufgeregt in der Nähe. Nach und nach wird mir flau, und ich werfe die ersten Pillen gegen Seekrankheit ein, die Wolfgang aus unserer Reiseapotheke verteilt hat. Zu gegenwärtig ist mir noch das Magendrehen, das ich einmal in einer ähnlichen Nacht durchlitt, als wir uns bei vier Metern Seegang mit einem Tintenfisch-Kutter aufgemacht hatten, nicht ahnend, was es bedeutet, in einem solchen Auf und Nieder den ruhenden Horizont nicht mehr zu sehen.

Am Morgen verlassen wir trotz starker Dünung die Bucht nach Südwesten. Oben auf der Brücke, die jeden Interviewdreh zum Akrobatenakt steigert, ortet Beljakow auf seinem Monitor den Taifunkern nun nördlich von uns. In dessen Rücken will er Iturup umfahren und auch die nächste Nacht in einer Schutzbucht verbringen. Zuletzt hätten die Sturmböen in Schiffsnähe 100 Stundenkilometer erreicht, jenseits der Bucht sogar 145, sagt er.

Solche Windgeschwindigkeiten habe ich allenfalls aus Berichten in Erinnerung, die ich von Tokio aus überspielte, wenn die Sturmsaison mal wieder mit Todesopfern, verwüsteten Häfen und Millionenschäden begonnen hatte. Noch mehr als die Pressekollegen beklagten wir Fernsehleute dabei oft die Zugeknöpftheit der Redaktionen zu Hause, die Asien gerne als «zu weit weg» abtaten. Zugleich hatten wir den Eindruck, dass ihnen jeder Sturmwind über Florida als Menschheitsbedrohung galt – sogar noch, wenn er vorzeitig abdrehte. Dann formulierte man einfach den Bestelltitel um: «Entwarnung – Amerika atmet auf». Die US-Networks jazzten solche Unthemen noch bereitwilliger hoch. Selbst gestandenen Live-Reportern war es dort nicht zu albern, Warnungen vor rutschfeuchtem Laub zu verbreiten. Man frage sich, schrieb mir damals ein Zeitungsmann aus der Seele, wie die Supermacht je durch einen Herbst kam.

Alltagsheld Beljakow

Auf den Kabinengängen knallen bald alle ungesicherten Türen auf und zu. Flaschen fliegen umher. Koffer und Stühle geraten ins Rutschen. Eine Borddurchsage bittet das Küchenpersonal, die Geschirrkästen festzuschnallen. Fast den ganzen Tag über liege ich auf dem Bett und hoffe, dass sich die Flauheit in meiner Bauchgrube nicht steigert. Wie in einer jener Jahrmarktschleudern wähne ich mich, denen pulkweise schreiende Teenies entsteigen und sich dabei die Mägen halten, nur um sogleich ein neues Ticket zu lösen. Ich habe nie verstanden, wie Menschen es als Freizeitvergnügen begreifen können, sich kostenpflichtig ihrer eigenen Brechreizschwelle zu nähern.

An Bord haben sie manche bereits überschritten. Auf dem Weg zum Essen, den auch wir nun stets mit drei Schritten in eine und dann wieder zweien in die andere Richtung zurücklegen, verschwinden grünlich-bleiche Gesichter hinter Türspalten. Die Schiffsbar ist ein einziger Scherbenhaufen. Dazu kommt die schlechte Nachricht, dass wir seit Stunden gar nicht mehr fahren, sondern nur noch auf der Stelle steuernd die Dünung ausgleichen. Die Luken zum unteren Deck haben die Matrosen verriegelt. Auch mein Team dreht nun tunlichst nichts mehr von draußen. Dafür fotografieren Johannes und Wolfgang einander in Schräglage oder den Tisch, auf dem unsere Teebecher überschwappen, während sich von der Wand her die Gardine ins halbe Bild neigt. Auch hier scheppern immer wieder Gläser und Teller zu Boden. «So wild», sagt die Bedienung, die bewundernswert Ruhe wahrt, «haben wir es hier selten.»

Später besuchen wir noch einmal die Brücke, wo sich Beljakow mit seinem Ersten Offizier berät. Der Taifun, zeigt er uns nun, hat sich weniger weit nordwärts bewegt als erhofft und zudem nichts an Stärke verloren. Inzwischen dränge er, vermischt mit neu aufkommenden Westwinden, auch bis in die neue Bucht hinein, die uns hatte vor ihm abschirmen sollen. Wirr und unheimlich tobt die See. Andauernd öffnen sich neue Mulden, in die der Bug tief hineinkracht. Dann wieder treffen ihn Seitenhiebe wie Hammerschläge. Am Ruder wechseln sich die Steuerleute jetzt viertelstündlich ab, um die Nacht über nicht die Konzentration zu verlieren. Auch Beljakow wirkt angestrengt. Wortkarg und ernst blickt er hinaus in den Sturm. Wieder lasse ich über meiner Koje das Licht brennen. Den Rücken zur Wand gedreht und die Beine gewinkelt, um nicht selbst hin- und herzurollen, spüre ich den Schiffswänden nach, die bei jedem Aufprall im Wellental wie ein nachfederndes Sprungbrett erzittern. Bei jeder Woge, die das Schiff zur Seite und wieder zurück wuchtet, scheint mein Magen einer anderen Umlaufbahn zu folgen als der übrige Körper. Inzwischen will ich nur noch, dass es vorbeigeht. Und zum ersten Mal erlaube ich mir Gedanken, die ich bisher nicht zuließ – und hoffe, dass die Schweißnähte und der Motor halten mögen; dass der Diesel reicht; dass Beljakow uns bald sicher in einen Hafen bringt.

Lange nach Mitternacht scheint der Sturm sich etwas zu beruhigen. Vor dem Fenster bedeutet mir die vorbeiziehende Bugwelle, dass wir wieder fahren und, erstmals seit Stunden, wieder einem Kurs folgen. Als es hell wird, geben sich die Konturen von Kunaschirs Küste zu erkennen. Erneut hat der Kapitän die Maschine gestoppt und lässt das Schiff am Ankertau treiben. So liegen wir sieben Meilen vor Süd-Kurilsk. Einmal bricht sogar ein hellblaues Wolkenloch auf. Doch dabei bleibt es leider. Den ganzen Tag über verhindert noch immer beträchtlicher Seegang, auch nur einen der Reisenden an Land zu bringen. Umgekehrt können von Kunaschir, obwohl sie seit Wochen Fahrkarten halten, auch keine Mitfahrer zusteigen.

In den Kabinen wächst die Ungeduld, auch wenn man sie uns gegenüber kaum zeigt. Eine junge Mutter aus Schikotan, die in Juschno-Sachalinsk ihr zweites Kind zur Welt gebracht hat, wird uns ein Vorbild an Langmut. Der Säugling, den sie auf ihrem Bett wickelt, ist erst wenige Tage alt. Auf Schikotan gebe es nur eine Baracke als Krankenhaus und keine qualifizierten Ärzte, sagt sie lächelnd, während sie den Kleinen vom Köpfchen ab mit Tuch umrollt wie eine Larve. Nach schwieriger Schwangerschaft sei sie deshalb alleine nach Sachalin gefahren, wo man den Jungen per Kaiserschnitt geholt habe. Da er zu früh geboren sei, könne er nicht aus eigener Kraft trinken. Nun habe sie den Kapitän zur Eile gedrängt, weil ihr Trockenmilchvorrat sonst nicht mehr reiche. Auch ihre Bettnachbarin, eine ältere Dame, die sich eben noch über Kreuzworträtsel beugte, gibt sich gelassen. Sie kenne das Warten. Es sei alles eine Frage der Vorbereitung. Sie habe Urlaub gemacht in Sibirien und am Schwarzen Meer und für die Rückreise gleich eine Extrawoche einkalkuliert, sagt sie. Mal sei es das Wetter, mal gebe es keine Fahrkarten mehr. Viele machten den Fehler, das nicht zu bedenken. Dann gehe ihnen das Geld aus, und sie kämen erst recht nicht mehr auf das Schiff.

Wieder mal bleibt es Polina vorbehalten, zu erfahren, wie aufgewühlt die Frau wirklich ist. Erst als wir Ausländer außer Hörweite die Technik einpacken, vertraut sie ihr an, wie schäbig sie sich als Russin behandelt fühle. Seit Jahrzehnten schon hausten die Dörfler auf Schikotan in Baracken. Dass die Inseln nicht besser untereinander verbunden seien, sei eine Schande. In Wahrheit, klagt auch sie nun verbittert, habe die Regierung die Kurilen längst abgeschrieben. Das Einzige, was Moskau umtreibe, sei die Sorge, die Bewohner könnten offen mit Japan sympathisieren.

In seiner Kapitänsloge informiert uns Beljakow, als alles überstanden ist, dass nahe der Nordbucht in der ersten Sturmnacht zwei kleinere Fischerboote gekentert seien. Ein Seemann sei dabei ertrunken, drei seien trotz der Gefahren von anderen Schiffen geborgen worden. Die Wogen, mit denen er sich in den Stunden danach konfrontiert sah, hätten sechs Meter Höhe erreicht. Im Zentrum des Taifuns seien sie bis auf neun Meter aufgestiegen. Es sei einer der schwersten Seestürme der letzten Jahre gewesen. Vor Japan habe er sechs Schiffe versenkt. Sechzig Seeleute gälten dort noch als vermisst.

Als ich frage, ob auch er in jener Nacht Angst hatte, verneint er. Selbst das zähle auf der Strecke zur Routine. «Ich bin nur einmal, unten in der Antarktis, in einen Sturm geraten, der mich in Panik versetzte. Da türmten sich die Wellen auf fünfzehn Meter, und ich wusste schon gar nicht mehr, woher sie alle kamen», sagt er hinter seinem Schreibtisch. Dieses Mal sei das Schiff nicht gefährdet gewesen.

«Jedenfalls solange der Motor nicht ausfällt», setzt er nach kurzer Pause hinzu. «Das war meine einzige Sorge. Denn ohne eigene Schubkraft kann auch unser Schiff in so einem Sturm umkippen. Und dann ist ziemlich schnell alles vorbei.»

Im Niemandsland

Wie schon Kamtschatka und dem übrigen Sibirien verhelfen die Sowjetregimes auch den Kurileninseln durch sogenannte Nordzulagen auf Arbeitslöhne zu mehr Attraktivität. Vor allem junge Leute folgen dem Lockruf der Zentralplaner, die ihnen zudem vorgezogene Renten versprechen. In vielen Geschäften der Inselorte legen die Verkäuferinnen aus, was im übrigen Russland als Luxus gilt: Obstkonserven aus Bulgarien, Salami, Kaffee. Vom ersten Lohn leisten sich manche der Neuankömmlinge schon Autos. In sechs Fabriken verarbeiten sie den Reichtum der Inseln – Fisch und Algen im Wert von Milliarden Dollar pro Jahr. Dazu stopfen Sommer für Sommer Saisonkräfte Lachs, Steinbutt und Krabben in Dosen.

Dann bricht auch hier der Sozialismus zusammen und mit ihm die Versorgung mit Gütern und Energie. Die Fabriken gelten bald als veraltet. Vier davon gehen pleite und entlassen die Arbeiter. Vor dem Hafen zerfrisst der Küstenwind ihre Schiffe. Die Dörfer versinken in Elend. Ihre Barackenhäuser nennen die Bewohner bald Hundehütten. Als 1994 ein schweres Erdbeben den Inseln fast den Gnadenstoß gibt, nehmen viele das Angebot Moskaus an, sie nach Zentralrussland umzusiedeln. Die Zahl der Bewohner auf Kunaschir und Schikotan sinkt von 14 000 auf 7500.

Manche der Verbliebenen entscheiden sich, wieder als einfache Fischer zu arbeiten. Den Tagesfang übergeben sie nun Zwischenhändlern auf See, die ihn nach Japan oder nach Südkorea bringen und dort als Billigware verkaufen. Seitdem sind die Chancen dahin, aus dem Naturreichtum erwirtschaftete

Gewinne auf den Inseln zu halten. Das einzige, was nun noch blüht, ist der Schwarzhandel.

Ende der neunziger Jahre beklagt der damalige Verwaltungschef Kunaschirs, Wladimir Sjoma, in einem Interview jedoch auch die Mentalität der Bewohner: Sie seien als Goldgräber gekommen und hätten das Land nie als Heimat begriffen. Im Grunde fühlten sie sich noch immer wie auf der Durchreise. Wer aber in Gedanken nur in der Ferne sei, wolle daheim auch nichts ändern, nicht einmal, wenn alles im Dreck untergehe. Provozierend nennt er Kunaschir eine Insel der Gescheiterten. Am besten solle man sie an einen Millionär verkaufen, der sich in seinem Reichtum noch etwas Exotik leisten wolle. Tatsächlich bietet er Kunaschir danach als Mietobjekt für neunundneunzig Jahre an. Die Mitgift bestehe aus Stränden und Meer, fischreichen Bergbächen und heilenden Schwefelquellen.

Doch kein Bräutigam stellt sich vor. Die Einzigen, die tatkräftig um die Gunst der Inselbevölkerung werben, sind die Japaner. Sie schenken ihr Lagerhallen, Gastunterkünfte und Hafenmauern, schicken Boote und Busse. Als auf Schikotan das Kraftwerk ausbrennt, sind es japanische Ingenieure, die es reparieren. Und es ist die Regierung in Tokio, nicht die in Moskau, die im Winter Sonderrationen Heizöl anliefert. Zudem lädt sie jedes Jahr Hunderte von Bewohnern der Südkurilen zu Austauschbesuchen nach Japan ein. Selbst wer längst nach Sachalin übergesiedelt ist, behält fortan seinen Wohnsitz auf den Kurilen, um weiterhin visafrei nach Hokkaido zu gelangen.

«Wenn hier ein Unglück geschieht», wird Sjoma in jenen Tagen zitiert, «wenden wir uns lieber gleich an Japan, statt die folgenlosen Kommissionen aus Moskau abzuwarten.» Für die seien die Kurilen nur noch ein lästiger Affe im Zoo, den der Direktor gelegentlich noch vorzeige, dessen Pflege ihm aber lang schon zu teuer sei. Bei den Bewohnern lässt sich ähnlicher Unmut abfragen: In einem Referendum geben zwei Drittel der Bürger Kunaschirs an, einen Wiederanschluss an Japan zu begrüßen.

Danach fließt mehr Geld auf die Inseln. Moskau, alarmiert von den Erfolgen der Sezessionisten, treibt schließlich den Bau einer Flugpiste und eines Erdwärme-Kraftwerks voran, das die Energie der Vulkane nutzt und die Abhängigkeit von der unzuverlässigen Brennstoffversorgung aus Sachalin mindert. Prompt verlieren die Japan-Sympathisanten bei den Lokalwahlen deutlich an Zuspruch.

Auf unbeabsichtigte Weise sind daran wohl auch die Austauschbesuche schuld. Viele der Insulaner misstrauen der fremden Kultur, deren Dauerlächeln sie nicht verstehen. Die Japaner würden gegenüber einer russischen Minderheit in Wirklichkeit immer als Chefs auftreten, sorgen sie sich. Zudem könne deren Leistungsdruck sie erst recht an den Rand drängen. Beim russischen Bürokratenschlendrian wisse man wenigstens, woran man sei.

In Schikotans Trümmern

Am zweiten Morgen nach dem Taifun gehen wir erneut vor Anker. Dieses Mal holt ein Zubringerboot die Kunaschir-Aussteiger ab und bringt sie nach Süd-Kurilsk hinüber. Vom Ufer aus klettert der fahle Ort über mehrere Hügel. Zum tüchtigen Seehafen fehlen ihm Schutzraum und Mole. Nur kleinere Fischereiboote säumen die Küste. Eine kurze Landstraße führt zur Militärbasis hinaus. Darüber erheben sich bewaldete Spitzkegel und ein Tafelberg, von dessen Hängen die Dampfsäulen der heißen Quellen aufsteigen.

«Bei guter Fernsicht erkennt man von hier schon die Vulkane Hokkaidos», sagt mir einer der Offiziere, in dessen Gesicht ich koreanische Züge zu erkennen glaube. «Kasachische», korrigiert er mich. Dann kommen in Soldatenkluft gekleidete Männer aus dem Zubringerboot herauf, fast alle mit kurzgeschorenem Schädel, als gehörten sie noch der Strafkolonie an. Die meisten sind Rekruten, die nach Schikotan hinübermüssen, das der Kapitän als Letztes ansteuern wird. Da der Taifun nicht nur die Schiffsroute, sondern auch die ohnehin brüchige Flugverbindung von Kunaschir nach Sachalin lahmgelegt hat, bleibt unsere einzige Rückkehroption nun Beljakows Fähre, die schon am nächsten Tag wieder ablegt. Deshalb beschließen wir, weiter mit ihm zu reisen.

Unter dem freundlichsten Himmel seit Tagen erreichen wir die Hafenbucht von Klein-Kurilsk, wo den Kapitän die einzige Anlegestelle seines Rundkurses erwartet. Die Rekruten, so vertraute uns unterwegs einer an, tauften diesen Dienstort so, wie die Sowjets nach der Eroberung das südliche Inselkap nannten: «kraj sweta», Ende der Welt.

Die Kowran'sche Armut, mit der ich gerechnet hatte, finden wir dennoch nicht vor. Ebenso wie die Inseln zuvor besticht auch Schikotan zuerst durch seine bizarre Landschaft. Die Hafenbucht, in die wir langsam hineingleiten, liegt malerisch im Sonnenlicht. Über Steilküsten wacht ein Leuchtturm. Darunter fallen grüne Hänge zu den Klippen hinunter. Als wir näher kommen, erkennen wir die ersten Häuser, die intakt scheinen, wenn auch oft nur behelfsmäßig repariert. Der Mangel an Baumaterial ist offensichtlich. Selbst unsere Kaimauer ist nur ein Provisorium aus Pontons und Wrackteilen. Dabei gleiten wir immer wieder an Gebäuderuinen vorbei, aus deren Trümmern man ganze Dörfer errichten könnte.

Es sind die Hinterlassenschaften der Armee, die hier vor Jahren ihre Kasernenblocks aufgab, und jenes verheerenden Erdbebens, das sogar die stählernen Dachträger der Fischfabrik einstürzen ließ. Das anmutige Reiseziel, das Schikotan sein könnte, ist damit verdorben. Aus der Nähe betrachtet liegt vieles da wie zerbombt, zwischen hohläugigem Gemäuer, deprimierend wie nach einem Krieg. Dazu erneut die ringsum verteilten, rostbraunen Alttanks, die wir schon auf den Nordinseln sahen – und die allein schon jeden Ort in einen Schrottplatz verwandeln.

Nachdem die Militärs skeptisch unsere Reisepapiere begutachtet haben, dürfen wir an Land gehen. Ein waldschratiger Mann Ende vierzig, der sich in einen Nadelstreifenanzug und Halbschuhe gezwängt hat, erwartet uns. Als Lehrer für Geschichte und Englisch hielt ihn der Inselchef für am besten geeignet, uns durch den Ort zu führen: Andrej Danelia, Zweiter Vorsitzender des gemeinsamen Lokalparlaments von Kunaschir und Schikotan. In seinem Wagen verlassen wir den Hafen. Dabei bittet er uns, nicht zu drehen. «Das Militär», sagt er, «sieht das gar nicht gern.» Als ich ihn nach den Ruinen frage, beschwichtigt er. «Das alles abzureißen würde viel zu viele Kosten verschlingen.» Auf dem Schuldach bessern Handwerker gerade den Belag aus, den der Taifunwind beschädigt hat. Unterdessen jagen Kinder zu Ausgang und Spielplatz. «Wegen Lehrermangels haben wir den Unterricht für eine der Klassen auf den Nachmittag gelegt», sagt Andrej und beeilt sich zu ergänzen, dass das sicherlich bald behoben werde. Derzeit fehlten dafür aber weitere Lehrer. Das moderne, zartgelbe Gebäude hockt auf dem Hügel wie ein notgelandetes Raumschiff. Es ist die letzte gute Gabe aus Moskau, die hier ankam. Neunzig Schüler der Insel gehen darin ein und aus. Der Ort selbst zählt nur zwei Dutzend Häuser. Das alte Schulgebäude war ebenfalls von einem Taifun zerstört worden. Danach drängten sich die Dorfkinder jahrelang in Behelfscontainern, die japanische Spender herübergeschickt hatten.

«Was erfahren Ihre Schüler über den Konflikt um die Inseln?», frage ich Andrej. «Lehren Sie sie, dass Japan Ansprüche auf Schikotan stellt? Und dass in Moskau ein Vertrag liegt, der die Rückgabe der kleineren Südinseln als Kompromiss vorsieht?»

«Dass es Ansprüche gibt, lernen sie. Aber von einem Rückgabevorschlag weiß ich nichts», schüttelt er den Kopf. «Den wird es von uns auch nie geben.»

«Aber er ist Teil des wichtigsten Nachkriegsabkommens zwischen Russland und Japan. Sobald ein Friedensvertrag zustande komme, sollten Schikotan und die Habomai-Gruppe Japan zufallen», entgegne ich.

«Wie gesagt, davon weiß ich nichts», sagt er freundlich, aber bestimmt. Dann komme ich auf jene Abstimmung, bei der im Lokalparlament kurzzeitig die Japan-Sympathisanten in der Überzahl waren.

«Auch das trifft nicht zu», versichert er und räumt lediglich ein, dass das Thema unter Bewohnern einmal kurz diskutiert wurde. Das Japan-Lager habe aber schon damals nur eine kleine Minderheit ausgemacht. «Wir haben gute Beziehungen zu dem Land. Keiner von uns ist gegen Japan. Aber das hier ist die Heimat derer, die hier leben. Diese Kinder sind hier geboren. Wir lassen nicht zu, dass ihnen irgendjemand ihre Insel wegnimmt.»

«War es denn zulässig, dass die Sowjets sie den vorherigen Bewohnern wegnahmen?», gebe ich zurück.

«Der Zustand, den wir jetzt haben, ist das Ergebnis des Krieges», wehrt er da ab. «Daran sollte niemand mehr rütteln.» Eine Grenzreform ohne Vertreibungen kann er sich offenbar gar nicht vorstellen.

Dann fällt uns vor einem Haus in der Nähe eine winkende Frau auf.

Als der Sturm das Dach über Ludmila Wysotskajas Wohnung wegreißt, ist alles dahin. Mehr als ein Jahr lang haben sie und ihr zur See fahrender Mann die kleine Wohnung so gut es ging renoviert, sich über Beziehungen im Fischkombinat Sand und Farbe besorgt, aus Sachalin oder vom Festland für teures Geld Tapeten schicken lassen, alles, was es in Klein-Kurilsk nun einmal nicht gibt. Sogar ein Rundbogen ziert hinter der Eingangstür nun den Durchgang zum Flur und den beiden Zimmern.

Dann zerstört, innerhalb von Minuten, der erste Taifun der Saison ihre kleine Idylle. Erst mit unheilvollem Knarren, dann im Getöse des Sturmwinds fliegen die Dachbleche weg samt dem zu dünnen Gebälk, bis eindringendes Regenwasser die neuen Tapeten wegspült und die Bodenbretter aufquellen lässt. Nachbarn auf der Etage bringen ihre schreienden Kinder nach draußen. Noch im Sturm sammeln sie die verbogenen Bleche und zersplitterten Sparren ein. Denn sie wissen, wie wertvoll diese Trümmer bald sind. Acht Parteien leben in dem zweige-schossigen Haus. Verwaltet von der Kommune, bot es ihnen lebenslanges Wohnrecht, wenn auch bei stattlichen Nebenkos-ten für Wasser, Energie und, wie es hieß, Bewirtschaftung und Instandhaltung. Schon das Treppenhaus, durch das uns Ludmila und ihre Nachbarn jetzt hereinbitten, ist völlig durchnässt. Die De-cken des Obergeschosses hängen in Fetzen. Durch offene Löcher sehen wir den Himmel. Darunter haben sie alles ab-gedeckt und zur Seite gerückt, verzweifelt, weil sicherlich bald der nächste Sturmregen folgt – und danach der eisige Winter.

«Filmen Sie», sagt Ludmila, eine blondgelockte, wehrhafte Russin, der die Wut im Gesicht steht. «Halten Sie fest, wie man uns hier alleine lässt.» Weil ich unsicher bin, ob Fernseh-aufnahmen ihre Lage tatsächlich verbessern, frage ich Andrej, ob etwas dagegen spreche. Doch außer einem Hinweis auf die knappe Zeit hat er nichts einzuwenden. Vor dem Hauseingang umringen uns inzwischen Bewohner und Nachbarn. Ein jünge-rer, besonnen wirkender Mann namens Ivan, der ebenfalls im ersten Stock wohnt, redet als Erster.

«Seit drei Tagen hat sich hier keiner von der Administra-tion blicken lassen, um auch nur den Schaden aufzunehmen», sagt er.

«Als wir hingegangen sind», springt Ludmila ihm bei, «hieß es nur, wir sollten uns selber helfen oder uns etwas anderes su-chen. Dabei wohnen hier kleine Kinder, eine schwangere Frau und alte Menschen. Wir sollten uns sonst wo etwas suchen, sagten die. Hat man da denn noch Worte?»

Die Einzigen, die bisher geholfen hätten, seien die Kolle-gen der Fischfabrik, sagt Ivan, der selber dort arbeitet. Denen habe der Direktor sogar freigegeben, damit sie mit aufräumen konnten.

«Wir haben zufällig den Zweiten Vorsitzenden des Lokalparlaments bei uns», lenke ich das Gespräch zu Andrej hinüber. «Was meinen Sie zu den Klagen?»

«Sie werden jede Hilfe bekommen, die sie benötigen», antwortet er mir auf Englisch. Als ich ihn bitte, auf Russisch zu antworten, damit auch die Umstehenden ihn verstehen, schwächt er es ein wenig ab. «Ich gehe davon aus», sagt er jetzt, «dass ihnen geholfen wird, so wie allen Taifunopfern.»

«Was macht Sie so sicher nach dem, was die Leute schildern?», frage ich nach. «Können Sie ihnen denn etwas garantieren?»

«Ich gehe davon aus, dass alles Nötige unternommen wird und dass die Administration tut, was in ihrer Macht steht», wiederholt er sich. Dann herrscht einen Moment Stille.

«Dir nehme ich es ja ab, Andrej», meldet sich erneut Ivan zu Wort. «Aber was soll ich davon halten, dass die Verwaltung uns dermaßen ignoriert?»

«Die ganze Zeit spreche ich sie schon darauf an, dass sie ein Schadensprotokoll aufnehmen sollen, weil uns sonst höchstens tausend Rubel Pauschale zustehen», legt Ludmila nach. «Deren Antwort ist immer die gleiche: Geh weg, lass uns in Ruhe, mach hier keinen Ärger. Was ist denn das für eine Antwort? Alle Bewohner haben einen Brief an die Administration geschrieben. Der wurde einfach liegengelassen.»

Noch einmal beziehe ich Andrej ein und frage, ob er denn den Unmut der Sturmopfer verstehe.

«Wir werden uns darum kümmen. Es ist noch Zeit genug, alles zu klären», sagt er angestrengt.

«Ja, ja», winkt Ludmila jetzt ab, «die Zeit wird vergehen und man wird uns vergessen. Wir sind nicht die Ersten und nicht die Letzten, denen es so geht.» Dann wendet sie sich an die

Umstehenden. «So ist es doch! Sagt es doch auch mal laut! Ihr wohnt doch auch hier!», blickt sie sich um. «Ihr habt doch auch kleine Kinder, die darunter leiden! Ihr wisst doch alles!» Doch alle senken nur verlegen die Köpfe oder murmeln, sie wollten sich dazu nicht äußern. «Ich lebe seit dreiunddreißig Jahren auf der Insel, seit fünfzehn Jahren in diesem Haus», fährt sie nun zornesrot fort. «Nicht einmal eine Fensterscheibe ist hier in all der Zeit repariert worden. Immer heißt es, auf Schikotan gebe es kein Baumaterial. Alles, was wir in die Wohnung gesteckt haben, mussten wir selber besorgen. Und das jetzt alles noch mal von vorne? Da mache ich nicht mehr mit. Und ich lasse mir auch nicht mehr weismachen, keiner sei daran schuld. An jeder Ecke liegen hier Unmengen von Material herum. Die Häuser würden wir uns sogar selbst bauen. Aber wehe, es nimmt sich einer auch nur einen Backstein!»

«Die waren schon immer gegen die Verwaltung», sagt Andrej im Auto. Und seinem Verwaltungschef müssen wir zugute halten, dass er uns vorgewarnt hat. Polina gegenüber klagte er schon am Telefon, seine Insel sei, von der neuen Schule mal abgesehen, die am schlechtesten versorgte Station auf der Schiffsroute, und er bedauerte fast, dass wir sie besuchen wollten. Dabei hatten wir gerade hier eine schöne, versöhnliche Nachricht vor Augen. Denn aus Gründen, die wir noch zu erfahren hoffen, hält ausgerechnet Schikotan eine der begehrtesten Rekordmarken Russlands: Die Insel meldet seit Jahren die höchste Geburtenrate der Föderation.

Als es dämmert, fahren wir an Kühen vorbei, die in einer wilden Müllkippe stöbern, zurück zum Schiff, wo wir die Nacht verbringen. Auf dem Hügel, der gegenüber der Schule liegt, melden wir uns nächsten Morgen beim Leiter des Krankenhauses, Dr. Valentin Fistschuk. Nachdem wir über die Außenstiege sein Chefzimmer betreten haben, begrüßt er uns freundlich; ein jovialer, aufgeräumter Herr im weißen Kittel. Als Erstes bedauert er, zur Stunde keine Schwangeren vorweisen zu können. Die habe er gestern alle heimgeschickt, weil hier der Großputz fällig gewesen sei. Nur eine junge Frau habe dableiben wollen. Im hinteren Zimmer erwarte sie bald ihr drittes Kind.

«Tatsächlich kommen hier derzeit auf viertausend Einwohner fast fünfzig werdende Mütter», bestätigt er. «Viele überweise ich nach Sachalin, wo meist per Kaiserschnitt entbunden wird.» Die Reisekosten zahle die Regierung. Zwar könne auch er operieren. Aber bei Komplikationen sei er hier rasch überfordert.

«Wie erklären Sie sich die hohe Geburtenrate?», frage ich.

«Nun, der Volksmund sagt, die Winter seien hier so einsam, dunkel und lang», lacht er da. Aber es gebe wohl auch andere Ursachen. «Nach der Abwanderung sind zuletzt wieder jüngere Leute hierher gekommen. Entweder weil sie in der Fischfabrik anfangen oder als Offiziere beim Grenzschutz. Beides bedeutet recht zuverlässige Einkommen. Viele der Grenzschützer bringen ihre Frauen mit, die hier dann nicht viel zu tun haben. Und wenn die Männer allein kommen, sind sie als Ehegatten ziemlich begehrt.»

Im Krankenbett bedeckt Anna, eine junge Frau mit gewinnendem Lachen und hoffnungsfrohem Gesicht, ihren Bauch mit der Wolldecke. Danke, es gehe ihr gut, setzt sie sich auf und freut sich über Besuch. Sie hoffe, auch das dritte Kind bald, wie zuvor schon zwei Söhne, hier im Dorf zur Welt bringen zu können. Der Anlass unserer Reisevisite amüsiert sie. Dann steuert auch sie, neben ihrem erfrischenden Gottvertrauen, noch einen Grund für die Gebärfreude bei: «Auf Schikotan gibt es im Leben eben nicht viele Optionen. Für uns Frauen heißt das, man sucht sich früh einen Mann, heiratet und bekommt Kinder.» Die Zeiten seien hier noch sehr übersichtlich.

Mit Blick auf die Uhr verabschieden wir uns. Welche Krankheiten er im Dorf zu behandeln habe, frage ich den Doktor, als wir über die quietschenden Flurplanken zurückgehen. «Wir hatten zuletzt drei Fälle von Tuberkulose», sagt er offen. «Die Luftfeuchtigkeit ist hier immer sehr hoch, und nicht alle Häuser sind vernünftig zu beheizen.» Der Begriff der Armutskrankheit ist ihm geläufig. «Viele der älteren Bewohner müssen mit beschämend geringen Pensionen auskommen. Manche haben nur 3500 Rubel im Monat.» Das sind etwa 100 Euro. Als Existenzminimum veranschlage man eher das Doppelte, sagt Fistschuk. Ich komme dennoch nicht umhin, die Zahlen mit denen Kamtschatkas zu vergleichen, wo der alten Melkerin Raissa in Kowran noch viel weniger Geld blieb.

Mit Stimmungsaufnahmen von Hügeln und Hafenbucht beschließen wir den Landgang, dann nähern wir uns an den Ruinenmauern entlang wieder der Mole, wo Beljakows Schiff liegt.

«Sicher wird bald alles wieder aufgebaut. Und außerdem, an den Anblick gewöhnt man sich», liest Andrej meine Gedanken.

«Warum lassen Sie die Menschen nicht anpacken, wenn sie es schon anbieten. Es wäre doch in Wirklichkeit billiger, Häuser aus Material zu bauen, das schon da ist, als aufwendig neues herbeizuschaffen.» Dabei habe ich auch Szenen vor Augen, die sich mir in den Tsunami-Ländern eingeprägt haben. Kein Tag verging dort, an dem nicht Menschen jedes brauchbare Metallstück aus den Katastrophentrümmern herausschälten, die erhaltenen Lehmziegel freiklopften und sich daran machten, etwas Neues zu bauen.

«Es wäre Diebstahl von Staatseigentum», sagt er nun

wieder achselzuckend. «Jedes Haus hier gehört der Gemeinschaft und die Kasernen dem Militär. Und Diebstahl ist strafbar.»

Polina mochte ihn noch weniger. Wegen solcher Typen habe sie es in Russland zuletzt nicht mehr ausgehalten. «Sie schwimmen immer oben», sagt sie. «Er hätte sagen können, bitte verstehen Sie, ich stehe selbst der Verwaltung nahe, ich kann über dieses und jenes nicht reden. Stattdessen verteidigt er den ganzen Unsinn.» Diese Andrejs gebe es überall im Land. Und an ihnen scheitere es jeden Tag neu.

Später sollte sich ihre Wut über Russlands Misere noch steigern – als sie aus den Nachrichten erfährt, dass die renommierteste Journalistin des Landes, Anna Politkowskaja, im Treppenhaus vor ihrer Moskauer Wohnung erschossen wurde. Und dass der Präsident ihren Tod ebenso wenig beklagte wie die Morde an anderen Kreml-Kritikern vor und nach ihr.

Die Anschläge rücken weltweit ein Land ins Zwielicht, dessen Parlament Gesetze verabschiedet, die dem Geheimdienst Auftragstötungen gestatten, und dessen Wirtschaft, in der Bodyguards offenbar wichtiger sind als Bilanzen, immer mafiöser erscheint. Prominente Kritiker wie der frühere Schachweltmeister Garri Kasparow werfen dem Kreml-Chef längst offen vor, dass der beschworene Wirtschaftsaufschwung nur einem kleinen, reichen Teil der Bevölkerung zugute komme. «Die übrigen fünfundachtzig Prozent sind entrechtet, fühlen sich überflüssig, ihr Lebensstandard sinkt stetig», sagt er in Interviews mit ausländischen Zeitungen. Stattdessen habe sich «ein vollkommen durchkorrumpiertes System» stabilisiert, das Oppositionelle durch «Anti-Terror-Einheiten» des FSB verfolgen lasse. Auch er habe ständig zwei Leibwächter bei sich. Andere Regimegegner seien jedoch weniger geschützt, weil sie nicht prominent seien, in der Provinz lebten und keine Pressekontakte hätten.

Was wir auf den Kurilen dennoch nirgendwo hörten, unabhängig davon, ob Andrej an unserer Seite war oder nicht, war die ernsthafte Forderung, dass die Inseln wieder an Japan zurückfallen sollten. Auch unter den Schiffspassagieren, mit denen wir sprachen, ging so weit niemand mehr. Selbst wer an Austauschbesuchen in Hokkaido teilgenommen hatte, wünschte sich zwar, dass diese intensiviert würden. Die Grenze aber wollte keiner der Russen verschoben sehen, selbst die aufmüpfige Ludmila nicht.

Auf Beljakows Schiff fahren wir nun zwanzig Stunden nach Nordwesten, um in Juschno-Sachalinsk den nächsten internationalen Flug abzuwarten und so nach Hokkaido zu gelangen. Noch tagelang werden wir dort schwankend laufen und bei Tisch das Gefühl haben, uns rutschten gleich Gläser und Teller davon. Der zusätzliche Reiseweg misst viertausend Kilometer. Die direkte Verbindung zwischen den Habomai-Inseln und der Landzunge von Nemuro, ein Abstand von nur sechs Seemeilen, wäre mit jedem Fischerboot in Stundenfrist zu bewältigen gewesen – wenn denn nur eines führe. So aber nötigt uns nach dem Kurilen-Wetter nun auch die Politik einen Umweg ab.

Als wir bei Sonnenschein und ruhiger See vom Deck aus die Felsen Sachalins wiedererkennen, frage ich Polina, worin sie die Ursache sieht, dass die Orte hier so verschieden sein können wie Esso und Schikotan.

«In Esso hatten die Menschen einfach die Nase vom Warten auf Wohltaten voll, aus Petropawlowsk, aus Sachalin und aus Moskau. Dann nahmen sie einfach selbst in die Hand, was sie konnten», sagt sie. «Aber, was ebenso wichtig ist, sie hatten auch einen Bürgermeister, der das ermöglicht und mit ihnen durchgezogen hat.»

Beim Packen dann, kurz vor der Ankunft, dringt aus meiner Nachbarkabine Seemannsmusik herüber. Kollege Wolfgang zumindest, als Reisegefährte immer für eine originelle Idee gut, beendet unsere stürmische Seefahrt versöhnlich – mit Hans Albers und Hamburger Liedgut.

III. Hokkaido
Vom Ostkap nach Hakodate

Satomi Morita raucht Kette. Die Tränen um ihren Mann Matsuhiro haben ihre Augen und Wangen gerötet. In einem kleinen Café an der Landstraße kniet sie mir gegenüber auf dem Tatami-Boden vor dem niedrigen Tisch. Zwei Monate ist es nun her, dass die russische Küstenwache Matsuhiro erschoss. «Er hätte sicher auch irgendwo im Büro arbeiten können», sagt sie leise, «aber als Fischer hat er mehr Geld verdient.»

Der Schiffskapitän, dem die Russen drüben in Kunaschir den Prozess machten, ist ihr Schwager, verheiratet mit ihrer älteren Schwester. Die sei es auch gewesen, die ihr an jenem Morgen die Todesnachricht übermittelt habe. Irgendetwas sei offenbar mit dem Schiff passiert, habe sie zuerst aufgeregt angerufen. Bald sei dann von einem Toten die Rede gewesen, schließlich Matsuhiros Name gefallen. Aus einem Papiertütchen, das sie vorsichtig ihrer Handtasche entnommen hat, zieht Satomi nun ein Foto von ihm. Im festlichen Anzug mit bunter Krawatte steht er als Saalredner vor einem Mikrofon. Ein gutaussehender, jugendlicher Mann, der gerade ein befreundetes Brautpaar beglückwünscht.

«Von Mittag an haben wir an dem Tag die Fernsehnachrichten verfolgt», redet Satomi mit tonloser Stimme weiter, während sie die nächste Kippe ausdrückt. «Immer wieder die Reaktionen aus Tokio, dazu die Rechtfertigungen der Russen, die Schiff und Besatzung festhielten.» Zwei Tage später habe eine Beamtin des Außenministeriums sie besucht und versprochen, Matsuhiros Leichnam baldmöglichst nach Japan zu holen. Als ihr Schwager freikam, habe er sie als Erste aufgesucht, um sich vor Matsuhiros Foto schluchzend zu entschuldigen. Da sei sie

191

noch immer fassungslos gewesen, haucht sie, legt beide Hände auf die Knie und senkt das Gesicht. Und so sei es auch heute noch.

Ob sie jemals den Gedanken gehabt habe, das Fischen in der Meerenge zwischen Hokkaido und den Inseln könne solche Gefahren bergen, frage ich nach einer Pause.

«Nein», flüstert sie, «so etwas haben wir nie und nimmer für möglich gehalten.»

Am Morgen hatten wir noch vergeblich an ihrer Tür geläutet, ohne Kamerateam, nur Mami Takahashi, die mit ihr telefoniert hatte, und ich. Ein schäbiger Apartment-Block an einer Straßenkreuzung in Nemuro, mit Gas- und Stromzähler gleich über der Klingel, daneben das trübe Fenster, durch das die zerschlissenen papierenen Innendekors schienen. Obgleich wir verabredet waren, wies sie uns durch die geschlossene Haustüre ab, ohne zu öffnen. Danach fragten wir ihre Schwiegermutter, die am Ortsrand wohnt, ob denn sie uns erzählen könne, wie jener Tag seinen Lauf nahm. Auch sie hielt uns auf Distanz – vor einer der letzten Barackenwohnungen des Ortes, die wir so auch auf Schikotan noch hätten vorfinden können. Ihre verbliebenen beiden Kinder, die in Sapporo und Tokio lebten, hätten ihr Gespräche mit Außenstehenden verboten. Was passiert sei, gehe niemanden etwas an. Darüber wolle sie sich nicht hinwegsetzen.

Stunden später rief Satomi dann doch noch einmal an. Sie fahre am Nachmittag nach Kushiro, auf dem Weg sei das Café, dessen Betreiberin sie kenne. Da könnten wir uns treffen.

Von einem Freund Mamis, der in Nemuro lebt, haben wir erfahren, was die Familien der Fischer alles erleiden mussten. Nicht allein, dass sie den Tod eines Angehörigen und die Angst um die Festgenommenen zu ertragen hatten. Bald nach der Empörung um den angeblichen Warnschuss hätten die Tokioter Zeitungen und auch manche in Sapporo plötzlich Stimmung gegen den Kapitän gemacht. Es gebe Gerüchte, er habe bereits länger jenseits der Seegrenze gefischt, mithin den Tod seines Schwagers in Kauf genommen. In der Provinz Nemuro sei man schon immer etwas zu nah an den Russen gewesen, hätten Kommentatoren abfällig angedeutet. Die Angehörigen seien seitdem völlig verbittert.

Tatsächlich schlossen sich in der Grenzgegend in den sechziger Jahren Fischer zu Banden zusammen, die ihre kleinen Flotten «Reposen» nannten – Spitzelschiffe. Sie bestachen die sowjetischen Seeposten erst mit Zigaretten und Schnaps, dann auch mit japanischen Zeitungsartikeln und Informationen über die eigenen Streitkräfte und die Patrouillen der japanischen Küstenwache. Dafür durften sie kurz die Seegrenze kreuzen, um in den reichen Fischgründen ihre Netze zu füllen. Etwa zehn junge Crews aus Fischern und Seeleuten machten mit. Darunter war Satomis Schwager. Erst Ende der Achtziger, nach dem Kollaps der Sowjetunion, nahmen die japanischen Grenzaufseher die Bandenmitglieder fest. Die Frage, warum sie zuvor jahrzehntelang zusahen oder ob sie die Spitzel letztlich sogar selber einsetzten, wurde niemals geklärt.

«Aber das ist lange her», sagt Mamis Bekannter, als er mit uns in einer Kneipe zu Abend isst. «Den Schiffskapitän wegen dieser Jugendsünden als Gangster abzutun, fast so, als habe er selbst geschossen, ist verantwortungslos. In Wahrheit war er einer der angesehensten Bürger der Stadt. Eine Fischereigenossenschaft wählte ihn sogar zu ihrem Vorsitzenden.» Warum allerdings der Krabbenkutter auf See unter Feuer geriet, vermag auch der Ortskenner nicht zu beantworten. In der Stadt heiße es mitunter, das beschossene Schiff könne verwechselt worden sein. Dass in den Kurilengewässern nach wie vor auch illegal gefischt werde, sei kein Geheimnis.

Die kommenden Tage rücken die Empörungsfront dann wieder zurecht. Zuerst melden die Morgennachrichten, der freigelassene Kapitän habe japanischen Ermittlern gegenüber sofort widerrufen, die Seegrenze überquert zu haben. Für das Geständnis im russischen Gewahrsam sei er unter Druck gesetzt worden. Einen echten Verteidiger habe er dort nicht gehabt. Von der Öffentlichkeit abgeschirmt halte er sich derzeit in Kushiro auf. Dann geben die Obduktionsärzte weitere Einzelheiten bekannt. Demnach starb Matsuhiro nicht an einem, sondern an insgesamt fünf tödlichen Einschüssen. Drei Kugeln zerrissen ihm die Brust. Zwei weitere trafen den Kopf.

«Nördliche Territorien»

Nemuro, Japans östlichste Stadt, liegt da wie fast alle seine Provinzstädte: kurvenlose Hauptstraßen, die so auch durch Reißbrettsiedlungen in Texas oder Tennessee führen könnten; Supermärkte und Parkplätze, neuere und alte Apartmentblocks, hell erleuchtete Kreuzungen, gefegter Asphalt, Reklamewände. Die traditionellen Wohnhäuser mit Holzbalkon, blauen Dachziegeln und pagodenartigem Aufbau sind bis auf ein paar Überbleibsel verschwunden. Dass wir fast in Sichtweite von hier vor kurzem noch in einer anderen Welt unterwegs waren, vermag ich mir nun kaum noch vorzustellen.

Zudem wird mir jetzt, nach dem Seitenwechsel, noch ein anderer Unterschied klar: Bisher durchstreifte ich mit meinem Team ein uns durchweg fremdes Land. Hier jedoch, in Japan, war ich über Jahre zu Gast. Vieles, was die anderen weiter in Staunen oder Verwunderung versetzt, ist mir nun bekannt. Manches versuchte ich vor Jahren selbst zu enträtseln, als ich die Politik und den Alltag des Landes zu dokumentieren hatte. Ich besuchte Fachleute, Politiker und sogenannte Normalbürger und goss ihre Antworten in Reporterstücke. Da im Westen kaum eine Kultur als widersprüchlicher gilt als die japanische, wurde ich oft gefragt, ob denn die Japaner wirklich so anders seien als wir. Nun, sie beginnen das Zählen an der Hand nicht beim Daumen, sondern mit dem Zeigefinger, und das Schuljahr schon im April, damit die Kirschblüten ihre Einschulungsfotos schmücken, sagte ich dann gern. Wenn der Hahn kräht, verstehen sie nicht «kikeriki», sondern «kokekokkoh», und wenn die Kinder Feuerwehr spielen, rufen sie «bibobi» statt «tatütata». Aber Feuerwehr spielen sie auch, wie überall auf der Welt.

Meistens mussten jedoch seriösere Antworten her, und da stieß man tatsächlich auf mancherlei Widersprüche, die Japaner zwar oft auf bewundernswerte Weise vereinen, aber ebenso oft auch selber beklagen. So wandelt wohl kein anderes Volk tagtäglich zwischen derart gegensätzlichen Welten. In nahezu allen Lebensbereichen konkurrieren hier sowohl östliche wie westliche Traditionen und Einflüsse, angefangen bei Sprache und Schrift über Essen und Kleidung bis hin zu Politik und Moral. Vieles davon beeindruckte mich, anderem zollte ich zumindest Respekt. Manches jedoch empörte mich auch. Meist ging es dabei um Fragen der Kriegsschuld, um das Verhältnis zu den Opfern, um Rassismus. Aber auch andere Symptome der autoritären japanischen Gesellschaft, die plötzlich ganz anders sein konnte als ihr vielgerühmtes, freundliches Lächeln, fielen darunter – allen voran das Festhalten an seiner kruden Praxis der Todesstrafe, bei der Verurteilte oft erst nach Jahrzehnten der Haft eines Morgens zum Strang geführt werden und Angehörige wie Öffentlichkeit erst im Nachhinein davon erfahren. Jede internationale Kritik daran schlägt Tokio wie ein trotziges Kind in den Wind, noch dazu mit dem perfiden Verweis, es schütze mit dem geheimen Erhängen die Würde des Hinzurichtenden.

Jetzt, da ich mit meinem Hamburger Team in ein Quartier in der Stadtmitte einchecke, beobachte ich eher bei den anderen, wie sie sich wundern. Tonmann Andreas Zahrndt etwa, als er sich am ersten Computerterminal über komplexe asiatische Schriftzeichen beugt und ungläubig fragt: «Wie kamen die eigentlich jemals durch ein Kabel?»

Auf eine ähnliche Frage hatte mir seinerzeit der dienstältere dpa-Kollege berichtet, dass er tatsächlich manche Blitzmeldung einer japanischen Wirtschaftsagentur als handgekritzeltes Fax erhalte. Das gehe schneller.

Wir fahren zum Ostkap. Am äußersten Ende der Landzunge, die von Nemuro aus ins Meer hineinragt, wölbt sich eine bogenförmige Skulptur in den Himmel. Als Mahnmahl soll sie den Gedanken wach halten, dass jene Inseln, die da draußen unter der Sonne leuchten, zu Japan gehörten. Wie Korallenriffe treiben sie vor dem Kap, erst die kleineren, dann die größeren Habomai-Eilande, dahinter schließlich, nur vage auszumachen, Schikotan mit seinen höheren Klippen und weiter nach Norden hin die dunklen Gipfel von Kunaschir.

Dafür, dass die Habomai-Inseln und Schikotan eher Hokkaido zuzuordnen sind als der Kurilenkette, spricht zwar einiges. So driften sie jenseits der klaren Abfolge von Vulkaninseln, die bis in die Bucht von Nemuro hineinragen. Zudem sind sie, anders als die Ketteninseln, weder von Vulkanen noch von heißen Quellen geprägt. Tokios Forderung aber, auch die größeren Nachbarinseln Kunaschir und Iturup aus der Kurilenkette herauszudefinieren, ist allzu durchsichtig.

«Wir änderten eben unsere Auffassung», formuliert jedoch auch Mami in aller Selbstverständlichkeit, als wir in den Küstenwind gestemmt aufs Meer hinausblicken. «Es sind die nördlichen Territorien. Was Kurilen sind und was nicht, wurde nie eindeutig festgeschrieben.»

In ähnlicher Wortakrobatik umturnen Japans Premierminister seit Jahren ihre Nachkriegsverfassung, die dem Land keine Armee zubilligt und ihm militärische Mittel zur Konfliktlösung verbietet. Zwar ist Tokios Außenpolitik seit Kriegsende in der Tat äußerst friedfertig geblieben. Dennoch verfügt Japan sowohl über Streitkräfte als auch über einen der weltweit höchsten Wehretats. Nur schrieb man dafür den Hilfsbegriff «Selbstverteidigungskräfte» vor – selbst wenn deren Bordgeschütze gerade das Fluchtboot nordkoreanischer Zigarettenschmuggler löchrig schießen, bis es samt seiner Besatzung versinkt. Kein einheimischer Journalist erlaubte sich, als Japans Offizielle zuletzt einen solchen Fall präsentierten, die Frage zu stellen, warum man die Getroffenen nicht wenigstens aus dem Meer fischte. Nordkoreaner seien auch noch als Ertrinkende gefährlich, beschwor uns seinerzeit ein Regierungsberater, der Einzige, der sich als Interviewpartner überhaupt zur Verfügung gestellt hatte. In den Weltnachrichten erregte der Fall kein weiteres Aufsehen. Nur Amerika reagierte – mit anerkennendem Schulterklopfen für das neue japanische «Standing». Meine innere Empörung darüber war damals kaum geringer als jetzt, angesichts der Salven aus den Kalaschnikows der noch selbstgerechteren Russen.

Ungleich bekannter ist Tokios Sprachtünche, wenn alljährlich Verfechter und Gegner des Walfangs in ihrer internationalen Kommission aufeinandertreffen und Japans Lobbyisten erneut ihre Ausnahme-Fangquoten damit rechtfertigen, dass sie allein wissenschaftlichen Zwecken dienten – obwohl jeder weiß, dass schon auf den Fangschiffen das Walfleisch für den Verkauf portioniert wird. Die vorgetragenen Forschungsergebnisse brachten die Kommission dann regelmäßig zum Gähnen, da die Japaner stets nur aufs Neue aufzählten, welche Kleinfische sie in den Walmägen fanden. Das Land schaffte es so ein ums andere Mal, mehr Unmut auf sich zu ziehen als die Walfangnation Norwegen, die sich gar nicht erst die Mühe macht, seine Politik schönzufärben.

Die dennoch ungebrochene Erwartung japanischer Funktionäre, jeder möge nicht nur die schöne Wortwahl übernehmen, sondern mithin auch den Glauben daran, hat mich immer verblüfft. Der Grund dafür ist banal: Im Land selbst funktioniert es. Keine Gesellschaft der Welt, warnten mich zu Beginn meiner Korrespondentenzeit die Kollegen, verdränge unliebsame Wahrheiten erfolgreicher als die japanische – sei es nun auf Anordnung von oben oder mehr aus Konfliktscheu von unten.

«Einigkeit und Harmonie sind wertvoll», wies in der Tat schon der erste japanische Staatslehrer, Prinz Shotoku, seine Landsleute an – nicht ohne hinzuzufügen, wie sich beides am besten bewerkstelligen lasse: «Gehorsam», riet er, sei dafür «das Unerlässlichste.» Hätte er gleich den Gehorsam zum Staatsziel erklärt, wäre es ehrlicher gewesen.

Noch heute legen einem japanische Schuldirektoren in aller Selbstverständlichkeit dar, dass es im Lande nicht üblich und auch nicht erwünscht sei, «Kritik von unten nach oben zu tragen».

Entsprechend ignoriert auch der Funktionär, der uns Japans Kurilen-Position erläutert, schon aus Gewohnheit jeglichen Einwand. Ein netter älterer Herr im Anzug, mit dem wir uns pünktlich an einem Aussichtspunkt über der Landzunge treffen. Einen Fotoreporter der örtlichen Zeitung hat er gleich mitgebracht. Junsuke Komai, japanische Liga für die Rückgabe der nördlichen Territorien, steht auf der Visitenkarte, die er mir beidhändig reicht. Erst uns verbeugend, dann auch mit Händedruck begrüßen wir einander. Mir fällt sein zupackender Griff auf, dazu seine heiter funkelnden Augen.

Ob er denn sechzig Jahre nach Kriegsende den Eindruck habe, dass seine Organisation wirklich weitergekommen sei, frage ich ihn.

«Im Vergleich zu den Anfangsjahren haben wir sehr viel erreicht», sagt Komai. «Die Sowjets bestritten lange rundweg, dass es überhaupt einen Konflikt gebe. Wir durften nicht einmal die japanischen Gräber besuchen. Erst gegenüber Gorbatschow kamen wir voran. Die visafreien Besuche zwischen den

Kurilen und Hokkaido kamen in Gang. Unter Jelzin erkannte Moskau dann immerhin an, dass es Meinungsunterschiede zwischen beiden Regierungen gibt.»

«Auf Schikotan sagte unser russischer Begleiter, man solle das Ergebnis des Krieges anerkennen und nicht die Probleme schüren», werfe ich ein.

«Diese Leute geben nur ihre Regierungsposition wieder. Aber diese Position ist eben nicht die letztmögliche. Alle Länder der Welt bestätigen uns, dass die Kurilenfrage noch offen ist.»

«Wäre die Rückgabe Schikotans und der Habomai-Gruppe, wie sie für einen Friedensvertrag vorgesehen ist, denn ein Kompromiss?», frage ich weiter.

«Würden wir zwei Inseln akzeptieren, gälte der Konflikt als beigelegt», sagt er nun. «Deshalb können wir das gar nicht akzeptieren. Auch die Mehrheit unserer Bevölkerung denkt so. Als Japaner verlangen wir die Rückgabe der vier Inseln. Die anderen beiden würden wir ja sonst nie mehr bekommen.»

«Sicher», antworte ich, «eben das wäre ja der Kompromiss.»

«Nein, es wäre falsch, sie gehören ja uns», beharrt Komai. «Ich finde, wir sollten von Deutschland lernen. Als die Berliner Mauer fiel, hatten es die Menschen dort auch nicht erwartet. Aber sie haben immer geglaubt, dieses Wunder sei möglich. Am Ende hatten sie Erfolg. Wir sollten also das Beispiel der Deutschen vor Augen haben.»

Aber Deutschland sei nach der Niederlage in drei große Teile zerfallen, wende ich ein. Seine Ostgebiete habe es ganz verloren, was mehr gewesen sei als ein paar dünn besiedelte Inseln. Der Rest, einschließlich Berlins, sei in der Mitte geteilt worden. Und zu fordern hätten die Deutschen als Kriegsverlierer schon gar nichts gehabt. Das einzige Land, das nach Japans Niederlage aufgeteilt worden sei, sei Korea gewesen. Dabei habe das den Krieg selbst als Opfer erlitten. Da könnten doch zwei von vier beanspruchten Inseln ein akzeptables Ergebnis sein.

«Aber Korea war unsere Kolonie», sagt er weiter freundlich. Wieder so ein schönes Wort, geht mir durch den Kopf. Mir fallen die verklärenden Schulbuchtexte über Japans Geschichte ein und die herablassenden Reaktionen, mit denen seine konservativen Regierungen noch stets auf Koreas und Chinas Kritik daran reagiert haben. Selbst übelste Massaker an Zivilisten werden dort noch immer zum bloßen «Zwischenfall» neutralisiert.

«Angenommen, Japan hätte den Krieg gewonnen, und nun verlangten die Koreaner, die Chinesen und die Taiwanesen die Rückgabe ihrer Gebiete, weil die Besetzung nicht rechtens gewesen sei», entgegne ich Komai. «Was glauben Sie, würde Japans Regierung wohl antworten?»

«Wir würden natürlich antworten, dass diese Länder unsere seien.»

«Aber warum sollte sich dann ausgerechnet Moskau in der Kurilenfrage anders verhalten?»

«Weil auch die nördlichen Territorien unsere sind», sagt er da und versteht nicht, warum ich nicht folge.

Der Rest war absehbar: Der Zeitungsreporter, der alles mitgehört hat, fragt mich, wie unsere Reise verlief und wie man in Deutschland über das Kurilenproblem denke. Ich antworte, dass Details dort sicherlich weniger bekannt seien, ich aber vermuten würde, eine Mehrheit der Deutschen riete Japan angesichts der Vergangenheit nicht zu Maximalforderungen. Sein Text, der am nächsten Tag erscheint, erwähnt davon nichts. Stattdessen heißt es, als Deutscher hätte ich wenig Kenntnis vom Kurilenkonflikt mitgebracht und sei deshalb froh gewesen, hier so viel zu erfahren. Das Foto dazu zeigt uns hinter der Kamera – interessiert Komais Antworten lauschend.

Nur wer in Japan gelebt hat, kennt vermutlich die Erfahrung, mit einem Funktionsträger über Widersprüche diskutieren zu wollen, die derjenige nicht etwa kaschiert, sondern gar nicht als solche empfindet. Auch wenn man die Konfliktlust westlicher Parlamente und Medien für übertrieben hält, ist man vom japanischen Harmoniemodell noch immer meilenweit entfernt. Das gebetsmühlenhafte Beharren von Offiziellen auf der eigenen Position wird hier nicht etwa als Starrsinn gedeutet. Eher nutzt der Untergebene dankbar die so gebotene Chance, einzulenken – und sich für die eigene Sichtweise zu entschuldigen.

Keiner hat diesen Kulturunterschied je schöner beschrieben als der niederländische Schriftsteller und Japankenner Cees Nooteboom in seinem kleinen Roman «Mokusei»: «Ich verstehe nichts von Japan», lässt er darin einen Landeskundler resümieren. «Ich weiß viel und verstehe immer weniger. In der vorigen Woche ist ein deutscher Kollege in einer Zwangsjacke mit der Lufthansa abtransportiert worden. Japanitis wird das genannt. Sprach Japanisch, hatte über Bunraku-Theater promoviert, war mit einer Japanerin verheiratet, *name it*. Gegen die Wand gerannt, schreiend.» Auch das hatte mir damals ein Kollege mit auf den Weg gegeben – mit den besten Wünschen für meine Zeit in Fernost.

Ansonsten nahm die «Hokkaido Zeitung» Komais Lehrstunde für die Deutschen nicht so wichtig. Das Foto samt Artikel hat sie auf den bunteren Seiten platziert. Neben uns wird ein einheimischer Koch ausgezeichnet, der Lachs-Sushi erfolgreich mit Mozzarella kombiniert hat, wobei die Preisstifter aus unerfindlichen Gründen die Verwendung eines Milchgerichtes zur Pflicht gemacht hatten. Ein dritter Beitrag dreht sich um die wärmende Herbstsonne und die Kastanien, die jetzt allseits zu Boden fielen. Zudem wird von einer Kindergarten-Übung berichtet, in der die Kleinen zu schreien lernen, sobald sich ihnen ein Unbekannter nähert. Neben den Verhaltensregeln bei Erdbeben solle auch dies nun alljährlich trainiert werden.

Chrom statt Schrott

Der Unterschied zum russischen Rostreich könnte nicht augenfälliger sein: Wie eine fabrikneue Flotte blitzen die Fangschiffe entlang der Kaimauern des Fischereihafens von Nemuro – kein Kratzer im weißen Lack, ein jedes bestückt mit Verladekränen, wattstarken Lockleuchten für den Nachtfang, Radarbalken und Antennen. Zu Dutzenden reihen sie sich nach ihrer Rückkehr am Morgen hier hintereinander. Keine zehn Minuten weit fahren sie vor die Küste, wo sie derzeit eine Heringsart ernten. Nun rangieren die Großhändler mit ihren verchromten Nissan- und Isuzu-Lastern längsseits der Bordwände, und die Mannschaften schöpfen die Beute aus dem eiskühlen Schiffsbauch hinüber. Schon am Mittag wird sie in den ersten Fischlokalen zu Sashimi filetiert, das stets fangfrisch sein muss.

«Der Preis ist zu niedrig», sagt mir einer der Schiffsführer auf die Frage, wie die Geschäfte laufen. «Es ist einfach zu viel Fisch auf dem Markt.»

«Wir haben immer mal wieder gehört, dass daran auch Schmuggler Schuld haben», werfe ich ein.

Dazu könne er wenig sagen, meint er. Da gehe es eher um Krabben und Krebse, oder es seien ortsfremde Schiffe, die über ihre Lizenzen hinaus fischten, außerhalb der offiziellen Buchführung. «Man sollte die aber nicht Fischer nennen. Jemand, der so arbeitet, ist für mich kein Kollege.»

Erst ganz am Ende der Hochglanzflotte finden wir zwei ältere Kähne unter russischer Flagge. Statt Namen tragen sie Nummern am Bug. Als wir die Mannschaften ansprechen, pfeifen ihre Chefs sie vom Deck. Die dürften nie etwas sagen, lässt uns ein japanischer Händler wissen, als er aus seinem Pritschenwagen steigt. Er versorgt hier die Russen mit Elektrogeräten, die sie mit zurücknehmen, und hat dafür eigens ihre

Sprache gelernt. Erst als wir mit seiner Hilfe auf den Sturm zu sprechen kommen, lässt sich einer der Schiffsführer auf ein paar Fragen ein. Auch sie hätten zuletzt im Schutz einer Kurilenbucht dem Seegang getrotzt, bestätigt er. Acht-Meter-Wellen vor Kunaschir. Nein, von anderen Schiffen hätten sie da nichts mehr gesehen. Er habe eine Lizenz zum Fang und Export von Seeigeln, einer Sushi-Delikatesse. Leider sei die vereinbarte Menge in den letzten Abkommen verringert worden, deshalb seien die Zeiten wieder schwieriger geworden. Dann frage ich auch ihn nach Kollegen, die illegal arbeiten. Davon wisse er nichts, sagt er. Darauf zu antworten bringe zudem nur Ärger. Er halte sich an alle Auflagen. «Aber ich dachte», schiebt er das Fenster zu, «Sie wollten über den Sturm reden.»

Auf der Landstraße fahren wir nach Westen. Zwischen Waldstreifen lösen abgeerntete Getreidefelder immer wieder das Weideland ab. Um Bauernhöfe mit rundgewölbten Stallungen zerren Holsteiner Kühe das Heu aus den Trögen. Fangzäune gegen den Schnee huschen dicht neben dem Auto her. Als die Dunkelheit anbricht, überrascht uns ein Hirsch, der aus dem Dickicht stakst und mit leuchtenden Augen die Fahrbahn überquert. Gerade noch rechtzeitig kommt unser Wagen zum Halten.

Vom Hubschrauber aus, den wir am Vortag für Luftaufnahmen gemietet hatten, waren die schmalen Waldflächen als zusammenhängendes Gitter erkennbar, das die Landparzellen der Farmen einschloss und sich wie ein Tischdeckenmuster auf die Ebene legte. Dass darin selbst Großwild noch Raum findet, hatte ich nicht vermutet. Aus dem Radio erfahren wir nun, dass sich sogar Bären hier durchschlagen. In der Nacht sei ein Bauer im Kampf mit einem wundgeschossenen Tier umgekommen. Er hatte den Bären, der sein Vieh bedrohte, erlegen wollen, aber nur schlecht getroffen – das Schlimmste, was einem Jäger unterlaufen kann. Der gereizte Bär verletzte einen weiteren Mann, der zu Hilfe geeilt war. Erst drei andere Schützen streckten ihn nieder.

Nach vier Stunden Fahrt inklusive Drehunterbrechungen erreichen wir die Berge im Innern Hokkaidos. Etappenziel ist ein traditionelles japanisches Ryokan-Hotel mit Futonbetten und heißem Bad. In einer Talbiegung schmiegt es sich an den felsigen Uferhang. Als wir eintreten und die Schuhe zurücklassen, knistern Holzkohlescheite in der Feuerstelle. Der Hausherr reicht uns grünschäumenden Begrüßungstee mit süßem Gebäck. Im Innenhof legt sich hinter riesigen Glasscheiben warm das Sonnenlicht auf den Steingarten. Dahinter gurgelt der Bergbach.

Schulklasse Japan

«Ohayo gozaimasu», guten Morgen, murmeln die nacktblei-
chen Männer einander zu. Kennen sie sich, schnellt der Gruß
zuweilen bis auf ein kurz gepresstes «Osss» zusammen. Schon
vor sechs Uhr früh, als mich vor der Papiertür das Klappern
des Küchenpersonals aufgeweckt hat, schließe ich mich ihnen
an, entscheide mich vor dem Umkleideregal müde für einen
der Wäschekörbe und streife das leichte Yukata-Gewand samt
dem Stoffgürtel ab, um beides darin abzulegen. Dann tapse
ich mit dem üblichen kleinen Frotteetuch und meinen Wasch-
utensilien in das dampfende Badehaus des Hotels, das Onsen. Leicht schweflig riecht das Vulkanwasser, aber nie stört
das hier so wie früher im Chemiesaal. Eher sind es Heilkraft
und Naturnähe, die man damit verbindet. Ich lasse mich auf
einen der Holzschemel in den Waschnischen nieder und seife
mich ein. Zwei Druckknöpfe liefern warmes Fließwasser. Ein
Hahn füllt den Handzuber, der andere mündet in einen Dusch-
schlauch. Als ich die Zähne putze, hantiert mein Nebenmann,
der sich kauernd rasiert, vor seinem tropfnassen Spiegel herum
wie ein Eichhörnchen.

Es sind überwiegend ältere Gäste aus der wohlhabenderen
Wirtschaftswundergeneration, die sich hier einen Wochenend-
ausflug leisten. Für jüngere Familien ist der Ryokan-Besuch
recht teuer geworden. Die Übernachtungen zahlen sie hier
nicht pro Zimmer, sondern pro Kopf. Ein opulentes Abendessen und ein reichliches Frühstück gehören dabei freilich zum
Standard. Auch wir bestaunten nach der Ankunft all die Tel-
lerchen und Kistchen, die uns die huschenden Hotelfrauen
vorsetzten – vom Seetang-Wölkchen und dem Tofuwürfel mit

Thunfisch- und Ingwerraspeln in Sojasoße über die Miso-
suppe bis zum Ofenfisch, dem Sashimi und den roten Riesen-
krebsen. Ein jedes Gericht mit Perfektion arrangiert. Japan als
Augenweide. Design für den Gaumen.

Gänzlich gereinigt, tauche ich in das erste Dampfbecken ab,
lasse mich von der Hitze des Wassers umschließen. Dann lausche ich entspannt dem Geraune der Männer und den Rinn-
salen, die aus den Gesteinritzen plätschern, um die Becken
immer randvoll zu halten. Bis zum Hals sitze ich bald im sich
kräuselnden Wasser, das noch trockene Frotteetuch gefaltet
auf dem Kopf tragend wie meine Nebenleute. Gut gelaunt nicken sie dem Fremden kurz zu, wenn unsere Blicke sich treffen. Ansonsten geht es recht wortkarg zu, zumindest hier im
Männerteil des Bades. Ein «Yoku nemashita-ka?» oder ein ge-
dehntes «Iiiii-desu-ne» sind schon die längsten Wendungen:
«Gut geschlafen?» und «Gut ist das, nicht wahr?»

Im Onsen habe ich Japan immer genossen. Jeder Kurztrip
in diese Refugien war eine Stippvisite im Zeitlosen und Sinn-
lichen. Was man tut, tut man für sich. Dazu kommt das reini-
gende Ritual, die Symbolik des Neubeginns, als verdiene jeder
Tag seine Chance. Kein Vergleich mit den westlichen Freizeit-
saunen, wo nach jedem martialischen Schwitzgang sogleich
der verdeckte Krieg um den Ruhestuhl entbrennt, sodass von
Entspannung bald nicht mehr viel bleibt.

Als ich spüre, wie die Wärme des Bades in mir aufgestiegen
ist, gehe ich über die hölzernen Planken nach draußen, zu den
Felsenbecken des Außenbades. Jenseits der Treppchen durch
den arrangierten Geröllgarten, an Steinlaternen und krumm-
gestutzten Kleinkiefern vorbei, tauche ich erneut halstief ins
Becken. Den tosenden Bergbach fast auf Augenhöhe, verharre
ich und lehne mich auf die Felsbrocken, die den Beckenrand
bilden, um den klaren dahineilenden Wellen zuzuschauen.
Vom anderen Ufer her neigen sich herbstbunte Ahornzweige

herunter, deren Blätter nun in der ersten Sonne rot funkeln. Es riecht nach Morgen und Wald, es gluckst, gurgelt und fließt. Der Rhythmus der Natur, Aufbruch und Innehalten, Weg und Ziel. Wie herrlich muss es sein, hier im Winter von Schnee und tropfenden Eiszapfen umgeben in seiner Dampfwolke zu sitzen. Das japanische Onsen bleibt die Königsklasse der Badekultur, denke ich zufrieden, so alt wie das Land, erhaben über alles, was man anderswo gerade so zeitgeistig als Wellness verkauft.

Um Japans Detail-Ästhetik wertzuschätzen, hatte ich nach meiner Ankunft in Tokio eine Weile gebraucht. Der Zwölf-Millionen-Moloch, eher konturloser Betonbrei als gegliederte Stadt, ist für Neuankömmlinge nicht eben heimelig. Auch dort sind die meisten Gebäude nur phantasielose Kästen, entworfen allein nach Funktionalität, als stünden sie in einer Wüste. Die nahen Küstenstreifen fand ich entweder in dicke Mauern gefasst oder mit tonnenschweren, wellenbrechenden Betonpollern behäuft. Einen Strand suchte ich vergeblich. Noch in die abgelegensten Bergdörfer führten breit ausufernde Straßen. Meist erfreut sich daran nur die Baulobby, die der Regierungspartei von jeher die Stimmen sichert. In einer derart verklotzten Umgebung nach beschaulichen Details zu suchen, von alten Tempel- und Schreingärten abgesehen, schien wenig aussichtsreich.

Die ersten Hinweise gaben mir Japans Hobbyfotografen, die geduldig im Frühling die Kirschblüten ablichten, im Sommer die Fische im Teich, im Herbst das Laub unter dem letzten Sonnenstrahl und im Winter die Kraniche im Frühnebel. Jeder Ortsfremde belächelt sie zunächst, weil er sie unter Klischee-Japanern verbucht, die mitten in kurvigen Bergstraßen ihr Dreibein aufbauen und ihm ein Fahrverhalten abverlangen wie zu Hause bei Krötenwanderungen. Doch als einige mir einmal ihre Schätze offenbarten, beschlich mich die Demut. Da sah ich hochprofessionelle Schnappschüsse von Eisvögeln beim Wasserstart, mit zappelnden Fischlein im Schnabel, stimmungsvolle Lichtbrechungen an Blüten und Blättern und Kranichpaare beim Waldspaziergang, als gingen sie gemeinsam ins Kino. Auch in den Städten entdeckte ich bald eine im Zementmeer verborgene Schönheit – in den kleinen Blumentopf-Vorgärten der Wohnhäuser, den unzähligen liebevoll eingerichteten Restaurants, der Freude der Japaner an Kindern, der Zuvorkommenheit des Gemüsemanns. Auf dem Lande half der zweite Blick auf die Reisbauern, die mit Hingabe Setzling für Setzling ins Wasserbeet pflanzten, auf die gehegten Teebüsche, auf die wehenden Bambushaine. Und bei jedem Umzug die Ausdauer der Möbelpacker – weil sie sogar noch Kisten schleppend stets vor der Türschwelle aus ihren Schuhen hüpften.

Nur in der Politik tat ich mich mit dem Wohlwollen schwer. Zwar hielt auch ich ihr die Friedfertigkeit der japanischen Gesellschaft zugute, ihren wirtschaftlichen Erfolg, den breit verteilten Wohlstand. Dennoch drehte sie einem immer wieder die Kehrseite der japanischen Tugenden zu, ließ erahnen, wie leicht die Konfliktscheu und die eherne Loyalität der Menschen ausnutzbar waren. Bis heute verstehe ich nicht, wie die politischen Eliten dieses Landes sich unwidersprochen so wenig um das Vertrauen der Nachbarländer scheren, ja sich oft derart in Hochmut gefallen, dass man ihnen nur noch wünschen möchte, endlich erwachsen zu werden. Und dem Volk, das sie stets wieder wählt, obgleich ihm Demut viel näher als Hochmut ist, allemal.

Als wir nach dem Frühstück wieder aufbrechen, macht sich auch in uns Demut breit: Selbst die zierlichsten Hotelmitarbeiterinnen lassen es sich nicht nehmen, unsere Kisten zu tragen. Trinkgelder, die Japans Geschäftswelt nicht vorsieht, brächten sie umgehend zurück, höflich auf ein Missverständnis verweisend. «Hier sollten die Russen mal in die Lehre gehen», erinnert Johannes an die breitschultrigen Pagen in Juschno-Sachalinsk, die nur gegen Vorkasse mit anpackten, sich nach halber Arbeit schon wieder verdrücken wollten und dem Team schließlich noch überaus gestenreich die Dienste der Hotelprostituierten anpriesen.

Die Tankstellentruppe, die uns am Ortsrand im Laufschritt umsorgt, versetzt meine Teamkollegen dann in noch größeres Staunen. Bevor sie eine Zapfsäule zum Selbsttanken auch nur haben suchen können, ziehen die Männer im Dienstanzug schon die Füllschläuche von der Decke herab, putzen außen wie innen die Fenster, prüfen Ölstand und Reifendruck, bitten um den Inhalt der Aschenbecher sowie weiteren Reisemüll. Auch das hatte ich fast schon vergessen.

«Fühlt man sich da nicht wie ein Formel-1-Pilot?», frage ich die anderen – während der Tankwart den Verkehr anhält, uns auf die Straße herauswinkt und wir im Rückspiegel noch seiner Verbeugung zusehen. Als im japanischen Suzuka mal wieder die Rennsaison endete, hatte ich so einen Privat-Boxenstopp einmal zu einem Beitrag montiert. Der Tankstellenbetreiber verstand nie, was Deutsche daran so bemerkenswert fanden.

Dabei hatte ich im Serviceparadies Japan anfangs auch manchen Rückschlag erlitten: Mitten in Tokio baten mich Taxifahrer, doch bitte wieder auszusteigen, weil ich den Weg zu der genannten Adresse selbst nicht kannte und keine Skizze vorzeigen konnte. Oder sie ersparten dem Gast zwar beim Ein- und Aussteigen über ihre Hebelautomatik das Öffnen und Schließen der Wagentür, ließen ihn aber mit dem Gepäck hinter dem Kofferraum alleine und öffneten auch diesen nur per Knopfdruck von innen. Zudem rieb ich mir bisweilen angesichts einer sehr traditionellen Geschlechterordnung die Augen. Zu Gast in einem Professorenhaushalt verdrückte ich verlegen den selbst gebackenen Apfelkuchen der Gattin, die noch gesenkten Hauptes neben dem Esstisch kniete. Und in einer vollbesetzten Bergbahn in Japans Alpen hinterließ mich eine junge japanische Familie fassungslos: Als sich die sichtlich schwangere Frau mit Mann und Kind näherte, stand ich auf und bot meinen Platz an, worauf sich der Mann freundlich bedankte – und hinsetzte. Frau und Kind, die mir ebenfalls zunickten, ließ er weiterhin stehen.

Während der Fahrt durch Herbstwald und Farmland frage ich Mami Takahashi, die einst in Hokkaido als Journalistin arbeitete und heute in Frankreich lebt, welchem Land sie mehr Heimatgefühl entgegenbringt.

«Nicht Japan», sagt sie. Dessen sittenstrenge Gesellschaft habe ihr am Ende fast den Atem genommen. «Es gibt für alles Regeln, immer ist die Form wichtiger als der Inhalt. Ich war geschieden, das ist für eine Frau hier noch immer schwer durchzustehen. Dich trifft zwar keine direkte Kritik, aber der Druck ist enorm, auch wenn es nicht ausgesprochen wird. Man hat sich konform zu verhalten, die Erwartungen zu erfüllen, schon bevor andere sie äußern.»

Ich wundere mich, wie sehr sich Mamis Unmut mit Polinas Russland-Frust deckt. So gegensätzlich uns beide Länder meistens erschienen, so sehr ähneln sie sich nun wieder: dort der Leidensdruck der noch immer realsozialistischen Mangelwirtschaft, hier der Gruppenzwang als geistige Tradition. Beide Male wird Individualität zum Problem.

«Entschuldigung, aber es ist eine Regel», war ein Satz, den auch ich oft hörte. Im nächsten Hotel, das wir kurzzeitig beziehen, einer Tausendfünfhundert-Betten-Burg zwischen Akanko-See und Meakan-Vulkan, mit barockem Gestühl und wuchtigen Marmorsäulen in der Lobby, wird auch das wieder wahr. Form statt Inhalt. Jenseits der pompigen Ankunftshalle löst sich in den Zimmern die Blümchentapete bereits von der Wand. Nichts ist hier übrig von der Gemütlichkeit eines Ryokans. Hier gilt es nur noch, die Masse zu lenken. Busweise wird sie jeden Nachmittag angeliefert. Danach folgen alle dem Fähnlein, das erst die Reiseleiterinnen und dann die Hotelbediensteten hochhalten: reinkommen, Zimmerschlüssel entgegennehmen, an den Fahrstühlen anstehen, umziehen, ins Bad gehen, Essensmarke abgeben, den Platzanweiserinnen an einen Barocktisch folgen, sich in die Büffetschlange einreihen. Dazu singt kläglich ein Sinatra-Imitator, der unbeholfen die Senioren umtanzt – bis später die schon angetrunkenen Karaoke-Freunde das Mikrofon übernehmen. Am Morgen dann ein schnelles Waschbad, die nächste Essensmarke, Frühstücksschlange, Geschenkekauf, Gruppenfoto, rein in den Bus. Schulklasse Japan, folgsam und gedankenlos. Sobald sich die Aufzugtür öffnet, stürmt die Menge heraus, die Oberkörper stets verbeugungsbereit, sodass sich der Gedanke aufdrängt, diesem Volk fehle der aufrechte Gang.

Immer wieder kam mir in solchen Momenten der legendäre Satz General McArthurs in den Sinn, der als Besatzungschef beim Aufbau der japanischen Nachkriegsordnung beklagt hat, die Bevölkerung habe die Mentalität von Fünfzehnjährigen. Ein Pfarrer im Süden des Landes hatte mir gegenüber diesen Satz einmal grüblerisch zurückgewiesen. Er hielte es sogar für angemessener, von Dreizehnjährigen zu reden, sagte er ernsthaft. Im hauseigenen Kindergarten ließ er allmorgendlich die Kleinen ihr Tagesprogramm selbst bestimmen. So sollten sie lernen, eigene Entscheidungen zu treffen.

Imakichi Akibes Bauernhaus trägt das Strohdach wie eine tief in die Fenster gezogene Wollmütze. Offenes Feuer beheizt den Innenraum. Am Ende einer Reihe schmuckvoller Giebelhäuser gelegen, dient es heute im Ainu-Dorf als Museum. Auf dem Festplatz, der sich anschließt, entzünden Helfer die Fackeln für das Iomante-Fest, das in wenigen Stunden beginnt. Wie jedes Jahr schießt dann der alte Häuptling einen brennenden Pfeil in den Reisighaufen, in dessen Feuerschein bald darauf die letzten Ainu-Familien Japans ihre Tänze aufführen.

An den Innenwänden des Bauernhauses hängen Holzskier und Fellfäustlinge, mit Pfeilen gefüllte Köcher und Kutten aus Sackstoff, Dreschflegel und Kampfschwerter. Als sich der Vorhangschlitz öffnet, traue ich zunächst meinen Augen nicht: Den zotteligen, nach vorne geneigten Menschen, der da im Halbdunkel auf allen vieren den Eingang hereinklettert, hielt ich fast für einen Bären. Seinen Rumpf umhüllt brauner, wolliger Pelz. Arme und Hände sind ledern verpackt. Aus dem dunklen Gesicht funkeln tiefliegende Augen, umgeben vom Dickicht des Haarschopfes. Lediglich der breit gefächerte, graue Bart stört das Bärenbild. Er würde eher Karl Marx Konkurrenz machen.

Weit über achtzig Jahre ist Akibe alt. Auf seinem Kopf trägt er eine Krone aus Weidengeflecht. Die verbliebenen Zähne muten an wie verwitterte Felsen, während seine Stimme den Raum füllt, als gehe ein Gewitterdonner hernieder. Die Sprache, die der Häuptling benutzt, ist ein mit Ainu-Wörtern durchsetztes Altjapanisch. Allein durch mündliche Überlieferung haben sie überlebt, eine Schrift kannte der Stamm nicht.

«Aber wir hatten sieben Wörter für Schnee und noch mal sieben für Bär», brummt Akibe. «Wir Ainus waren Jäger. Wir lebten von Wild, Bären, Lachsen und Wasservögeln. Alle Tiere haben uns die Götter geschenkt. Zum Dank dafür gaben wir ihnen beim Iomante-Fest deren Seelen zurück.» Auch die Vulkane samt ihrer heißen Quellen seien geweihte Stätten. «Wir lehren unsere Kinder, dort nicht zu spielen, weil dies das Wasser der Götter ist.»

Ich berichte von der Liebesgeschichte um den Alaid-Vulkan, die wir im Süden Kamtschatkas hörten, und von den Gamuli, die den Ureinwohnern zufolge die dortigen Berge bewohnten.

«Auch wir kennen männliche und weibliche Berge», hebt der Alte den Finger. «Eines Tages, vor mehr als zehntausend Jahren, berieten die Götter, wie sie eine Frau für den Oakan, den Männerberg, finden sollten. Der Reichste unter ihnen hatte eine Tochter und sagte, die wolle er ihm anvertrauen. Also schickte er sie hierher. Sie brachte einen Spiegel mit.» So sei der Frauenberg entstanden – der Meakan mit dem benachbarten Akanko-See. Aber der Männerberg habe seine Anvertraute nicht einmal angeschaut, fährt Akibe fort. «Er hatte nur einen Blick für andere Berge. Jeden Morgen schminkte sich die Braut weiß und legte ihr rechtes Bein Richtung Süden. Sie weitete sogar die Beine, um ihn zu reizen. Im Laufe der Jahre versuchte sie dann, ihre Rivalinnen niederzukämpfen. Aber da sie scheiterte, verließ sie Hokkaido und ging nach Kunaschir. Auch wollte sie kein Frauenberg mehr sein und auch keinen Ärger mehr mit den launischen Jünglingen haben. Also verwandelte sie sich in einen alten Mann. Berge sind nämlich Götter, und als Götter können sie ihr Geschlecht selbst wählen.»

Auch auf den Kurilen seien die ersten Bewohner die Ainus gewesen, sagt der Häuptling. Schon die Namen bezeugten das. «Kunaschir bedeutet schwarze Insel, weil sie am Horizont immer dunkel erscheint. Schikotan heißt großes Dorf. Als im Lande noch die shoguntreuen Samurai regierten, kamen bewaffnete Händler herauf, die nach Lachsgründen suchten.» Bald hätten sie die Ainus als Sklaven benutzt und sie unter schlimmsten Bedingungen arbeiten lassen. «Von da an war uns verboten, mit den Russen Handel zu treiben», grollt er. «Und auf den Nordinseln drängten zugleich die Kosaken heran, die unsere Rechte ebenso ignorierten. So tun es Großmächte immer mit Minderheiten, die kein Geld haben und keine Armee. Es ist eine Unart des Menschen, die Frieden immer wieder verhindern wird.»

Dann drängen die ersten Kleingruppen zum Fototermin. Frauen mit Markenhandtaschen, grauschläfige Männer. Mit Handy oder High-Tech-Kamera schießt ein jeder sein Foto. Der Häuptling fragt nach ihrem Heimatort und macht Scherze darüber. So weit gereist sei er schon, aber da ausgerechnet sei er noch nie gewesen. Als sie gehen, nimmt er die Kuverts mit den Yen-Scheinen entgegen. Sie sind das Haupteinkommen der Ainu-Gemeinde. In den Giebelhäusern bieten unterdessen andere, ebenso bärtige Männer Schnitzereien feil, meist Bären mit einem querliegenden Lachs im Maul oder das Wahrzeichen des Ainu-Dorfes: die kluge, spitzohrige Eule.

Als Akibe den Festplatz betritt, ist alles bereit. Der Fackelring brennt und beleuchtet den Innenkreis. Auf der Bühne stehen die Maultrommler bereit, daneben die Frauen in gemusterten Kutten, die nun stakkatoartige Tonfolgen abklettern, als schickten sie ihren Lauten gleich noch das eigene Echo hinterher. Mystische, schwingende Klänge erfüllen so die Nacht.

Kurz darauf spannt der Häuptling den Bogen und schießt gespielt tollpatschig seinen ersten Feuerpfeil ab. Als er deutlich am Ziel vorbeifliegt, lachen die Umstehenden dankbar auf. Erst der zweite lässt das Reisig und bald den Holzstapel darunter aufflammen. Im noch helleren Lichtschein führen die Dorfbewohner nun ihre Tänze vor, von denen uns manche an die Korjaken-Reigen erinnern. Die Gewänder über Arme und Kopf gezogen und im Kreis hüpfend, ahmen die Ainu-Frauen flügelschlagende Vögel nach. Dazu schreien sie spitz oder rollen aufsteigendes Geträller, das in der Dunkelheit über den Wäldern verhallt. Dann folgt die Bärendarbietung mit Männern auf allen vieren und grimmigen Jägern, die ihnen nachstellen. Später ernten auch hier die Kindertänze einen Extrabeifall – und zuletzt eine Lachnummer. Sie parodiert, wie die Ainus sich mit störrischen Zugpferden abmühten, die ihnen das japanische Tokugawa-Regime nach der Unterwerfung Hokkaidos für den Ackerbau hochgeschickt hatte.

Nach dem Auftritt frage ich einige der Tanzenden, ob sie sich denn noch als Ainus empfinden. Insgesamt leben auf Hokkaido noch mehrere tausend Menschen mit Ainu-Vorfahren. Die meisten jedoch sind von ihren japanischstämmigen Landsleuten nicht zu unterscheiden, da ihre Familien sich seit Generationen vermischt haben. Nur wenige sind so dunkelhäutig und bärtig wie der Häuptling. «Sicherlich begreifen wir uns heute zuerst als Japaner», sagen sie uns. «Aber trotzdem pflegen wir unsere Sprache, Lieder und Tänze.» Auch die Schnitzereien, die hier gefertigt würden, gebe es nirgendwo sonst im Lande. Das Dorf selbst sei eher ein Überbleibsel der späten Ainu-Kultur.

«Erst die fremden Machthaber zwangen uns, in Dörfern zu siedeln», erklärt mir der Häuptling. «Aber sie wiesen uns nur schlechtes Land zu, wo wir Kartoffeln und Kürbisse pflanzen sollten.»

Wie er Japans Umgang mit den Ainus empfinde, frage ich ihn, als die Helfer schon die Fackeln gelöscht haben. Die Ignoranz des Landes gegenüber Minderheiten sei für ihn immer das Schlimmste gewesen, sagt er da. Dabei sei die Ainu-Kultur mindestens ebenso alt. «Es gibt in der Frühgeschichte Japans unstrittige Wurzeln, die nach Korea und zu den Ainus führen.

Beispielsweise floh die koreanische Prinzessin Himiko einst vor Rivalen nach Japan und heiratete einen hochrangigen Ainu. Sie bekamen Kinder, aus denen eine der wichtigsten Adelslinien des Inselreichs erwuchs. Ich habe das einmal vor zwanzig Professoren an der Universität in Osaka erzählt, und sie alle bestätigten es. Dann fragte ich sie, warum sie es all die Jahre verschwiegen. Da sagten sie, früher sei man geköpft worden, wenn man etwas gegen das Kaiserhaus sagte. Ich sagte, aber das sei doch jetzt nicht mehr so. Da sagten sie, ihnen seien dennoch die Münder schwer geworden, deshalb hätten sie es nie erwähnt.»

Der Aufstieg zum Meakan führt zunächst durch breite Schneisen im Bergwald. Mehrmals treiben Regenschauer vorbei, doch ebenso oft klart es auf. In den Baumwipfeln rauscht Wind. Ein Pfad führt ins Unterholz, dann wird der Hang steiler. Johannes, immer Perfektionist, bringt uns bald an den Rand der Erschöpfung, weil er uns stets mehrmals mit Rucksackgepäck an seinem Kamerastandort vorbeistapfen lässt, um ihren Blickwinkel zu variieren. Irgendwann öffnet sich ein Seitental, dem wir folgen. Auf dem Drehflug hatten wir vom Hubschrauber aus hineinsehen können. Darüber wölbte sich dann nur noch der nackte, von rauchenden Kratern durchlöcherte Bergrücken. Schwefelgeruch kündigt uns Gasschlote und heiße Quellen an. Der Bach, der hier unter Blattwerk die Felsenrinnen hinabkullert, dampft noch vor Hitze.

Ein dumpfes Blubbern weckt bald unsere Neugier. Es dringt aus armdicken Erdlöchern hervor, um die weiträumig keine Pflanzen mehr wachsen. Darin kocht grauer, zähflüssiger Schlamm. Unablässig wirft er neue, zerplatzende Blasen. Ein hässliches, unheimliches Puffen und Zischen, vor dem wir zurückweichen. «Bokke» nennen die Ainus diese Schlammöfen: heiße Orte. Dazwischen dringt Schwefeldampf aus versteckten

Ritzen und Spalten. Wie ein Höllental durchläuft es der heiße Bach. Halb verweste Baumstämme liegen quer. Über Felsenbuckel, die aus dem Lehm ragen, bewegen wir uns vorsichtig wieder zurück, als Kamera und Mikrofone die Atmosphäre des Kessels samt seinen giftgrünen Tümpeln und schlammigen Kratern aufgenommen haben.

Als ich die kritische Wegstrecke schon hinter mir wähne, passiert es doch: Eine von Gräsern umgebene Trittstelle, auf die ich den Fuß setzte, erweist sich unter meinem Körpergewicht als nicht tragfähig. Mein rechter Schuh bricht ein, dann der Knöchel, bis auf Wadenhöhe. Einen Sekundenbruchteil lang, bevor ich den Fuß wieder hochziehe, bin ich geschockt, frage mich, was das bedeutet. Dann spüre ich auch schon den kochenden Schlamm zwischen Schuhrand und Hose zur Haut vordringen wie eine glühende Zange, die meinen Knöchel umklammert. Bilder aus frühesten Alpträumen schießen mir in den Kopf, vom Griff der Unterwelt, die einen wehrlos in ihre Tiefe zieht, von Verdammnis, vom Nur-noch-wach-werden-Wollen. Auf den zweiten Fuß gestützt, werfe ich mich jenseits der Einbruchstelle ins Gras. Als ich den verschlammten, dampfenden Hosenstoff von der Wade lösen will, verschlimmert der heiße Luftsog den Schmerz noch. Zudem verbrenne ich mir auch die Fingerkuppen.

«Mindestens drei Wochen, wenn alles gutgeht», veranschlagt der Klinikarzt, als er die Brandblasen begutachtet. Über der Ferse fehlt an einer nun weißen Stelle gänzlich die Haut. Zudem ist unklar, wie tief das Gewebe verbrannt ist. Nur langsam kehrt später in die verheilende Hautstelle wieder Gefühl zurück. Doch je länger es dauert, desto mehr bin ich erleichtert, dass die Gamulis nicht entschlossener zupackten. Zu welcher Falle sie hätte werden können, wäre die verborgene Schlammblase größer gewesen, mag ich mir bis heute nicht ausmalen.

Schicksalsstadt Hakodate

Entlang der Südküste Hokkaidos fahren wir unserem Zielort entgegen, durch zubetonierte Fischerorte, die Erimo, Samani oder Urakawa heißen. Dann verlassen wir die Uferstraße und stoßen im Hinterland erneut auf bewaldete Hügel und Seen. Einer davon umschließt eine Mittelinsel wie der Kurilensee sein Alaid-Herz. Es ist die Gegend um den Usu-Vulkan, der in den vergangenen Jahren mehrfach ausbrach.

Als die kurvenreiche Strecke über eine Kuppe führt, sehen wir aus den Niederungen Rauchsäulen aufsteigen wie von Waldbränden. Dahinter erhebt sich ein lehmfarbener, zerfurchter Kegel. Kurz darauf ist die Straße, die einst zu beliebten Onsen-Berghotels führte, gesperrt. Erdstöße haben die Fahrbahn samt dem Mittelstreifen wellig zusammengeschoben wie einen lose verlegten Teppich. Im Tal senkt sie sich nun direkt in ein neues Gewässer, aus dem noch halb die Verkehrsschilder ragen. Strommasten hängen geknickt im Gewirr zerrissener Kabel. Gegenüber dann windet sich der graue Fahrbahnteppich wieder hervor und den Hang hinauf. Wie eine Modelllandschaft, die ein missmutiger Architekt am Ende verwarf und in einem Anfall von Jähzorn zerstörte.

Wäre da nicht ein zweites, neueres Wegenetz, das an einem neu angelegten Parkplatz für Reisebusse beginnt: hölzerne Fußgängerparcours auf niedrigen Stelzen, die über den Ascheschlamm zu den dampfenden Erdtrichtern führen; Aussichtspunkte mit Sperren am Kraterrand; Wegstationen mit Texttafeln, an denen ortskundiges Personal Auskunft darüber gibt, was hier geschah.

«Die Erde bewegte sich damals zuerst waagerecht hin und

her, es grollte fürchterlich», sagt Utoh Yorio, einer der Fremdenführer, mit den Armen rudernd seinen Zuhörern, «und dann ging auch noch alles rauf und runter.» Hinter ihm quillt Vulkanrauch aus tiefen Löchern. Über zehntausend Besucher drängen sich nun an Wochenenden. So viele kamen früher nie. Der Usu forderte keine Opfer. Häufige, sich langsam steigernde Beben kündigten die Eruptionen an. Als er dann ausbrach, hatte man schon längst damit gerechnet. Nahe gelegene Wohnhäuser und Hotels waren schon Wochen zuvor evakuiert worden. Wie ausgestorben wirkten die Siedlungen. In jedem Türeingang warteten paarweise Hausschuhe auf die Rückkehrer. Neben manchen lag noch die letzte Ausgabe der Zeitung, als seien die Uhren stehengeblieben. Dazu drang vom Wald her ein seltsamer Lärm, während der Bergkegel Staubwolken aushustete. Erst sah man sie dort aus dem Hang hochschießen, dann erreichte einen der Donner dazu, mit Zeitverzug wie beim Gewitter.

Vom höchsten Punkt des neuen Holzpfades aus sehen wir unten das Meer. Als die Sonne schon rot geworden ist, senkt sie sich dem Horizont zu und beleuchtet dabei den Rauch, der nun wie Flüssigsauerstoff über den Hang kriecht, um dann zögernd aufzusteigen und die Küste in eine mystische Kulisse zu verwandeln. Drei schrägliegende Häuser treiben darin wie Schiffswracks in den Bodenwellen. Ihre Wände sind zerborsten, in den Holzrahmen stecken noch die Splitter der Fenster.

Am Südende der Insel erreichen wir nachmittags Hakodate. Gerade mal vier Uhr ist es, da dämmert es schon wieder. Wegen seiner enormen West-Ost-Ausdehnung hätte Japan eigentlich mehrere Zeitzonen nötig, aber wer unterteilt sein Land schon gern in unterschiedliche Uhrzeiten. Schon nach der Ankunft in Nemuro haben wir deshalb unsere Tagesschichten nach vorne verlagert. Seitdem beginnen wir früher zu drehen und machen Schluss, sobald es dunkel ist.

Beeindruckt verfolge ich die leuchtenden, geschwungenen Küstenlinien, die hier einen Dorn ins Meer treiben. An seinem Ende erhebt sich der Stadtberg mit seinem antennengekrönten Haupt. Von hier erkennt man am besten, wie die Straßengitter die Halbinsel durchkreuzen, in denen die Autolichter umherfließen wie Blutkörperchen durch einen Organismus. Allein ein riesiger, vielzackiger Stern in ihrer Mitte verweigert sich dem Muster. Es ist die nach europäischer Militärkunst errichtete Zitadelle.

Solcherlei Fremdeinflüssen hatte sich Japan zuvor jahrhundertelang entzogen. Als der Samurai-Staat, geführt von ihrem Feldherrn, Shogun Ieyasu Tokugawa, einem kaiserlichen Vertrauten im Generalsrang, Anfang des 17. Jahrhunderts die Kolonialisierung des Landes befürchtet, gibt er den aufkeimenden Handel mit China, Korea und den Europäern auf und verschließt sich der Außenwelt völlig. Das Fischerdorf Edo wählt er zur Hauptstadt. Aus ihm erwächst Tokio, in dem bald eine Million Menschen leben. Die Isolation schadet dem Land zunächst nicht. Der Binnenhandel blüht, der Kaufmannsstand gewinnt an Einfluss, wenngleich die Samurai weiter herrschen. Der Kaiser jedoch verliert ihrem Shogun gegenüber bald jede Autorität. Die Isolation währt über zweihundertfünfzig Jahre lang. Westliche Missionare werden verfolgt und getötet, kein Japaner darf mehr sein Land verlassen. Allein auf einer Insel vor Nagasaki verbleibt eine niederländische Handelsniederlassung.

Auch alle Versuche Russlands, im Norden Kontakte nach Hokkaido zu aufzunehmen, blockt das Tokugawa-Regime ab und sichert stattdessen die Küsten. Jedes sich nähernde Schiff soll von nun an vernichtet werden, den Besatzungen droht die Hinrichtung. Der einzige Fremde, den der Shogun ins Reich einlässt, ist ein britischer Seemann, von dem er sich neue

Kenntnisse über Navigation und Schiffbau erhofft. Er wird der Vorbote einer Umwälzung, in der sich Japan den Wissensvorsprung der modernen Welt bald in atemberaubender Geschwindigkeit aneignet.

Zuvor bringen erste Missernten das Regime in Bedrängnis. Der Wohlstand bröckelt. Als die Engländer im Opiumkrieg Chinas Armee wie im Vorbeigehen schlagen und das Riesenreich in ausbeuterische Verträge zwingen, fürchtet Tokugawa für Japan noch das gleiche Schicksal. Dann, im Juli des Jahres 1853, verschrecken vier pechschwarze, waffenstarrende Schiffe die Bürger von Edo. Commodore Matthew Perry bricht so im Auftrag Amerikas mit martialischer Drohgebärde den Bann – und Japan unterzeichnet die ersten, ebenso unfairen Handelsverträge mit dem Westen wie China.

Unter den wenigen Häfen, denen die Machthaber Handelsfreiheit gewähren, ist Hakodate, das Perry ein Jahr später anläuft. Und je weiter Japan sich öffnet, desto mehr erkennen seine Herrscher, wie weit es in jenen Jahrhunderten zurückgefallen ist.

Der Wandel weckt Ängste – in der verschüchterten Bevölkerung und bei jenen, denen Machtverlust droht. Die Samurai sind hin- und hergerissen. Einerseits schüren sie mit Parolen wie «Vertreibt die Barbaren» den Fremdenhass. Andererseits versprechen die Handelskontakte auch Zugang zu moderneren Waffen, die sie gebrauchen können. Schließlich, im Jahr 1868, ist das Shogunat am Ende. Abtrünnige Truppen befreien den Kaiser aus seinem Palast in Kyoto, der ihm zum Gefängnis geraten war, und rufen die «Meiji»-Umwälzung aus: die erleuchtete Herrschaft. Die kaiserlichen Berater drängen nun vorbehaltlos zur Aufholjagd. Eine Wehrpflichtigen-Armee ersetzt die Samurai, die ihre Schwerter ablegen müssen. Verwaltung und Schulsystem ahmen westliche Modelle nach. Regierungsdelegationen begeben sich monatelang auf Studienreisen rund um die Welt, um sich zeigen zu lassen, was zeitgemäß ist: Eisenbahnen, Postwesen und Telegraphie, Industrieproduktion, medizinischer Fortschritt, Preußisches Allgemeines Landrecht, Heeresorganisation, Militärstrategien, Musik. Zugleich holt die Regierung hunderte ausländische Fachleute ins Land. Einer davon, ein deutscher Mediziner, wird gar zum Leibarzt des Tenno. In den Bergen jenseits von Tokio entdeckt er später, dass vulkanische Quellen heilende Wirkung haben – vorausgesetzt, man kühlt ihr Schwefelwasser auf unter 50 Grad ab.

Im Halbdunkel der Stadt gehe ich ein wenig spazieren, vorbei an den blinkenden Eingängen der Pachinko-Spielhallen; an den gelben Schlangen der Taxis, deren Türen sich dem Gast noch immer wie von Geisterhand öffnen; an der im Gleis rüttelnden Straßenbahn, die über die Stadthänge kippt wie die Cablecars durch San Francisco. Vor einem Kaufhaus, dessen Personal jeden Kunden mit lautem «Irasshaimaseh» willkommen heißt, kehre ich ein. Mit Vorfreude steuere ich die Lebensmittelabteilung an, wo handverlesenes, prallrundes Obst ausliegt und auch jetzt noch frische Baguettes duften wie in einer Pariser Boulangerie und die Fischabteilung fast so reichhaltig aufwartet wie morgens am Hafen. An der Theke des Yakitori-Grillmeisters setze ich mich, bestelle und sehe ihm zu. Wie ein Pianist lässt er seine Hände hin und her fliegen, dreht virtuos jedes Spießchen mit Hühnchenfleisch, Lauch oder Pilzen zurecht, bis es genau richtig gebräunt ist, lässt Salz auf Tomaten und grünen Spargel im Speckmantel rieseln, auf gespreizte Hühnerflügel und Hokkaido-Kartoffeln. Früher haben die Hüter solcher Theken zugleich die Gespräche der Gäste moderiert und dafür gesorgt, dass keiner davon ausgeschlossen blieb.

Die Spieße schmecken so köstlich wie erhofft. Erst als

die schnatternden Putzfrauen schon anrücken, verlasse ich das Kaufhaus. Den Koch frage ich zuvor nach seinem Lieblingsort in Hakodate. Der Stadtberg, sagt er tatsächlich, schon wegen des Blicks.

Oben, an dessen Hang, wo die russische Kirche steht, sind wir am nächsten Morgen mit dem Priester und seiner Kirchendienerin verabredet.

Zu Hause im Zwiebelturm

Mitsuko Miyazaki will ihre Mutter nicht zurücklassen. Wieder und wieder redet das fünfzehnjährige Mädchen auf den Vater ein. Doch der hat Angst vor den Militärkontrollen, vor den abschätzigen Blicken der Uniformierten, die nicht diskutieren, sondern immer nur auf Regeln verweisen. Und in deren Regeln kommen Ausländer immer nur als Verdächtige vor. Ein japanisch-russisches Mischlingskind bei sich zu haben, kann da schon Ärger genug geben. Dann auch noch die Urne seiner russischen Frau? Besser nicht. Am Ende überredet die Tochter ihn dennoch. Sie verstecken die Urne im Reisegepäck. Dann bringt sie das Schiff nach Japans Niederlage aus China nach Hakodate zurück. Für die Asche seiner Frau erwirbt der Vater ein Familiengrab auf dem japanischen Friedhof mit Blick über die Stadt. Die Regel, Nichtjapaner auf dem Ausländerfriedhof zu bestatten, missachtet er. Die Zivilcourage seiner Tochter hat ihn mutig gemacht.

«Hier sind die beiden nun auf immer vereint», zeigt Frau Miyazaki auf die granitgraue, recht zierliche Grabsäule im Schatten der Bäume. Die Hölzer mit den Schriftzeichen, die den Vorfahren zum letzten Totenfest alles Gute wünschten, ragen noch aus der Umfassung. Der alte Vater starb vor Jahren in seinem Haus in der Stadt.

223

«Ich weiß nur wenig über meine Vorfahren», lächelt die Tochter. Eine leise, in sich ruhende Frau mit dünngelocktem, silbernem Haar, deren Gesicht beiderlei Herkunft spiegelt. Zwar sind da die schwarzen Knopfaugen der Japanerin, doch sie blicken unter markanten Brauen und westlichen Lidfalten hervor. Zudem ist es die Russin, die diesen Blick sicher aufrechterhält. Japanische Frauen ihres Alters würden die Augen vor ihrem Gegenüber rasch senken und den lächelnden Mund bald hinter der Hand verbergen, um nicht ungebührlich viel Aufmerksamkeit auf sich zu ziehen. «Jahre nach Mutters Tod habe ich nach Stammbäumen und Familienbüchern gesucht», fährt sie fort. «Das Dorf, in dem sie geboren wurde, liegt im Norden Sachalins an der Küste. Ein Kirchenregister enthält ihren Namen. Mein Vater absolvierte das Priesterseminar, arbeitete dann aber in der Wirtschaft und ging mit den Kolonialtruppen nach Übersee. Erst hinauf nach Sachalin, später in die Mandschurei.» Eine Schwester von ihm lebe noch, sie sei vierundneunzig. Sie habe ihr einmal erzählt, dass sich die Eltern in der Stadt Ocha in Nordsachalin kennengelernt hätten, einem Ölhafen am Ochotskischen Meer. Von dort seien sie nach Hakodate gezogen, dann nach China, wo die Mutter verstarb.

«Ich weiß auch nicht, wo ich damals die Hartnäckigkeit hernahm, um meinen Vater zu überzeugen. Aber ich hätte ohne die Urne nicht gehen können», sagt Frau Miyazaki. Es sei ihnen gut gegangen dort. Zwar erinnere sie sich, dass die Schulkinder sie oft als Russenmädchen gehänselt hätten, aber das habe sie nicht weiter gestört. In Hakodate dagegen sei sie als Halbrussin niemals schief angesehen worden. Ob das schon ein Zeichen einer weltoffenen Stadt war, vermöge sie jedoch nicht zu sagen.

Als die Glocken des Kirchturms zehn Uhr schlagen, muss sie hinauf zum Dienst an die Pforte. Schon warten im Pfarrgarten die ersten Besucher, die den Wegweisern zu Hakodates Sehenswürdigkeiten gefolgt sind. Hinter der Flügeltür nimmt sie nun Platz, verteilt Faltblätter, die die Geschichte des Bauwerks erläutern, verkauft Kerzen an jene, die beten wollen, gibt fachkundige Hinweise zu den Ikonen, die die Wände des Innenraumes bedecken, bedankt sich für jede in die Spendenkiste gefallene Münze. Draußen schlendern die meisten dann nochmal um den in der Sonne erstrahlenden Kirchenbau herum, genießen die Aussicht auf Stadt und Hafen und schießen vom höchsten Punkt aus Fotos – mit dem Zwiebelaufsatz über dem Hauptschiff und dem Spitzturm über dem Eingang, hinter denen sich alte japanische Häuser den Hang hinabreihen.

Was sie bewogen habe, diese Arbeit zu übernehmen, frage ich die Kirchendienerin später. «Obwohl mein Vater den Priesterberuf nie ausgeübt hat, hielt er immer die Nähe zur Kirche», sagt sie. «Das hat mich an sie herangeführt. In Hakodate war dies immer ein Ort, der uns Heimat bot, an dem ich mich zu Hause fühlte.» Dann treffen wir vor dem benachbarten Pfarrhaus den Priester, Baba Noboru. Rund und füllig schaut er aus etwas verquollenen Augen. Ein gemütlicher, freundlicher Mann. Er sei der vierte Hausherr, der hier amtiere, stellt er sich vor. Der erste sei ein russischer Einwanderer gewesen, der zunächst gar nicht habe arbeiten dürfen, da die christliche Religion noch verboten war. Später habe ein japanischer Schuljunge immer die Bibliothek gehütet und in den Büchern geblättert. Der sei dann der erste japanische Priester der Kirche geworden. Im Jahr 1860 habe die russische Regierung sie bauen lassen.

«Als Japan Mitte des Jahrhunderts den Handel mit Russland, Europa und Amerika aufnahm, eröffneten diese Länder hier natürlich auch Konsulate», zeigt er auf einige prunkvolle Häuser hangaufwärts. «Die Diplomaten wiederum kamen nicht nur mit Familien. Sie brachten Köche, Ärzte, Hauslehrer und Priester mit.» Die Russen hätten sich zuerst einen Tempel angemietet, in dem sie die Konsulararbeit wie auch die Gottesdienste abhielten. Dann hätten sie die orthodoxe Kirche errichtet. «Gleich daneben zogen die Anglikaner die ihre in Kalksteingotik hoch. Hakodate war damals das florierende Zentrum Nordjapans, größer noch als die Inselhauptstadt Sapporo», sagt Noboru. «Die Russen liefen den Hafen sogar mit ihren Militärschiffen an. Und später, nach der Revolution dort, kamen hier viele an, die vor den Kommunisten aus ihrer Heimat flohen.»

«Waren Sie selbst denn jemals im Land ihrer Mutter?», fragen wir Frau Miyazaki. «Nur einmal, mit einer christlichen Reisegruppe in St. Petersburg», sagt sie. «Obwohl ich Russland als das Land meiner Wurzeln empfinde. Ich habe die Kirchen dort sehr bewundert. Aber mich haben auch die Zerstörungen und die Ruinen bedrückt. Dann war der Glanz schnell dahin, und ich hatte nur wieder die Armut vor Augen, in der meine Mutter wohl aufwuchs.»

Das Zischen von Omnibusbremsen unterbricht uns. Ein Reiseveranstalter setzt die erste Großgruppe des Vormittags frei. Nach den geruhsamen Einzelbesuchern schiebt sie sich nun kompaniegleich auf die Kirche zu. Trippelnde Frauen mit Umhängetäschchen, o-beinige Männer unter quietschbunten Hütchen, immer hinter der Gruppenleiterin her, die ihren Brigadenwimpel mit dem Aufdruck «Nagano Travel» hochreckt. Nach der Kirche werden sie die Konsulargebäude bewundern und dann in Japans ältester Metzgerei eine deutsche Bratwurst mit Senf essen und sich dabei das Video über den knorrigen Geschäftsgründer ansehen.

Den Mann, einen gebürtigen Böhmen namens Carl Raymon, hatten die Weltwirren ebenfalls hierher verschlagen. Als Pazifist war er vor dem Soldateneinsatz im Ersten Weltkrieg geflohen und auf etlichen Umwegen in Japan gelandet. Im geschäftigen Hakodate fand er eine Bleibe – und eine Frau, die ein Leben lang zu ihm hielt. Das Handwerk, das er erlernt hatte, war recht ungewöhnlich für einen so friedfertigen Geist: Raymon war Metzger, mit Leib und Seele. Im damaligen Japan, das sich nur aus dem Meer ernährte, war das bis dahin ein unbekannter Beruf.

«Die Kinder naschten immer gern eine Scheibe Schinken bei mir», sagte er einmal rückblickend, «aber ihren Eltern hätte ich meine Wurst nachschmeißen können. Sie hätten sie nicht einmal angerührt.» Die weitere Öffnung Japans kam ihm gelegen, denn so konnte er Hotels beliefern, in denen nun Ausländer abstiegen. Dann aber zog der nächste Weltkrieg herauf. Wieder geriet er unter den Druck der Militärs. Als Kriegsgegner war er ihnen verdächtig, und als Ausländer galt er, wenngleich sich Japan und Deutschland nunmehr verbündet hatten, als mutmaßlicher Spion.

Zu den Schutzbunkern der Stadt, in die sich die Einheimischen bei jedem Bombenalarm flüchteten, verwehrte man seiner Familie den Zugang. Den Betrieb nahm man ihm weg und schlug ihn einem japanischen Großkonzern zu. Doch die Raymons blieben standhaft und halfen sich selbst. Unter den Küchendielen des Hauses, das sie bewohnten, führte bald eine Stiege ins Dunkel einer selbst gemauerten Katakombe. Nach dem Krieg fing Raymon wieder von vorne an. Er starb als erfolgreicher Geschäftsmann und Ehrenbürger seiner Stadt. Die Fleischerei führte sein einstiger japanischer Lehrjunge weiter. Über die Eingangstür neigt sich noch immer im schmiedeeisernen Lorbeerkranz ein praller, am Fleischerhaken hängender Schinken. Darunter steht auf deutsch Raymons Leitspruch: «Die Liebe geht durch den Magen.»

Grenzland

«Kommen Sie mit, ich zeige Ihnen etwas, das Sie interessieren wird», sagt Priester Noboru. Wie ein Glöckner beugt er sich bald darauf zu dem Hängeschloss hinab, um das Gittertor zum Ausländerfriedhof aufzusperren. An verwitterten Grabsteinen entlang, in die sich kyrillische Schriftzüge einkerben, führt er uns zu einer Familiengruft. Sie trägt die Aufschrift «Domitori Nikolajewitsch Schez». Darunter die Lebensdaten «1884–1934». «Vermutlich eine Abwandlung des deutschen Familiennamens Schütz», sagt Noboru. «Er war einer der wohlhabendsten Bürger Hakodates, hatte ein Vermögen im Pelzhandel verdient. Eines seiner liebsten Reisegebiete war Kamtschatka.» Auch gebe es eine Verbindung zu Carl Raymon. Das Haus, das dieser mit seiner tatkräftigen Frau unterkellerte, habe zuvor Schez bewohnt.

Das Grabmal des Pelzhändlers, um dessen dunkle Marmorplatten wir nun herumgehen, zeugt nicht nur von Wohlstand. Es drückt auch die Trauer seiner Frau und seiner Kinder aus, die Hakodate nach seinem Tode verließen. Nach dem wenigen, was bekannt ist, muss es ein schicksalsgeprägtes Leben gewesen sein.

Wie der Vater von Frau Miyazaki lebt auch Schez einige Jahre auf Sachalin. Auch er heiratet dort eine Russin. Seine Familienwurzeln reichen bis in die Ukraine zurück und verlieren sich dort. Manches spricht dafür, dass er nach Sibirien verbannt wurde. Nach dem Japanisch-Russischen Krieg blieben nur wenige Russen im von Tokio annektierten Südsachalin. Meist betrieben sie kleinere Handelsschiffe, die zwischen den dortigen Häfen und Hakodate verkehrten. Während der Russischen Revolution schloss sich Schez, vom Norden in den Süden geflüchtet, ihnen an. Später kam er ganz nach Hakodate herüber, das bessere Geschäfte versprach. Aber auch neue Rivalitäten zusätzlich zu den alten.

«Mit nur fünfzig Jahren, auf dem Höhepunkt seines Erfolges, fiel er während einer Rückreise aus Tokio aus dem Zug und verstarb an seinen Verletzungen», sagt der Priester. «Ob es ein Unfall war, blieb offen. Zeugen fanden sich nie.»

Unten in der Stadt, in einem der Betonblöcke, die auch Hakodate nicht erspart blieben, besuche ich am Abend meinen letzten Gesprächspartner der Reise. Der Mann, der hier wohnt, konnte nicht zum Friedhof hinaufkommen, da er im Rollstuhl sitzt. Sein Haar liegt in schwarzen Strähnen über der Stirn. Die Augenbrauen stehen buschig hinter zu großen Brillengläsern. Die Worte fallen ihm schwer aus dem Mund. Auch Takashi Narita, zweiundachtzig Jahre alt, hat russische Vorfahren. Die Enge der Wohnung erinnert mich an die Küche des Fischers Nikita, mit dem unsere Drehreise begann. Nur die Utensilien sind andere. Nicht Einmachgläser und Trinkwassereimer belagern den Raum, sondern Reiskocher und Standuhr, Wandschrank und Videoplayer, Familienfotos und Zimmerpflanzen. Nur selten bekommt er noch Besuch. Auf dem Küchenhocker sitzend, höre ich seiner Geschichte zu, denn auch sie hat mit Orten zu tun, die wir bereist haben.

Naritas Vater war Übersetzer bei einem japanisch-russischen Fischereiunternehmen, das einen Vertrag mit Moskau geschlossen hatte, um die Flüsse Kamtschatkas auszubeuten. Am dortigen Außenposten lernte er seine spätere Frau kennen, die dort arbeitete. «Von Vater weiß ich, dass sie nur Lachse fingen», sagt Narita. «Sie fuhren immer wieder die ganze mühselige Strecke hinauf, ohne sich für die Fische im Meer zu interessieren. Es ging ihnen nur um den Lachs dort oben.» An beiden Küsten der Halbinsel seien sie dann in die Flüsse vorgedrungen, so weit es nur ging, und hätten die Fische herausgeschaufelt. Da auf den Schiffen sowohl Russen als auch Japaner zu Werke gingen, habe der Vater als Dolmetscher viel Arbeit gehabt.

229

«Die Dörfer müssen in einem jämmerlichen Zustand gewesen sein, nach allem, was er beschrieb», erzählt Narita. «Aber ihre Schiffe waren gut. Es waren große Schiffe. Deshalb hatte die Firma ja den Auftrag bekommen.»

«Erzählte er irgendetwas von den Ainus?», frage ich.

«Einmal nur. Ihre Geschichte habe ein trauriges Ende genommen, sagte er damals. Sie seien zu vergessenen Menschen geworden, für die es keine Orte mehr gab, wo sie leben konnten wie früher.»

«Traf er denn noch welche auf den Kurilen?»

«Das weiß ich nicht. Zuletzt waren da nur noch Russen.»

«Wie denken Sie über den Streit um die Inseln?», frage ich auch ihn. Er ist der Erste, der eine Antwort jenseits der üblichen Fronten gibt.

«Wir brauchen sie nicht», sagt er bedächtig. «Sie sind auch kein japanisches Land. Und russisches sind sie auch nicht. Wenn überhaupt, dann sind sie Ureinwohner-Land. Sollte es noch einmal gerecht zugehen, dann würden die Inseln samt ihren Fischgründen ihnen zugesprochen und niemandem sonst.»

Abkehr zum Amur

Am Morgen des 3. März 1855 weicht der Frohsinn der siegreichen Verteidiger von Petropawlowsk. In der Nacht war der Kurier des Zaren in der Stadt angekommen und hatte wissen lassen, der Feind werde sehr bald verstärkt wiederkehren, um die empfangene Scharte auszuwetzen. «Wenn irgend thunlich», solle deshalb «alles Militär, alle Beamten, alle Schiffe und überhaupt alles Eigentum der Krone» westwärts nach Nikolajewsk an der Amurmündung überführt werden. Auch das Ende von Karl von Ditmars Studienaufenthalt ist damit besiegelt. Nach anfänglichem Schock takeln die Mannschaften im Hafen die Schiffe auf und bewaffnen sie. Kanonen werden verladen und die städtischen Magazine geleert. Die Männer des Ortes, ohnehin fast durchweg Matrosen, beziehen ihre Posten auf den Kriegsschiffen – allen voran die Fregatte «Aurora», die in der Seeschlacht so wichtige Dienste geleistet hat.

Das größte der Transportschiffe, die «Dwina», nimmt deren Frauen und Kinder auf, die Familien der Militärbeamten und Offiziere sowie die Zivilbeamten, zu denen auch Ditmar zählt. Lediglich Kriegsgouverneur Sawoiko und dessen Angehörige, die gesondert abgeholt werden sollen, bleiben mit einem Begleitschutz zurück. Einige der hiesigen Kosaken, die aus dem Umland angefordert werden, erhalten den Auftrag, den nun menschenleeren Hafen zu bewachen.

Vielen zerreißt der Abschied das Herz. Da der Raum auf den Schiffen sehr begrenzt ist, müssen sie nicht nur Haus, Möbel und Vieh zurücklassen, sondern auch den Großteil ihrer sonstigen Habe. Täglich kommen zudem liebgewonnene Bekannte aus dem Landesinneren an, um Lebewohl zu sagen und angst-

voll ihr Schicksal zu beklagen. Ohne den Schutz der Stadt und
Sawoikos, fürchten sie, würden sie sicher bald wieder in die
Hand räuberischer Kaufleute fallen.

Nach achtzehn Tagen ist die kleine Flotte bereit. Schwer
beladen läuft sie zunächst in die Awatscha-Bucht aus, wo sie
auf Reede bleibt. Nachdem Sawoiko seinen Abschiedsemp-
fang und einen Gottesdienst gehalten hat, lässt er ein jedes der
Schiffe einsegnen und auf der «Aurora» die Admiralsflagge his-
sen. Als sie jedoch aufs offene Meer hinausziehen, gerät die
«Dwina» auf eine Sandbank und bleibt über Nacht zurück.
Weil draußen bald ein fürchterlicher Schneesturm aufkommt,
erweist sich das Missgeschick als Segen, denn die anderen
Schiffe kämpfen verbittert gegen Wellen und Sturm an. Mit
übervölkertem Zwischendeck, auf dem die zahlreichen Matro-
senfrauen nach dem vorausgefahrenen Verband Ausschau halten, wartet der «Dwina»-Kapitän nun auf günstigen Wind, um
die Untiefe zu verlassen und endlich zu folgen.

Als auch die Familien später auf den Hafen zurückblicken,
packt sie noch einmal die Wehmut. Schon wieder müssen sie
nun entschädigungslos einen Ort aufgeben, den sie sich aufop-
ferungsvoll zur Heimat gemacht hatten. Viele von ihnen waren
erst vor einigen Jahren auf ähnlich plötzlichen Befehl hin mit
ihren Hundegespannen aus dem Norden gekommen, wo sie
ebenfalls Haus und Hof hatten aufgeben müssen.

Einmal mehr lässt Ditmar seiner Empörung darüber freien
Lauf: «Wie sollten da Lust und Liebe zu Ansiedlungen entste-
hen, wie etwas aufblühen und gedeihen», notiert er auf seinen
letzten Tagebuchseiten. «Man sollte doch endlich etwas lernen
von den abliegenden Territorien der Vereinigten Staaten Amerika's. Dort ist der Ansiedler frei in der Wahl seines Ortes und
geschützt in seinem Eigentum vor den Machteingriffen regie-
rungslustiger Beamten.» Wie durch Zauberei füllten sich dort
die Länder mit Menschen, entstünden Dörfer und Städte,

die zu Blüte und Reichtum gelangten. Selbst die russisch-amerikanische «Compagnie», eine gemeinsame Kaufleuteorganisation, die den Pazifik erschließen und den Pelzhandel mit den Eingeborenen vorantreiben sollte, lehre Eindeutiges. Ein ganzes Jahrhundert lang habe sie dort unter russischer Führung mehr gehemmt als vorangebracht. «Jetzt aber, unter amerikanischer Oberhoheit», bilanziert Ditmar, «ist dort selbst in den unwirthbaren Gegenden am Yukon-Strom und auf den Aleutischen Inseln alles zu regstem Leben gelangt.»

Am 10. April erreicht auch Ditmars «Dwina» die offene See. Sein mehrjähriger Dienstsitz verschwindet am Horizont, erst die schneebekleideten Gebirgszüge, dann auch die daraus hochragenden Vulkankegel, bis nicht einmal mehr ihre Rauchsäulen zu erkennen sind. An der Küste entlang segelt das Schiff nach Süden, hier und da noch begleitet von einem umherziehenden Wal. In der zweiten Nacht erreicht es die Kurilen, segelt in günstigem Wind an Schumschu und Paramuschir entlang, bevor ihm der nächste Seesturm die Passage ins Ochotskische Meer hinüber verweigert.

Von den anderen Schiffen ist noch immer keines zu sehen. Die Inseln zeigen sich eisbedeckt und den Schneeböen trotzend. Erst nach zwei Tagen des Ausharrens dreht sich die Sturmfront ein wenig, sodass die «Dwina» zwischen Paramuschir und Onekotan hindurchschlüpfen kann, um nun nördlich der Inselkette die Fahrt fortzusetzen. Bald darauf verschluckt sie der Nebel.

«Üble Reisetage» folgen, wie Ditmar festhält, «voller Stürme mit dem wüstesten Schnee- und Hagelwetter von allen Seiten.» Bald treiben sie sogar wieder zurück auf Kamtschatka zu. Einem Federball gleich sieht er das arme Schiff von Woge zu Woge geworfen, obwohl schon alle Segel gerefft oder ganz eingeholt sind. Die Räume unter Deck geraten indes zu Kammern des Wehleids. «Die Seekrankheit hält reiche Ernte unter den armen Weibern und Kindern, die eingesperrt liegen», klagt Ditmar. Lange schon werde an Bord nicht mehr gekocht, und die Unreinlichkeit übersteige alle Vorstellung.

Nach zehn Tagen schlagen die Späher Alarm, weil sie im Kielwasser einen Dreimaster aus dem Nebel auftauchen sehen. Dann erst bemerken sie, dass es eines der eigenen Schiffe ist, das die «Aurora» hatte begleiten sollen, sie aber in den Stürmen verlor. Ende April dann erblicken sie im Morgenlicht die Nordküste Hokkaidos und später das südwestliche Kap Sachalins, das ihnen den Weg in den Tartarensund weist. Die Kranken wagen sich bei ruhigerer See wieder an Deck, um sich an der Frischluft zu erholen. Nach fünf weiteren Tagen zwingt sie erneut dichter Nebel vor dem Festland zum Warten. Als er sich lichtet, beschließt man, in der nächsten Bucht, die noch teils vereist ist, zu ankern. Dort trifft später auch Sawoiko mit den übrigen Schiffen ein.

Vom Ufer aus lässt sich auf dem Landweg ein See erreichen, der mit dem Amur-Fluss in Verbindung steht. Während ein Teil der Männer nun Frauen und Kinder in die Sicherheit nahe gelegener Posten bringt, zieht Sawoiko die Schiffe hinter kleinere Buchtinseln zurück. Er fürchtet, es könnten erneut feindliche Fregatten aufkreuzen.

Unterdessen trifft Forscher Ditmar noch einmal auf Eingeborene, wie er sie zuletzt in Kamtschatka beschrieb. Viele von ihnen nähern sich in den folgenden Tagen dem Lager, das Sawoiko errichten lässt, bringen Fische und gegen Pelze erhandelte Güter herbei. Giljaken, Mangunen und Orotschen seien es, findet Ditmar heraus, sogar Tungusen mit einer Rentierherde. Manche brächten mandschurischen Tabak, andere Metallwaren, die sie auf kühnen Fahrten bis nach Japan und Korea erstanden hätten.

An einem der ersten Maivormittage reißt die Lagernden

plötzlich ein Schuss aus ihrem Treiben, worauf sie sämtlich auf ihre Schiffe zurückeilen. Wieder war es ein Alarm. Doch dieses Mal hat der Feind sie wirklich erreicht. Drei Schiffe machen die Seeleute aus. Eines davon, eine Dampffregatte, bläst mächtig den schwarzen Kesselrauch in den Himmel, als es hin- und herkreuzt, um schließlich zweimal auf Sawoikos Verbund zu feuern. Dieser erwidert den Beschuss, worauf sich die feindlichen Schiffe zunächst wieder zurückziehen. Sawoiko schwört seine Mannen auf Kampf ein.

«Um dies allen außer Zweifel zu stellen», bewundert ihn Ditmar, «lautet sein erster Befehl, die Flaggen aller Schiffe auf den Mastspitzen anzunageln, damit es nicht etwa jemanden in einem schwachen Augenblick einfallen sollte, dieselben zu senken.» Zudem lässt er zwei der Transportboote als Brandschiffe ausrüsten, die bei einem Angriff angezündet und zwischen die feindlichen Segler geschickt werden sollen. Noch verhalten diese sich ruhig, da ihre Einheiten erst weitere Schiffe aus dem Süden hinzuziehen wollen. Dann kehren Sawoikos restliche Männer, die den Familientreck zum Amur gesichert haben, zurück, und er fasst seinen Plan. Sobald sich die nächste Nebelnacht auf die Bucht legte, würde er den Gegner, den er schon in der Awatscha-Bucht blamierte, noch ein weiteres Mal zum Narren halten.

Als an einem der nächsten Abende tatsächlich so dichter Dunst aufquillt, dass die Matrosen kaum noch ihre eigenen Hände vor sich erkennen, geben vereinbarte leise Klopflaute das Signal. Fast geräuschlos, da sie zuvor die Ketten mit allerlei Stoffen umwickelt haben, lichten die Matrosen die Anker. Ebenso sind die Ruderblätter der Beiboote verhüllt, die nun still die großen Schiffe durch Nacht und Nebel nach Norden in ein neues Versteck davonziehen, während der Feind im Südteil der Bucht von alldem nichts bemerkt. Selbst die Brandschiffe, die für den Fall eines Angriffes einsatzbereit blieben, entgleiten so hinaus, bis nur noch Totenstille über der Bucht liegt.

«Als früh morgens am 15. Mai der Nebel allmählich zu steigen begann und immer mehr Fernsicht gestattete, kam der Moment heran, da der Feind plötzlich den leeren Hafen erkennen musste», endet Ditmars Bericht. «Unser Fernrohr zeigte uns den Schreck und die Verwirrung auf den nächsten Schiffen, die jetzt bereits in einer Anzahl von sechs großen Dampfern dastanden. Sofort stiegen die Dampfsäulen aus den Schornsteinen, und nach kurzer Zeit kam ein Schiff in die Bai, feuerte einige Schüsse in den Wald hinein, kehrte dann um und ging mit der ganzen Flottille fort nach Osten, gerade auf Sachalin los.»

In größter Eile seien sie dahingeflogen, sodass man bald nur noch ihre Rauchstreifen am Horizont habe aufsteigen sehen. So wie jene von den entschwindenden Vulkanen Kamtschatkas.

Weltkulturerben

Die deutsche Heimat erwischt uns weit vor der Zeit. Im restaurierten Kontorviertel hinter Hakodates Westhafen haben wir einen Tisch reserviert. Das Lokal mit eigengebrauter Biermarke schien für den Abschlussabend ein taugliches Ambiente, die Speisekarte bot japanische Küche und heimischen Fisch. Doch just als wir die Stäbchen nach Rettichraspeln, Wasabi und kunstvoll drapierten Häppchen aus Torro-Thunfisch ausstrecken, trauen wir unseren Sinnen nicht mehr – denn aus den Lautsprechern ergießt sich der hallende Ruf nach der «Schützenliesel» über die Tische. Zuerst halten wir es noch für eine Art Querschläger der Globalisierung. Doch dann schreit der nächste Tenor schon die Frage in den Raum, warum «es am Rhein so schön» sei. Danach fällt uns erst auf, dass einige der Bedienungen Dirndl tragen und darin etwa so artgerecht daherkommen wie eine dralle bayerische Maß-Schlepperin mit Trippellatschen, Sonnenschirmchen und Kimono.

Schon im hotelnahen «Coffeeshop», der amerikanischen Trendsettern nacheifert, hatte ich Zweifel gehegt an jener Art Spät-Umwälzung japanischer Alltagskultur. Selbst die ureigenen Wörter für Reis oder Milch haben dort schon als «Rai-su-» und «Mi-ru-ku»-Anglizismen Einzug gehalten. Selbstredend bestellen nun auch Japaner die Bechergrößen im multinationalen Neo-Wortmix: «laajo latte futatsu, kudasai» etwa – zwei große Milchkaffee, bitte.

Die arme Kultur geht in Trümmern unter, die reiche im Sprachschrott, denke ich auf dem endlosen Rückflug nach Hamburg. Und frage mich, ob wir in den zurückliegenden Wochen wirklich den Übergang zweier Welten gefunden haben.

War es nicht viel mehr ein glatter Bruch? Nicht nur, weil die Menschheit hier noch immer ein paar Seemeilen nicht überwinden kann. Es sind ja nicht nur die Meilen. Viel größer ist der Abstand der Zeit. Fünfzig Jahre mindestens liegen diese Küsten heute voneinander entfernt. Die Landschaft verbindet sie wohl, auch das Hin und Her der Geschichte. Doch die Menschen tun es lange nicht mehr.

Das naturnahe Leben der Ewenen Kamtschatkas und der Ainus mag noch ähnlich gewesen sein. Auch wenn die einen nur mongolischen Flaum trugen und die anderen dichtschwarze Bärte. Beide waren sie wenig kriegerisch und wehrlos. Ohne Mühe seien sie deshalb von Eroberern ihrer Lebensräume beraubt worden, schrieben Völkerkundler. Von Norden her waren es die Russen, von Süden her die Japaner. Hinter den kurilischen Nebelschwaden, im toten Winkel der Welt, beäugen sich beide noch immer. Das Einzige, was sie vereint – der Hochmut ihrer nationalistischen Eliten –, ist zugleich das, was sie trennt.

Vielleicht ist es einfacher, sich hier nur an die Natur zu halten, kommt mir in den Sinn. Viele der Vulkane, die wir bewundert haben, führt die Unesco bereits als Weltkulturerbe an. Die ungeschliffenen Kurilen hätten es ebenso verdient. Und die wilden Taifune irgendwie auch. Doch warum nicht weitere Kulturschätze anfügen, gerade menschengemachte und alltägliche, beschließe ich dann – auch wenn sie sich schwer unter Schutz stellen lassen: Nataschas Quarktaschen etwa aus Esso oder den Humor der Ewenen; die Würde des alten Nikita und den korjakischen Möwentanz; den zerrigen Kultblues von Sergej und Dimitri; das Rangergehege im Bärenland; japanische Ryokans nebst Abendessen und Bad; die vierzehn Ainu-Wörter für Bären und Schnee; und den nächtlichen Blick über das leuchtende Hakodate.

Als auf dem Bordmonitor das Flugzeug-Emblem über die Weltkarte krabbelt und dabei seine Flugroute aufmalt, lese ich die japanischen Schriftzeichen «Shi-be-ri-a» auf dem Kontinent. Unterm Fenster haben sich da lange schon der leere Norden Hokkaidos und die russische Küste durchs Blickfeld geschoben. Seitdem gleiten wir über verschneites, unberührtes Relief. Auf meinen Heimatflügen aus den übervölkerten Zentren Ostasiens haben mich solche Anblicke immer beruhigt. Zu wissen, dass es diese Welten noch gibt, fand ich tröstlich. Zwei neue Andenken an sie begleiten mich nun. Das eine habe ich mühsam im Koffer verstaut. Es ist die abgesägte Geweihspitze eines Rentiers, die mir die Nomaden vermacht haben. Das andere wird, wenn auch langsam und erst nach einer Hautverpflanzung, rund um meinen Knöchel zu hellen Narben verheilen.

«Das Fußbad lieber kalt oder warm?», fragt mich die Krankenschwester, als sie mir in der Hamburger Unfallklinik die erste antiseptische Brühe anrührt.

«Lieber kalt», erwidere ich. «Mein letztes war warm genug.»

Dann muss ich schmunzeln. Denn ich stelle mir vor, sie würde jetzt schnippisch die Schultern heben. Und auf Russisch antworten.

«Haben wir nicht.»

Dank

Ich danke meinen Producerinnen Polina Davidenko und Mami Takahashi für ihre großartige Unterstützung vor und während der Reise; meinem Kamerateam Johannes Anders, Wolfgang Schick, Conrad Zelck und Andreas Zahrndt für ihre Leidenschaft bei der Arbeit und ihre Ausdauer, wenn die Tage lang wurden; Cutterin Heidi Endruweit und Redakteur Wolf Lengwenus wieder einmal für die angenehme, professionelle Zusammenarbeit; Katja Scheibmayr und Michael Schinschke für Weitsicht und Hilfe, wann immer wir in logistische Nöte gerieten; und Simona Froese für ihr Engagement bei der Online-Aufbereitung des Projekts.

Zudem Volker Herres, Andreas Cichowicz, Thomas Schreiber und meinen Wegbegleitern Anne Will und Stephan Wels beim NDR in Hamburg sowie seitens der ARD in München Thomas Baumann für ihr Wohlwollen und ihr Vertrauen in Sache und Autor.

Beim Verlag in Berlin schulde ich Gunnar Schmidt und Lektor Jens Dehning Dank für herzliche Aufnahme und zugleich kritische Betreuung sowie Sabine Schaub für die hervorragende Pressearbeit.

Und – nein, nicht wirklich zuletzt – meiner Familie.

www.vonsibiriennachjapan.de